프레임 혁신

FRAME INNOVATION: Create New Thinking by Design
by Kees Dorst

프레임 혁신

디자인을 통해 새로운 생각을 창조하기

키스 도스트 · 이성민 옮김

도서출판 b

| 일러두기 |

1. 이 책은 키스 도스트의 *Frame Innovation: Create New Thinking by Design*(Cambridge, Mass., The MIT Press, 2015)을 완역한 것이다.
2. 이 책의 각주는 모두 역주이다.

서문

우리는 흔치 않은 시대를 산다. 우리는 매일 점점 더 복잡하고 역동적인 세계를 항해하는 도전에 직면한다. 개인으로서 우리, 사적이고 직업적인 삶을 살아가는 우리만 그런 게 아니다. 우리가 창조하고 그 일부로 있는 조직들도 그렇다. 공조직이든 기업이든 다같이, 우리 앞에 있는 문제들이 이제는 과거의 문제 접근 방식으로 해결될 수 없다는 것을 고생고생 배우고 있는 중이다. 하지만 옛 방식이 더 이상 작동하지 않는다면 이제 무엇을 할까? 어떻게 진보를 이루고, 세계가 우리 앞에 가져다 놓는 새로운 도전들을 다룰 수 있을까?

이 질문에 대한 답으로 이 책은 정말로 어려운 문제에 대한 독창적인 접근법을 창조하기 위한 매혹적인 새로운 실천을 소개한다. 프레임 창조는 원래는 전문가 디자이너들의 실천 속에서 개발된 근본적 혁신의 성취를 위한 심오하면서도 사려 깊은 접근법이다. 이 전문가 디자이너들은, 다른 사람들이 아무 해결책도 보지 못하는 곳에서 새로운 해결책을 창조하면서, 언제나 "해결 불가능한 문제 해결하기"로 유명하다. 그렇다면 그들의 비밀은 무엇일까? 그들은 문제에 대한 특별한 접근법을 가지고 있다. 그것은 "프레임 창조"라고 불린다. 이 책은 프레임 창조 접근법을 소개하고 탐구한다. 그런 다음, 디자인 분야 너머에서 다른 분야 전문 직업인들이 이용할 수 있도록 그것을 모형화한다.

이 책은 다음과 같이 구성되어 있다. 첫째, 우리는 오늘날의 문제들의 본성을 탐사할 필요가 있고, 무엇이 이 문제들을 그토록 해결하기 힘들게 만드는지 이해할 필요가 있다(1장). 선구적인 조직들의 실천에서 배움을 얻고(2장), 50년 이상의 디자인 연구에서 배움을 얻으면서(3장), 이 책은 프레임 창조 과정 9단계 모형을 건설해간다(4장). 이 단계들 배후에 있는 원리들과 실천들이 해명된다(5장). 그러고 나서 초점은 프레임 창조 접근법의 실행으로 방향을 틀고, 프레임 혁신을 위한 도구들과 방법들이 정식화된다(6, 7, 8장). 이 도구들과 방법들을 다 합치면, 프레임 혁신을 위한 직접적 방법how-to 매뉴얼을 구성하기보다는, DIY 안내서에 비견될 수 있을 것이다. 즉 프레임 창조의 원리들과 실천들을 깊이 이해하게 될 때 실천가는 근본적 혁신을 이루기 위한 자기만의 접근법을 개발하는 데 필요한 도움을 얻을 것이다.

이 책은 몇 가지 방식으로 읽을 수 있다. 4장은 프레임 창조 접근법의 핵심 모형을 포함한다. 열아홉 개의 사례연구는 그 모형의 사용을 생생하고, 상황적이고, 실용주의적인 방식으로 예증한다. 더 폭넓은 텍스트는 "왜"와 "어떻게"에 대한 훨씬 더 깊은 이해를 창조하며, 프레임 창조 실천이 어떻게 혁신을 창조하기 위한 우리의 현 접근법을 근본적으로 확장할 수 있는지를 설명해준다.

여러 해에 걸쳐 디자이너들을 연구하고 프레임 창조를 실험하면서,

나는 이것이 문제를 풀기 위한 새로운 접근법이며, 또한 오늘날의 세계의 열린, 복잡한, 역동적인, 네트워크된 최근 본성을 다루는 데 절실하게 필요한 새로운 사고를 창조한다는 것을 확신하게 되었다.

키스 도스트

시드니와 에인트호번, 2014.

| 차 례 |

1장 도전들

우리는 더 이상 우리 문제를 해결하고 있지 않다

오늘 아침 뉴스를 보자. 피할 수 없는 자연재해와 늘 있는 가십을 제쳐둔다면, 우리가 동시대 삶의 복잡한 쟁점들을 다루면서 얼마나 많은 곤란을 겪고 있는지를 보여주는 끝도 없이 이어지는 보도들이 우리 얼굴을 빤히 응시하고 있다. 출구는 전혀 없어 보인다. 기업이든 정부조직이든 다 같이 코미디 같은 착오 속에 휘말려 있다. 그리고 놓친 기회들의 세계가 배경에 말없이 놓여 있다. 사회학자 한스 바우텔리에는 우리의 현 곤궁을 잘 포착했다.

> 오늘날의 세계 안에서는 위안을 주는 웅대한 관념들을 정식화하기 어렵다. 우리는 목소리와 의견의 불협화음을 듣고, 분노와 좌절을 보며, 많은 즉석 정책과 임시 경영을 목격한다. 인도해줄 개념 없는 헛발질이 주변에 널려 있다. (…) 정치, 교육제도, 사업계, 소매업자,

자영업자 내부에서 수많은 땜질과 혼란이 계속되고 있다. (…) 아무도 답을 알지 못한다면, "최선"으로 보이는 것을 선택한다. 좋은 실천들, 효과적인 개입들, 증거에 기반한 정책. 우리는 위험관리와 위기관리 정책을 정식화한다. (…) 우리는— 가급적 성과 지표를 통해 입증되고 감독과 통제의 인도를 받는— 유효성과 효율이 우리를 인도하도록 한다.(Boutellier, 2013)

우리가 특별히 멍청하거나 서툴기 때문이 아니다. 오늘날의 문제들이 집단적으로 발을 헛딛게 만들기 때문이다. 이 책에서 주장하듯, 이 어려움은 근본적으로 새로운 종의 문제가 출현한 결과다. 너무나도 열린, 복잡한, 역동적인, 네트워크된 것이어서 해결이 불가능해 보이는 문제들. 이 모든 뉴스 이야기들은 예전의 방식으로 이 문제들을 다루는 것이 의미가 없다는 것을 보여준다. 신뢰받던 정례들routines은 그저 더 이상 작동하지 않는다. 이 새로운 유형의 문제들은 근본적으로 다른 응답을 요구한다.

이 열린, 복잡한, 역동적인, 네트워크된 문제들을 다룰 대안적 방식을 찾으면서, 상이한 영역에 있는 선도적 혁신가들은 도움을 찾아 점점 더 "디자인"으로 시선을 돌리고 있다. 이 개인, 기업, 제도, 정부들이 디자인에 관심을 갖는 것은 전문가 디자이너들이 그들의 직업 영역에서 새로운 유형의 문제들을 큰 곤란 없이 다루기 때문이다. "디자인 사고"의 기치 하에, 사업들과 경영대학들은 디자인 기반 사례연구에서 영감을 구하고 있다(Brown, 2009; Verganti, 2009; Carlopio, 2010; Plattner, Meinel, and Weinberg. 2009). 하지만 최근 경험이 보여주듯, 디자인으로부터 온 이 교훈들을 다른 영역으로 효과적으로 이전하는 게 쉽지는 않다. 어떤 근사한 디자인 요령이나 기법을 적용하는 것은, 해방적이고 고무적인 일이기는 해도, 많은 경우 우리가 실제로 필요로 하는 결과로 이어지지 않는다.

"디자인 사고"에 대한 관심이 대부분 해결책을 생성하는 디자이너의 능력에 초점을 맞추고, 문제 상황에 대한 새로운 접근법을 창조하는 전문가 디자이너의 능력("프레임 잡기")에는 초점을 맞추지 않기 때문에 그런 것이라고 나는 주장할 것이다. 문제 상황에 접근할 새로운 "프레임"의 창조는 디자이너의 문제해결 실천의 핵심적이고 특별한 요소다(Whitbeck, 1998). 이 문제 프레임 잡기는 보편적인 인간 능력이고(Gardner, 1983, 2006), 따라서 디자인 직업 특유의 것이라고 주장할 수 없다. 하지만 그래도 그것은 디자인 직업에 특히 중요하다(실로, 중심적이다). 우리는 전문가 디자인 실천가들이 새로운 프레임을 창조하기 위한 유일무이하고 정교하고 다층적인 실천들을 개발해 왔다는 것을 보게 될 것이다. 이 디자인 실천들이 작동하는 방식을 아주 면밀하게 들여다 본 후에, 이 책은 이 직업적 실천들을 관례적 문제해결 방법의 대안을 개발하기 위한 토대로 이용할 것이다. 열아홉 개 사례연구는 프레임 창조를 위한 이 디자인 기반 실천들과 전략들이 어떻게 광범위한 영역들에서 열린, 복잡한, 역동적인, 네트워크된 문제들을 다룰 때 극도로 가치가 있을 수 있는지를 보여줄 것이다. 그런 다음 우리는 프레임 혁신을 이루기 위해 어떻게 이 실천들을 조직 안에 도입하여 시행할 수 있는지를 탐사할 것이다.

이 책에서 제시될 신선한 실천들은 최고 디자이너들의 활동을 연구하여 배운 교훈들에 기초하고 있으며, 50년 이상의 디자인 연구로부터 나온 디자인에 대한 아주 세부적이고 섬세한 이해를 바탕으로 삼고 있다. 이 연구는 접근법들과 통찰들의 진정한 보물창고다. 최고의 디자인 실천과 관례적 문제해결 사이에 필수적인 연결고리를 만들어내기 위해서, 우리는 이따금 철학의 영토 안으로 들어가 돌아다닐 것이다. 왜냐하면 우리가 해결하고자 하는 쟁점들이 아주 근본적인 것으로 판명나기 때문이다. 하지만 결국 이 책은 실천가들을 위해 집필된 것이다. 이 책은 실천에 관한 것이고, 본성에 있어 언제나 근본적으로 실천적이다. 이 책은 우리 스스로 창조한 복잡한 네트워크된 세계를 다루기 위해 우리의 문제해결 실천들의 레퍼토리를 확장할 필요가 있기 때문에 집필되었다. 우리는 한 순간도 허비할 수 없다.

우선, 아주 상이한 영역들에서 가져온 세 가지 사례사를 살펴보면서, 우리가 처한 문제적 상황들의 본성을 이해하려고 노력해보자.

사례 1

갈 곳을 잃은 열차:
공공 기반시설에 관한 의사결정에 대하여

작고 인구 밀도 높은 유럽 국가 네덜란드는 수년 동안 고속열차 연결을 설계하고 있었다. 이 연결은 로테르담과 암스테르담 같은 주요 도시를 지난 30년에 걸쳐 건설된 범유럽 고속열차 네트워크와 이어줄 것이다. 이 연결은 경제, 사회, 문화적 이유에서 전략적으로 중요하게 여겨졌다. 네트워크에 합류하지 못하면 네덜란드는 상대적으로 고립된 상태로 남을 것이다—지리적으로 그 나라는 유럽연합의 주요 인구 중심지들 바로 북쪽에 있다. 자부심 강하고 정교한 네덜란드 정부 기구는 길고도 어려운 설계 과정을 위해 마음을 다잡았다: 제안된 열차 노선을 따라 살아가며 일하는 수천 명의 사람들에게 발생할 부정적 결과를 상상하는 건 너무나도 쉬웠다. 450톤 강철 괴물이 10분 정도 간격으로 시속 300km로 뒤뜰을 통과해 질주한다는 생각을 환영할 사람이 누가 있겠는가? 소음, 경관 훼손, 진동, 재산 가치 하락의 충격은 잠재적으로 막대하다. ("권력거리"[Hofstede, 1997, 2001]가 더 큰) 더 위계적인 나라라면, 혹은 인구

밀도가 더 낮은 나라라면, 새로운 열차 연결의 설계는 문제가 되지 않았을 것이다. 하지만 이 경우는 문제가 되었다. 충격 연구들이 이루어졌으며, 공들인 공동체 협의 절차로 수년을 들였다. 포럼들이 만들어져 모든 사람이 발언권을 가질 수 있었다. 모두 민주적인 정부의 최선의 실천에 따라서. 이 모두는 이러한 논의들을 통해서 합리성이 승리할 것이고 합의에 도달할 수 있을 거라는 믿음 속에서 이루어졌다. 하지만 제안된 노선 중 하나가 우위를 점할 때마다, 지역 의회들과 시민 단체들은 정부의 연구가 불완전하다는, 혹은 그냥 잘못되었다는 것을 보여주는 독자적인 연구를 의뢰했다. 테이블에 올라온 논변들은 종종 그럴듯했지만, 그 배후에 있는 동기는 물론 고전적 님비였다: "내 뒤뜰에는 안 돼Not In My Back Yard." 이 연구 급증에 뒤따른 혼란은 이즈음(90년대 중반) 인터넷이 성장하여 이 과정에 연루된 이해관계자 수가 급증한 사실로 인해 악화되었다. 철도회사, 주요 공항, 지역 의회 같은 명백한 제도적 이해관계자 말고도, 그 프로젝트는 자신들의 견해를 표현하고 지지를 모으는 아주 다양한 환경단체, NGO, 관련된 시민들의 로비 단체에 포위되어 있었다. 이해집단들은 열차 노선의 위치를 어디로 정할 것인지에 대한 독자적인 제안들을 내놓기 시작했으며, 그 계획들을 그것들의 장점을 지지하는 "독립적인" 연구를 겸비해서 언론을 통해 내보냈다. 합의에 도달하려는 필사적인 노력을 하면서, 정부는 모든 새로운 대안을 고려해야 한다는 의무감을 느꼈다. 정부는 이 제안들을 평가하기 위해 추가 연구를 의뢰했으며, 그리하여 결정 과정을 한층 더 오래 끌고 갔다. 지역 이익집단은 지역 의회의 지원을 받았는데, 지역 의회는 국가의 이익과 자신들의 성난 시민들의 견해를 대변할 필요 사이에 끼여 있었다. 제안된 노선을 따라 있는 타운과 도시의 의회들은 소음을 원하지는 않지만 열차노선에 그들의 기차역을 짓는 경제적 혜택을 보상으로 준다면 소음과 함께 살 수도 있다고 설명함으로써 이 역설을 해결하려고 했다(불행히도 고속열차의 경우 말이 되지 않는 타협).

설계 과정은 아무런 해결책도 보이지 않는 상태로 15년을 질질 끌었다 (Priemus, 2009). 그러는 동안 제안된 경로를 따라 살면서 일하고 있는 사람들은 이 지연되는 결정 과정이 야기한 항상적 불확실성으로 인해 정신적 외상을 겪고 있었다. 결국 언론도 싫증을 냈다. 그냥 프로젝트를 다 잊고 싶다는 사람들의 목소리가 점점 더 시끄럽게 커져갔다. 열차 연결이 나쁜 아이디어였기 때문이 아니다. 그 나라가 유럽 네트워크에 연결되지 않아도 될 형편이 아니라는 일반적인 합의가 있었다. 경로에 대해 아무런 합의에도 이를 수 없었기 때문에 그랬던 것이다. 15년의 설계와 숙의 끝에, 이 과정은 끼익 멈추었다. 문제 상황 속의 역설들과 상이한 해결책이 제시하는 딜레마들의 무게로 붕괴된 것이다. 그것은 영원히 꼼짝 못 하고 있었을 수도 있다…. 하지만 결국 새로운 정부의 선출로 교착 상태는 타개되었다. 새로운 정부에는 그 프로젝트를 밀고 나가겠다고 약속한 정당들이 포함되어 있었다.

그때까지, 철로 연결을 위한 두 개의 유력한 궤도가 등장했다. 그중 첫째는 국경에서 암스테르담 종착역까지 어느 정도 직선을 따르는 것이었다. 이 제안은, 정부 기획실에서 작성한 것인데, 부처에서 내내 밀고 있는 제안이었다. 둘째 제안은 전직 공무원이 작성했으며, 궤도를 기존 고속도로 네트워크와 연결하여, 여행 시간이 단지 몇 분 늘어난 대가로, 새로운 열차 노선의 충격을 영리하게 최소화했다. 최종적으로 정부 기획실 경로가 채택되었다. 경로 상 있는 민감한 환경 영역에 대한 충격을 최소화하기 위해 주요 터널을 추가하기로 하면서. 결정은 낡은 방식의 정치적 권력 놀음을 통해 이루어졌다. 그리고 그 결과는 다만 어렴풋이 현실과 관련이 있었다. 정치인들은 집단사고 속에 갇혀 있었으며, 이 타협안이 그 충격에 있어 불운한 동시에 원래의 두 계획에 비해 엄청나게 비용이 많이 든다는 것을 깨닫지 못했다(Priemus, 2009).

이것이 공적 문제해결 사례 중 최악의 경우긴 하지만, 그렇다고 결코 예외적인 이야기는 아니다. 이러한 유형의 의사 결정은 모든 곳에서 언제나 발생한다 —— 그냥 뉴스를 보라…. 이 사례는 흥미로운 속편이 있었다: 불도저가 풍경을 가로질러 굴러가고 있고 콘크리트가 퍼부어지고 있을 때, 의회는 제 딴은 최선을 다한다고 초고속 열차 프로젝트의 결정 과정을, 분명 결함이 있어 보이기에, 조사하고 평가해야 한다는 발의를 통과시켰다. 그토록 많은 사람들의 삶을 건드리는 그토록 중요한 쟁점을 둘러싸고 정치적 강압에 의지하는 것은 몹시도 유감스러운 일이다. 의회 조사는 일 년 뒤 보고서를 제출했다. 주요 권고는 고려중인 다양한 계획에 대해 더 많은 연구가 이루어져야 한다는 것이었다. 하지만 프로젝트의 역사를 되짚어 본다면, 더 많은 연구는 전혀 도움이 되지 않을 거라는 결론을 내릴 수밖에 없다. 이 권고는 그렇게 하면 합리성이 승리할 거라는 무모한 믿음에 의해 야기되었다고 추정할 수밖에 없다. 그러나 그것이 쟁점이 아니다: 관례적인 문제해결은 한계에 달했던 것이고, 바로 그래서 설계 과정은 끼익 멈춘 것이다. 더 많은 연구를 하라는 의회 조사의 권고는 어떤 다른 종류의 문제해결 실천을 상상조차 할 수 없는 그들의 완전한 무능을 입증한다. 우리는 이 책 끝에서(8장에서) 이 사례연구로 되돌아올 것이며, 이 문제에 접근할 실행 가능한 방법이 있다는 것을 보여줄 것이다. 그곳에 이르기 위한 여정은 이 문제는 실제로는 열차에 관한 게 아니다라는 깨달음과 더불어서 시작된다.

사례 2
제품의 탈물질화:

포스트산업 경제를 항해하는 일에 대하여

우리는 물리적 재화를 제조하고 소비자에게 판매하는 것에 기반한 산업사회에서 정보와 서비스가 훨씬 더 중요한 사회로 넘어가는 시대에 살고 있다. 이러한 변화로 인해 산업 시대에 성장해서 번창한 수많은 조직들에게는 엄청난 전환이 불가피해진다. 이 조직들은 기술의 진보와 시장 선호도 변동이라는 차원에서 변화에 대처하는 데 익숙하다. 하지만 지금 그들이 직면하고 있는 근본적 도전들과 관련해서는 준비를 할 수 있도록 해준 것이 아무것도 없었다. 하이엔드 오디오 장비를 생산하는 세계적 명성의 덴마크 회사 뱅앤올룹슨을 예로 살펴보자. 몇 년 전만 해도 이 회사의 미래는 아주 밝아 보였다. 회사는 30년 이상을 아주 꾸밈없고 모더니즘적인 아이콘급 오디오 장비 제작자로 잘 알려져 있었다. 회사의 정체성은 이 고품질 "디자인 클래식"과 강하게 연결되어 있었다(Dickson, 2006). 그렇지만 이 부러운 시장 지위를 유지하기 위해서 회사는 결코 월계관에 의존할 수 없었다. 오디오 기술에서 개발의 선두에 머물기 위해서는, 그리고 이 최첨단 기술을 회사 특유의 모더니즘 미학과 조화를 이룰 새로운 제품 안에 실수 없이 구현하기 위해서는, 지속적인 혁신이 필요했다. 회사는 이 극도로 섬세한 디자인 게임을 성공적으로 정복했다. 하지만 수익성 있는 하이엔드 소비자 시장이 거실에 놓이는 제품으로서의 "사운드 시스템"이라는 전통적 개념을 갑자기 저버렸을 때 뱅앤올룹슨의 문제해결 능력에 대한 절대적 시험이 찾아왔다. 이 하이엔드 소비자들은 집 그 자체의 구조 안에 붙박이로 설치되어 _domotica_, 즉 "홈오토메이션" 원격 조종되는 —— 그리하여 그 모든 음악의 원천을 시야에서 숨기는—— 오디오 시스템을 구입하기 시작했다. 알아볼 수 있는 제품으로서의 사운드 시스템이 사라진다는 것은 물론 아름다운 대상의 생산을 자랑으로 삼는 회사에게 엄청난 문제였다. 이에 대한 반응으로 뱅앤올룹슨은 물질적 제품의 핵심 품질을 비물질적 방식으로 표현하는 새로운 방법을 개발하는 일에 착수했다. 회사는 고전적 제품과 동일한 섬세한 품질을 유지할 인터페이스 장치와 인터페이스 시나리오를 창조하는 실험을 했다. 하지만 그들이 이 선구적인 R&D 작업을 수행하고 있을 때, 또 다른 변화가 시장을 타격했다. 모바일 기술과 유비쿼터스 인터넷은 음악 재생기가 컴퓨터, 태블릿, 스마트폰 안으로 통합되는 길을 닦았다. 음악은 다운로드하거나 온라인으로 구입하는, 사회적으로 공유하는, 모바일 기기에서 간편하게 소비하는 것이 되었다. 사람들의 삶에서 음악이 갖는 의미의 이와 같은 프레임 변동은 소규모 감식가 특별 집단 말고는 대다수 사용자들에게서 오디오 질에 대한 관심이 줄어들었다는 것을 의미했다. 뱅앤올룹슨은 회사의 가치명제를 다시 바꿀 필요가 있음을 발견했고, 회사의 정교한 기술, 지식, 실무가 이제는 알아볼 수 없이 변해버린 어떤 세계에 맞추어 정교하게 연마된 것이었음을 발견했다(또한 Verganti, 2009에 있는 뱅앤올룹슨 사례연구 참조). 우리는 나중에 이 사례연구로 되돌아올 것이다. 이 문제는 관례적인 (제품) 미학 개념들로부터 벗어나, "질"에 대한 완전한 재정의를 요구한다는 것을 깨달을 때야 새로운 접근이 가능해진다.

산업시대의 구조 및 시스템의 지나감과 네트워크된 사회의 부상은 열린, 복잡한, 역동적인, 네트워크된 도전들을 낳았다. 그 자신 열린, 복잡한, 네트워크된 조직이 될 준비가 되어 있는 조직들만이 성공적으로 응대할 수 있는 도전들. 포스트산업 시대의 도래는 우리의 경제와 사회가 작동하는 방식에 심대한 영향을 미친다── 그 무엇도 실제로 동일한 상태로 머물지 않는다. 뱅앤올룹슨 같은 제조 기업의 경우, 이러한 변동으로 인해 그들의 제품은 서비스 네트워크에서 사라지게 되었다. 사슬 더 아래로 내려가 보면, 산업 경제에서 기업들이 제품의 특별한 질을 표현할 수 있었던 포디엄이었던 소매 판매장들 역시 인터넷이 심각한 매장 경쟁자가 되면서 압력을 받고 있다. 마치 역사는 반복되고 있는 것 같다. 사람들이 점점 개인 차량을 이용할 수 있게 되면서 쇼핑몰이나 도시 중심지를 선호하여 오래된 이웃 상점의 근접성 가치가 줄어들었다면, 이제 인터넷은 쇼핑몰의 제품 독점이 도전을 받는 새로운 상황을 만들어낸다. 사람들은 관심 있는 제품을 보러 상점을 여전히 찾지만, 아마 나중에 구입하기로, 온라인으로 제품을 주문하기로 결정할 것이다. 사례연구 12(4장)에서 보겠지만, 인터넷의 부상은 제품의 가치와 제품을 살 수 있는 물리적 판매장으로서의 상점의 가치를 근본적으로 재고할 것을 요구한다.

사례 3
세계의 무게[1]를 운반하기:
사회주택의 수많은 도전들에 대하여

서양에서 초기 사회주택 프로젝트는 산업혁명의 노동자들에게 주택을 공급한 19세기 슬럼들을 치우려는 운동의 일부였다. 이 시도들은 제2차 세계대전 이후, 1960년대와 70년대에 절정에 달았던, 급속한 인구 증가에 직면하여 배가되었다. 이것은 도덕적으로 중립적인 시도가 아니었다: 의회들과 사회주택협회들은 선의를 가진 만큼이나 가르치려는 태도였으며, 아주 특별한 기반시설을 제공함으로써 "저 사람들"이 사는 방식을

..
1. "세계의 무게(the weight of the world)"는 피에르 부르디외를 비롯한 여러 사회학자들의 작업을 담은 『세계의 비참(La Misére du monde)』의 영역본 제목이다.

20

바꾸는 일에 나섰다. 이 "단지들estates"은 어떤 면에서 유토피아적이었으며, 높은 이상들의 운반선이었다 ─ 하지만 그 단지들은 주택을 공급받게 될 사람들의 일상적 삶에 대한 깊은 이해에 기초해 건설되지 않았다(결국 그 이상주의자들은 그 삶을 바꾸려고 계획하고 있었다). 속도와 규모에 엄청난 초점이 맞추어졌다. 우리의 옛 도시들 바깥쪽에서 험악하고 익명화하는 모더니즘 건축으로 전혀 새로운 마을들이 풍경 안에 펼쳐졌다. 그 마을들은 종종 아주 값싸게 건설되었으며, 프리캐스트 콘크리트판이라는 신기술로 현장에서 신속하게 조립할 수 있었다. 고층건물 중 일부는 최악의 조립식 건물이다. 낙관론적인 밝고 화창한 출발 이후에 이 단지들은 쇠퇴하기 시작했다. 이 단지들의 대다수 인구를 구성하는 노동계급은 1970년대와 80년대에 일어난 사회 변화에 특히 취약했다. 서양의 많은 나라의 경제는 광업 같은 자원산업에서 벗어나, 그리고 결국은 또한 제조업에서 벗어나, 서비스 경제로 이동했다. 이 용감한 포스트산업 신세계[2]는 노동자들에게 완전히 다른 기술들을 요구했다. 처음부터 한 번도 부유한 적이 없었던 사람들이, 꾸준한 쇠락을 반전시킬 아무런 수단도 없이, 내리막길에 놓여 있었다(Bourdieu et al., 1999). 동시에, 부동산 가격 호황은 도시 생활을 점점 더 값비싸게 만들었다. 주택 단지들은 종종 이 새로운 생태계에서 살아갈 가장 값싼 장소였다. 따라서 본성nature 때문이건 양육nurture 때문이건 새로운 경제에 접속할 수 없는 사람들이 그곳으로 유입되었으며, 이는 이 지역들에 정신적 문제, 가난, 약물, 범죄를 가져왔다. 새로운 경영 실천과 일반적 경제 변동으로 인해 한때 번성했던 산업 지역에서 고용이 감소하게 된 프랑스 남부 지역 사람들의 역경에 대한 부르디외의 으스스한

••
2.   "용감한 신세계"는 올더스 헉슬리의 책 제목 "*Brave New World*"에서 온 표현이다. 한국어 번역서는 이를 통상 "멋진 신세계"로 번역하고 있다.

묘사는 극도로 암울하게 읽힌다. 사회적 고난은 세대에서 세대로 전해지면서 단단히 자리 잡게 된다. 이 지역들로 들어오는 (합법, 불법) 이주노동자들은 종종 가난 속에서 성장하는 새로운 세대를 키웠다. 이 세대에서 기회 부족으로 인한 일반적 좌절은 쉽사리 무기력을 낳았으며, 거칠고 냉소적인 거리문화를 낳았다.

많은 단지들에서 범죄가 급증하고, 한층 더 암울한 상황을 낳고 있다(Hanley, 2007). 이 문제적 상황들을 낳는 데 함께 공모하는 요인들의 믿기 힘들 정도로 복잡한 네트워크로 인해 그 상황들은 거의 변화를 수용할 수 없는 상태가 된다. 건물들 자체는 "하늘의 슬럼"으로서 매우 가시적인 실패의 상징이 된다. 건물들과 연관된 오명으로 인해 그곳 주민들의 삶의 기회는 한층 더 축소된다. 잘못 구상된 공적 공간은 영혼 없는 분위기를 만들어낸다. 많은 단지들의 상대적 고립(형편없는 교통, 형편없는 상점, 그리고 가장 중요하게는 형편없는 학교)은 주민들을 끌어내리는 데 기여한다. 이사 갈 수 있는 젊은 가족들은 이사를 간다. 남은 사람들은 기본적으로 꼼짝 못 하는 신세다. 고상한 사회는 이 쟁점에서 눈을 돌리는 경향이 있으며, (문자 그대로) 그곳에 가기를 원하지 않는다. 무엇을 할 것인가의 문제는 이제 사회주택 공급자들에게, 종종 지역 의회나 사회주택 당국에게 달려 있다. 이 주택 당국자들 대부분은 원래 대규모 주택 공급 프로젝트를 효과적으로 펼치기 위한 조직으로 설립되었다. 신임을 주자면, 그들 중 다수는 이제 매우 헌신적인 사회복지사 네트워크와 함께 그들의 세입자 공동체를 지원한다. 하지만 그들의 관례적 문제해결 전략들은 여전히 "벽돌과 모르타르"에 집중한다. 사회적 문제가 압도적이 될 때, 그들은 물리적 해결책을 추구한다(건물들을 허물고 전부 다시 시작하기). 이러한 경향은 매체들에 의해 강화된다. 매체들은 이 이웃을 항상 칙칙하고, 음산하고, 위협적인 모습으로 그린다. 하지만 우리는 이 장에서 나중에(그

22

리고 사례연구 15에서) 새로운 사고가 요구된다는 것을 볼 것이다. 이 문제는 건물에 관한 것이 아니다라는 깨달음에서 시작한다면, 이 위압적으로 복잡한 문제 상황을 다룰 수 있는 다른 길들이 있다.

도전들

이제 이 도전들을 더 잘 이해하는 데 시간을 좀 들일 필요가 있다. 첫째, 우리가 직면한 문제 유형의 본성을 살펴보고 우리는 이렇게 질문할 것이다. "'열린, 복잡한, 역동적인, 네트워크된 문제'에 대해 말할 때 우리는 실제로 어떤 의미로 말하는 것인가?"(<그림 1.1 참조>). 그런 다음 우리는 무엇이 이 문제들을 해결하기 어렵게 만드는지 들여다볼 것이다. 이때 조직들이 문제를 효과적으로 다루지 못하게 하는 조직 안의 저항 세력을 확인할 것이다: 관례적 조직들의 다섯 증후군.

   그렇다면, 이 동시대 문제들이 "열린, 복잡한, 역동적인, 네트워크된" 본성을 갖는다고 말할 때 우리는 어떤 의미로 말하는 것인가? 하나하나 살펴보자.

"열린"

열린 문제란 시스템 경계가 분명하지 않거나 투과 가능한 경우의 문제를 말한다. 통상 우리가 어떤 문제를 해결하는 일을 시작할 때면, 생각해야 할 것들과 **빼야** 할 것들을 정하면서 마음의 원을 그린다는 걸 깨닫는 게 중요하다. 원 너머에 있는 것은 무엇이건 "맥락"이라고 부른다. 맥락은 우리가 문제에 대해 생각할 때 역할을 맡지 않게 된다. 하지만 이제 몇몇 사례에서, 이 원을 그릴 수 있는지가 아주 불분명한 문제 상황, 무엇이 안전하게 배제되거나 무시될 수 있는지를 실제로 말할 수 없는 문제 상황을 발견한다. 어떤 요인이나 이해관계자를 배제할 수 있다고 하는 그 어떤 성급한 가정도 나중에 문제해결 과정에 되돌아와 너의 등 뒤에 달라붙을 수 있다. 문제와 맥락은 병합되는 것처럼 보인다.

"복잡한"

복잡한 문제란 수많은 요소들로 이루어지며, 그 요소들 사이에 수많은 연결들이 있는 문제를 말한다. 이 연결들 자체는 상호의존적일 수도 있고, 이때 하나의 작은 결정이 무관해 보이는 다른 영역들에서 수많은 반향들과 연쇄 효과들로 이어질 수 있는 어떤 시스템을 창조한다. 이 상호 관계들은 전체적 문제 상황을 (관례적 문제해결에서 그렇게 하듯) 더 쉽게 다룰 수 있는 더 작은 덩어리들로 쪼개는 일을 아주 어렵게 만든다. 즉 그렇게 쪼개는 가운데 열쇠 관계들[3]을 절단하고 있지는 않은지 결코 확신할 수가 없다. 열쇠 관계들은, 어쩌다 절단될 경우, 문제해결 과정에서 나중에 복구될 필요가 있을 것이다. 그것들이 해결책 안의 결함으로 드러나거나 실로 새로운 문제로 드러날 때 말이다. 더 나아가, 요소들과 관계들의 바로 그 수는 또한 (문제를 잘게 자르는 것의 대안 전략이 될) 복잡한 문제로부터 추상하는 일을 거의 불가능하게 만든다. 요소들과 연결들의 뒤엉킴은 이 문제들이 기본적으로 하나의 전체로서, 그 일체의 복잡성 속에서, 접근되어야 한다는 것을 의미한다. 하지만 어떻게 그렇게 할

3. 영어의 "key"는 알다시피 "열쇠"를 뜻하며, 여기서처럼 은유적으로 사용될 경우 한국어로 "핵심"이라는 단어로 번역되어 왔다. 즉 이 경우 "열쇠 관계들"보다는 "핵심 관계들"이라고 번역하는 것이 우리에게는 좀 더 친숙하고 이해하기 쉬울 것이다. 하지만 나는 이 책에서 자주 사용되는 이 단어를 그냥 "열쇠"로 번역하기로 했다.

열린
무경계

복잡한
수많은 요소들과 관계들

역동적인
시간에 걸친 변화

네트워크된
조직들을 가로질러

.

<그림 1.1>
동시대 문제들의 본성.

수 있을까? 전문가 디자이너들이 몇몇 흥미로운 전략을 가지고 있는 영역이 바로 이곳임을 앞으로 보게 될 것이다.

"역동적인"
역동적인 문제 상황은 시간에 걸쳐 변한다. 이때 새로운 요소들이 추가되며, (가령, 우선성 변동을 통해) 연결들이 변동한다. 이는 문화적 변화 같은 육중한 과정에 의해 추동될 때 느린 변화일 수 있고, 아니면 기술 개발에 의해 추동될 때 전광석화처럼 빠른 움직임일 수 있다. 이 역동적 변화 중 일부는―― 해결할 수 없는 쟁점이 진자운동, 즉 왔다 갔다 하는 유형의 역동성을 생성하는 경향이 있다는 것을 깨달음으로써 —— 예측할 수 있다. 특히 피드백 메커니즘이 느릴 때. 예를 들어 우리는 종종 이를 대규모 조직의 경영에서 보는데, 그런 조직은 중심화와 탈중심화 사이에서 영원히 유동적인 경향이 있다. 이 두 양상 모두 각각 장단점이 있다. 경영은 "재조직화"를 통해 이를 계속 보완하는 경향이 있다. 중앙화된 경영과 탈중앙화된 경영 사이에서 진자는 왔다 갔다 진동한다. 이에 대해서는 계획을 세울 수 있을 것이다. 걷잡을 수 없이 역동적인 문제 상황들은 —— 이 책에서 우리는 몇 개를 만나게 될 터인데—— 훨씬 더 문제적이다. 하지만 전문가 디자이너들에게서 배울 수 있듯이 우리는 이러한 도전들에 대해서도 대비할 수 있다.

"네트워크된"

오늘날의 문제 상황들의 네트워크된 본성은 그 상황들이 잠재적으로 항상 서로에게 영향을 미친다는 것을 의미한다. 우리는 이를 첫 사례연구에서 보았다. 인터넷의 부상은 철도의 경로에 대한 합의에 도달하려는 정부의 노력을 혼란에 빠뜨린다. 다른 사람들이 무관해 보이는 장^{場}들에서 하고 있는 일이 당신의 문제 장과 행동 선택지에 심각한 영향을 미치는 결과를 야기할 수도 있다. 사례들은 풍부하다. 그리고 당신은 사회주택을 둘러싼 쟁점들에 영향을 주는 예기치 않은 이해관계자의 또 다른 예를 이 장^{章} 말미에서 보게 될 것이다.

"열린, 복잡한, 역동적인, 네트워크된"

새로운 문제 상황의 이 네 속성은, 다 함께할 때, 우리의 관례적 문제해결 방식들 배후에 놓인 가정들에 심각하게 도전한다. 우리는 7장에서 이 속성 중 어느 하나라도 대부분의 관례적 문제해결 전략을 무너뜨리기에 이미 충분하다는 것을 볼 것이다. 그리고 앞서의 사례연구들은 그것들이 결합될 경우 정말 당황스러울 수 있다는 것을 보여주었다.

이 열린, 복잡한, 역동적인, 네트워크된 문제들은 우리의 관례적 문제해결 방법들 배후에 놓인 가정들과 정말 잘 맞지가 않다. 왜냐하면 대부분의 관례적 전략들은 이성적으로 격리된, 정적인, 위계적으로 질서지어진 "미니월드" 안에서 작동하도록 고안되었기 때문이다. 문제들이 나타나면 우리는 그것들을 별도의 문제 각축장 안에 격리시키고, 문제를 상대적이고 단순한 하위 문제들로 분해하여 분석하고, 하위 해결책을 만들어내고, 그런 다음 그 하위 해결책들을 합쳐 관련된 모두를 만족시키는 종합적 해결책으로 만들어낸다. "나누어 해결한다"라는 이 전략이 실패할 경우, 우리는 권위를 행사하여 일부 파티를 제압함으로써 문제 영역을 "단순화" 하고 가장 유력한 플레이어를 만족시키는 해결책을 강제하는 대안 전략을 사용할 수도 있을 것이다.

하지만 이 두 전략 중 어느 것도 오늘날의 문제들에는 효과가 없다. 우리는 초연결 상태에 살고 있다. 우리 각자는 무수히 많은 다른 사람들과 새롭게 연결되어 있다. 우리 사회를 네트워크함으로써, 우리는 무심코 우리 문제들 또한 네트워크했다 —— 우리는 문제들을 더 열린, 복잡한, 역동적인 것으로 만들었다! 우리 사회, 경제, 문화의 울타리 쳐진 미니월드 는 복잡하고 중첩된 네트워크 내부의 뒤얽힌 관계들로 대체되었는데, 이러한 네트워크에서 문제들은 쪼개어 단순화될 수 없으며(관계들의 네트워크는 너무 강하다), 권력은 더 이상 어느 하나의 자리에 놓여 있지 않다(따라서 제압과 정복은 불가능하다). 더구나, 문제들은 너무나도 긴밀 하게 상호 연결되어 있어서(그리고 너무나도 많은 상호 의존 때문에) 격리가 불가능해진다(Stacey, Griffin, and Shaw, 2006; Lawson, 2001). 오늘 날 문제를 해결하는 것은 그리스 신화에서 고르디우스의 매듭을 풀려고 하는 것과도 같다. 매듭을 풀기 위해 어떤 줄을 당기건, 결국 더 뒤얽힌 상태가 되고 만다.

위의 세 가지 사례사로부터 우리는 또한 이 기이한 열린, 복잡한, 역동적인, 네트워크된 문제들이 ── 도대체 포착될 수 있다고 해도 ── 그렇게 손쉽게 포착되지는 않는다는 것을 배울 수 있다. 그것들은 오히려 쟁점들이 안에서 계속 옮겨 다니는 "문제 상황" 같은 것이다. 문제 정의를 작성하려는 그 어떤 때 이른 시도도 최적 이하의 해결책을, 심지어 역효과를 낳는 해결책을 낳을 수 있다. 하지만 관례적 문제해결에서 "문제의 정의"는 언제나 첫 단계다. 그것은 조직들의 문제해결 실천들이 세워지는 견고한 기반이다. 종종, 주변 세계의 열린, 복잡한, 역동적인, 네트워크된 본성을 깨닫지 못하는 조직들은, 그들 스스로 정의하는 바로서의 문제가 이전 문제들과 대체로 동일한 것처럼 보이기 때문에, 거기에 속아 이미 확립된 정례를 이용하게 된다. 실로 핵심 문제 그 자체는 시간이 흐르더라도 많이 변하지 않았을 수도 있다(결국 우리는 150년 이상 열차 노선을 설계해 왔다. 우리는 그것을 어떻게 할지 마땅히 알고 있어야 한다). 하지만 문제 경계선을 긋는 일은 더 어려우며, 오늘날 우리가 직면하고 있는 문제들을 둘러싸고 훨씬 더 복잡하고 역동적인 맥락이 존재한다. 어떤 실천들이 작동할 것이고 어떤 게 실패할 것인지를 궁극적으로 정의하는 것은 바로 그 맥락이다.

주변 세계의 유동적 본성을 완전히 깨닫고 있는 조직들조차도 문제를 우선 정의하지 않고서는 앞으로 나아갈 수 없다고 느낀다. 하지만 문제를 정의함으로써 그들은 무심코 맥락 또한 얼린다. 그리고 종종 이것은 그들이 새로운 해결책을 시행하려고 할 때 되돌아와 그들 뒤에 달라붙을 심각한 착오다. 다음 장들에서 소개될 전문가 디자이너 실천에서 이끌어낼 핵심 교훈 중 하나는 문제 정식화를 때 이르게 고정하지 않고서도 열린, 복잡한,

외로운 전사

세계를 얼려라

자작상자

합리적 우위

동일시

.

<그림 1.2>
관례적 조직들의 다섯 증후군.

역동적인, 네트워크된 문제 상황을 다룰 새로운 접근법이 개발될 수 있다는 것이다.

하지만 조직들이 문제해결을 다른 방식으로 다룰 수 있도록 도와줄 "치유책" 처방을 시작하기 전에, 우선 우리는 조직들의 현 관례적 문제해결 실천들 배후에 놓인 것을 탐사할 필요가 있다. 그리고 우리는 이 실천들이 기대되는 결과를 더 이상 낳지 않는다는 압도적인 증거에 직면해서도 변화에 그토록 저항하게 만드는 것이 무엇인지 자문해볼 필요가 있다. 의학적 진단 용어를 사용하자면, 우리는 이 문제해결 실패의 증상들 너머로 나아가서 그 모두의 뿌리에 있는 증후군들을 검토할 필요가 있다. 앞서 묘사된 사례들은 조직들이(공공 부문 조직이건 상업적 회사건) 요즘 경험하는 다양한 정도와 종류의 "꼼짝 못 함stuckness"을 예증한다. 모두가 공유하는 기저 증후군들을 탐사하기로 하자(<그림 1.2> 참조).

"외로운 전사"

무엇보다도 우선, 다음과 같은 것을 관찰할 수 있다. 이 모든 사례에서, 문제해결 상황은 하나의 주요 파티가 옳든 그르든 자기들이 그 문제를 "소유"하고 있으며 문제해결 과정을 운전할 필요가 있다고 느끼는 그런 방식으로 설정되어 있었으며, 또한 그들은 이 접근법이 모든 사람에게 최선의 이익이라고 정말로 믿고 있었다. 이런 사례들에서는, 하나의 파티가 문제해결 과정에 대한 완전한 통제를 추구하며, 또한 으레 그 자신은 문제해결 각축장 바깥에 위치시킨다(다른 모든 것은 변할 필요가 있다. 하지만 그들은 절대 아니다). 관례적 문제 상황에서는 그것이 좋고 효율적인 작업 방법일 수도 있을 것이다. 하지만 다른 이해관계자들이 해결책에 영향을 미치고자 하는 고속열차 문제 같은 상황에서는 곧바로 갈등이 생겨나는 것을 볼 수 있다. 선도 조직과 이 이해관계자들 사이에 신뢰와 이해의 기반을 만들어 진정성 있고 효과적인 협력이 일어날 수 있도록 해줄 과정은 전혀 없었다. 일단 프로젝트가 진행되면, 조직들은 자신들의 단일 접근법을 좀 더 협력적인 것으로 바꾸는 것은 고사하고, 관계 단절을 초래함에 있어 자기들이 한 역할을 이해하는 것조차 아주 어렵다. 일단 과정이 처음부터 꼬여 있을 때, 변화는 아주 어렵다. 상업 세계에서, 프로젝트가 어떤 사람들을 위해 가치를 창조하는 일에 착수하면서 그 사람들과 관계를 열어 놓지 않고서 시작을 할 경우, 프로젝트의 방향을 돌리는 일은 아주 어렵다(Harkema, 2012). 공공 부문 협의에서, 작은 충돌이 처음 있고 나서 파티들은 종종 꾹 참고 견디며, 그 순간 전 과정은 문제를 다루는 일에서 "입장 흥정"에만 집중하는 토론으로 변한다. 앞서의 모든 열린, 복잡한, 역동적인, 네트워크된 문제 상황들에서, 문제해결 상황은 협력을 통해서만 앞으로 나아갈 수 있다.

창발하는 패턴은 이렇다. 문제해결 책임을 너무 많이 영웅적으로 어깨에 짊어졌던 선도 파티는 깊은 좌절에 빠지기 일보직전이다. 이 파티는 타인들의 관여를 "간섭"으로 볼 것이고, 자신들의 그 완강한 동기가 오해받고 있고 제대로 평가받고 있지 못하다고 느낄 것이다. 이는 쉽게 분노로 변하는 강한 감정이며, 종종 타인들에 대한 경청을 전적으로 멈추게 만든다.

"세계를 얼려라"

관례적 문제해결 과정은 신기하게도 정적이다. 분명 관례적 문제해결은 우리에게 세계를 멈추고, 문제를 분리해내고, 일회성 해결책을 내놓으라고 요구한다. 하지만 매우 역동적이고 열린 환경에서, 이 접근법은 그저 현실적이지 않다: 시간과 연결의 영향으로 말미암아 문제 상황을 둘러싼 경계들은 매우 투과적이며, 게임의 규칙이 시간이 경과하면서 계속 바뀐다. 이와 같은 "세계를 얼려라"라는 실천의 현존을 보여주는 것은 프로젝트 시작이 허용되기 전에 이루어지는 끝없는 분량의 사전 연구나 끝없이 계속되는 실무집단 토론 같은 뻔한 조짐들이다. 문제 해결자는 멋지고 확실한 해결책을 결정하기에 앞서 문제 상황을 주의 깊게 이해하려고 노력한다. 이 접근법은 이상하게도 비실험적이다. 그것의 기저에는 해결책을 실행에 옮기기 전에 완벽한 마무리를 해 놓아야 한다는 필요가 깔려 있다. 문제 해결자들이 문제해결 상황을 봉쇄하는 데 실패했고 역동적 과정에 휩쓸리게 된 것을, 혹은 그들이 만들지 않은 상황 속으로 "내던져진"(하이데거를 인용하고 있는, Winograd and Flores, 1986) 것을 깨달을 때, 그들은 통제를 상실하고 있다고 느낀다. 그럴 의사도 없고 준비도

되어 있지 않을 때 즉흥 처리를 강요받으면, 그들은 그냥 그 자리에서 딱 멈출 수도 있다. 이는 "세계를 얼려라" 증후군이라고 불린다.

"자작 상자"

모든 조직은 처음에는 과거에 작동했던 방식으로 새로운 문제에 접근하려고 노력할 것이다. 이러한 반응은 전적으로 이해할 수 있다. 변화에 언제나 동반되는 투자와 번거로움은 정말 필요한 게 아니라면 피하는 게 신중한 것이다. 자기 영역 안에서 혁신자를 자부하는 조직들조차도 다른 조직에 앞서는 것만을 목표로 삼고, 보증되지 않은 혁신은 피한다. 하지만 이 사례연구들에서, 우리는 이 신뢰받던 실천들이 분명 바라는 결과를 가져오지 않을 때조차도 방침을 바꾸는 데 큰 저항이 있다는 것을 보았다. 조직들은 습관에 갇혀 있는 것처럼 보인다.

최악의 시나리오에서, 조직은 ─ 종종 이유도 모른 채 ─ 관례적 실천을 필사적으로 고수할 수도 있다. 이러한 움켜잡음에는 얼마간의 패배주의나 멜랑콜리가 동반되며, 세계가 아직 이해 가능했던 시절, 이제는 오래전에 가버린 황금시대에 대한 향수가 동반된다.

이러한 행동 패턴은, 사실상 문제 상황을 가두어 놓는 것이라고 할 수 있는데, 이전 사고방식의 한계 너머로 발을 내딛지 못하는 조직들의 뿌리 깊은 무능력으로 이어진다. 그리고 나서 창조성 컨설턴트가 "상자 바깥에서 생각하기"를 도와주는 워크숍을 제공한다. 이는 약간 도움이 될 수도 있다. 하지만 종종 조직들은 자신들의 실천에서 진정한 변화가 무엇을 의미할지 깨닫지 못하며, 그들이 빠져나오려고 하는 상자가 전적으로 자작 상자라는 것을 깨닫지 못한다. 이 책에서 나중에 우리는 어떻게 디자인 실천가들이 이러한 사고 함정을 그들 스스로 피하는 데 성공하는지를 볼 것이다. "자작 상자"는 중요한 증후군이다. 왜냐하면 정말로 속박된 상황에서는, 매우 온화하고 이성적인 사람들조차도 이상하게도 고집을 부릴 수 있기 때문이다. 이때 그들은 대안이 없기에 어떤 문제해결 접근법을 가차 없이 밀어붙인다. 그들은 새로운 사고를 차단하고 있고, "자작 상자"의 패턴들을 강화하고 있다.

"합리적 우위 점하기"

이 첫 세 가지 증후군의 분명한 조짐들을 드러내는 모든 조직들은, 마음속 깊은 곳에서는, 문제 상황을 다루는 그들의 방식이 전적으로 합리적이라고, 다른 건 할 수 없었을 거라고 확신한다. 자신의 합리성에 대한 이 믿음, 그리고 오직 하나의 합리적 입장만 있다는 뿌리 깊은 확신은 문제해결 접근법에 있어 조직들을 이상하게도 경직되게 만든다. 이 경직성은 기이한 반복성을 유도하는 지경으로까지 고집스럽게 지속된다. 우리는 어떤 조직이 동일한 재앙적 접근법을 몇 번이고 다시 반복해서 사용하는 것을 본다. 고속열차 연결을 설계한 바로 그 동일한 정부가 또 몇 년 뒤 그 나라를 관통하는 주요 화물 노선을 건설했다. 그 프로젝트는 이전 프로젝트와 동일한 몰기능적 패턴을 드러냈다(de Vries and Bordewijk, 2009). 여기서 창발하는 강한 패턴은 소중히 아끼는 가정이나 선입견을 고수하는 것 이상으로 나아간다. 그 중핵에는 조직의 문제해결 조치가 전적으로 합리적이며 아주 자명하다는 확신이 있다. 이는 제1차 세계대전 때 장군들이 적 참호에 대한 총공격을 계속 명령했던 일을 연상시킨다. 그 결과 그들의 병력은 반복해서 살육을 당했다. 때로는 하루에 이런 일이 몇 차례 발생했지만, 그들은 단지 그 교착상태를 깰 아무런 다른 전략도 없었기 때문에 그렇게 고집을 부린 것이다. 그리하여 어떤 유형의 합리성에 대한 의심 없는 믿음과 그것이 명백히 작동하지 않는 상황에서 계속 그것을 적용하는 전적인 광기 사이에 이상한 상관관계가 있다.

이 증후군에 동반되는 증상적 행동은 "물론…"으로 시작하는 문장의 반복 사용일 수 있는데, 이는 다른 관점들을 논할 수 없는 무능을 예시한다. 합리성과 인과 작용에 대한 이와 같은 호소는 또 다른 주장과 함께 온다. "합리성"의 도덕적 우위에 대한 주장. 이는 문제해결 과정에서 필시 타협 불가능한 입장의 채택으로 귀결되며, 완고한 고집으로 귀결된다. 합리적 우위에 대한 애착에는 이 합리성의 한계 너머에 놓여 있을지도 모르는 것에 대한 극심한 두려움이 동반되는데, 이는 종종 무정부anarchy와 혼돈chaos이라는 용어로 지칭되곤 한다. 많은 조직들이 유사流沙에 빠지는 것을 피하려고 "합리적인 우위"에 필사적으로 매달린다. "시행착오"만이 앞으로 나아갈 유일한 길일 수도 있는 곳에서 말이다.

"확립된 실천들에 맞춰 너의 정체성을 형성하라"
오래도록 착용한 문제해결 경로들은 사람들 마음속에, 그리고 실로 한 조직의 구조와 절차 속에, 깊게 자리를 잡게 된다. 그것들은 사람들이 조직의 중핵, 조직의 정체성과 "문화"라고 느끼는 것의 주요 부분이 된다. 이 문화는 조직의 목표, 구조, 과정, 신봉하는 가치, 실천 속에 체화되며, 또한 조직 내에서 받아들여진 "질quality"의 정의 속에 체화된다. 조직이 안정된 환경 안에서 작동하고 조직의 절차들을 완벽하게 연마할 시간이 있다면, 그리고 조직의 문화가 아주 성공적인 것으로 간주된다면, 사람들이 조직의 변경 불가능한 DNA라고 보는 것과 맺는 정서적 유대는 아주 강해질 수 있다.

조직의 관행을 고수하려는 고집은 조직의 이른바 자가생산autopoiesis에서 — 즉 상근 직원이 새로운 직원을 "우리가 여기서 일하는 방식"으로 입문시키는 미묘한 방식들에서 — 가장 분명하고 명백하게 볼 수 있다. 입문식은 새로운 사람이 도착하자마자 시작된다(그런데 이는 경영진에게 좌절스러운 일일 수 있다. 그들이 이 사람을 고용하여 조직에 신선한 아이디어와 새로운 실천을 가져오려고 했던 것이라면 말이다). 현행 관행과의 이 병적인 동일시는 조직 문화의 "자기봉인self-sealing"이라고 묘사되었다(Argyris, 2000). 그리고 이는 그 어떤 혁신에서건 절대적 조종弔鐘이다. 자기봉인된 문화는 직원들이 새로운 실천을 생각하는 것조차 극히 힘들게 만든다. 외부 환경의 변화에 대처하기 위해 그러한 실천이 아무리 강력하고 명백하게 요구될지라도 말이다.

앞으로 나아가기

바우텔리(Boutellier, 2013)가 언급하듯, 방향 없는 복잡성은 마비시킨다.

사례연구들에 스며든 무력감은 이 다섯 가지 기저 증후군으로 역추적해 볼 수 있는데, 증후군 각각은 이 책 전체에 걸쳐 한층 더 탐사될 것이다. 하지만 계속 나아가기 전에, 이 책에 나오는 열아홉 가지 사례연구의 제안자들 모두가 실제로 아주 훌륭한 조직이었다는 것을 깨닫는 것이 중요하다. 이 조직들은 수년 동안 각기 자기 영역에서 성공적으로 작동해 왔다. 이 조직들에 있는 사람들은 고등교육을 받았고, 고도로 숙련되어 있고, 선의를 가지고 있고, 경험 있고, 동기 부여되어 있고, 똑똑하고, 선조치적proactive이다. 이처럼 인상적인 조직들이 이 새로운 유형의 문제들을 할 말을 잃고 바라보는 처지에 놓여 있다는 사실이 바로 이 책의 집필을 촉발한 것이다.

우리는 이 오래된 문제해결 방식의 전환이 쉽지 않을 것임을 깨달아야 한다. 이 열린, 복잡한, 역동적인, 네트워크된 문제 상황을 참신한 방식으로 다룰 수 없도록 하는 다섯 증후군은 문자 그대로 인류만큼이나 오래되었다.

그리고 바로 그렇기에 그것들을 그토록 쉽게 알아볼 수 있는 것이다 — 그것들은 우리 안에, 그리고 우리의 직업적 문화 안에, 깊이 뿌리박혀 있다. 사실 이 사고 패턴들은 인류의 위대한 책들로까지 완전히 거슬러 추적해볼 수 있다. "외로운 전사"는 이미 성경, 코란, 바가바드기타[4] 안에 살고 있었다. 그 일체의 영웅주의와 몰기능적 낭만주의를 지닌 외로운 전사 패턴이 세르반테스의 『돈키호테』에서 멋지게 조롱되고 있지만, 원형적인 외로운 전사들의 오랜 계보는 계속되어 왔으며, 오늘날 전혀 수그러들지 않은 채 아이들 책과 할리우드 블록버스터로 확장되고 있다. 이와 마찬가지로, 어떤 문제를 해결하기 위해서건 "얼어붙은 세계"가 필요하다는 생각은 우리의 소설, 영화, 문학에 스며든 또 다른 가정이다. 가령 범죄 소설을 생각해보라. 셜록 홈스들은 언제나 집안이나 열차나 특별한 가족 집단이나 (요즘에는) 우주선에 있는 격리된 혐의자 선발 집단에서 범인을 발견한다. 공인된 지혜와 관례적 실천들의 "자작 상자"는 종종 우리 사회의 문화의 바로 그 중핵으로 간주되며, 대중매체에 의해 열심히 강화된다. 이 권위 주장에 종종 함축되어 있는 "합리적 우위"는 또 다른 원형을 촉발한다. 용인된 행동을 앞지르는 영리한 아웃사이더. 이 어릿광대 같은 형상들은 시간과 문화를 가로질러 일관적이다. 그 사례들의 범위는 켈트족 신화의 로키에서 시작해서 일본의 덴구까지, 그리고 오늘날의 스탠드업 코미디언까지 이른다. 하지만 이 의례화된 반대의 카니발은 합의와 권력 실세의 중요성을 암묵적으로 인정하고 있다(Le Roy Ladurie, 1979). 오웰의 『1984』에 나오는 국가장치 배후의 어두운 논리는 우리에게 제한되고 뒤틀린 합리성의 강제가 무엇을 낳을 수 있는지에 대한 디스토피아적 전망을 제공한다. 하지만 그 논리가 그 사회와 사회 안 모든 사람의

••
4.   힌두교 경전.

36

"정체성identity" 안에 완전히 봉인되어 있다는 것을 독자가 깨달을 때, 그 책은 정말 오싹해진다. 이 닫힌 전체주의 문화로부터 그 어떤 탈출도 가능하지 않다. 일체의 저항 행위는 궁극적으로 실패할 것이다. 자기봉인 메커니즘은 매우 심각하다, 정말로….

그리하여, 우리가 여기서 다루고 있는 증후군들이 뿌리 깊은 것이라는 데는 의문의 여지가 없다. 왜냐하면 그것들은 안정성과 연속성을 창조하면서 중요한 목적에 봉사하기 때문이다. 그것들은 "해결"되거나 제거될 수 없다 —— 하지만 이 책에서 나중에, 필요할 경우 그것들이 극복될 수 있음을 보게 될 것이다.

프레임 창조는 우리가 직면한 문제들에 참신한 방식으로 접근하고 과거의 몰기능적 문제해결 실천들의 반복을 피할 수 있는 기회다. 그 첫 사례로 다음 사례연구에서는, 관례적인 문제해결 전략들을 우회하면서, 사회적 주택공급 상황의 복잡하고 뿌리 깊은 문제들을 독창적이고 아주 효과적인 방식으로 접근하고 있다.

사례 4

사람들을 연결할 이야기들:
주택 쟁점들을 다시 프레임 잡는 것에 대하여

사회주택 당국의 문화적 DNA를 지배하는 벽돌과 모르타르적 사고와는 완전히 다른 접근법을 선구적으로 개척한 한 초기 프로젝트는 1990년대 후반 암스테르담에서 있었다. 그것은 터키와 모로코로부터의 이민자 대거 유입을 본 이웃의 긴급한 쟁점들로 인해 촉발되었다. 이 새로운 공동체들은 옛 지역에 다른 문화를 들여왔으며, 이제는 "동부" 상점들과 새로 지어진

모스크로 활기가 넘친다. 그 공동체들 한가운데 늙어가는 네덜란드 인구가 여전히 살고 있었다(아이가 있는 네덜란드 가족들은 이 지역에서 벗어나, 교외로 이주하는 경향이 있었다). 이들은 친숙한 환경 안에서 점점 더 길을 잃고 있다고 느끼고 있었다. 그들은 이웃이 내리막길로 접어들고 있다고 보았다. 몇몇 공적 공간들이 훼손되었을 때 고조된 불안감. 모두가 다소간 홀로 지냈다. 그리고 새로운 사람들의 유입은 포용적 사회 네트워크에 기여하지 않는다는 게 분명했다. 직접적인 문제는 없었지만, 사회구조는 붕괴상태에 가깝다고 느껴졌다(De Gruijter, van Waesberge, and Boutellier, 2010). 인터뷰를 통해서 연구자들은 최근의(그리고 그렇게 최근은 아닌) 도착자 중 다수가 이 춥고 축축한 나라에서의 생활을 일시적인 것으로 본다는 것을 알게 되었다—— 그들은 나이가 들면 터키나 모로코로 돌아갈 의향이었다. 실제로 그런 일은 전혀 일어나지 않았다. 1세대 이주민들은 새로운 나라에서 자란 그들의 아이들과 함께 머물렀다. 그렇지만, 이 아이들(2세대)은 네덜란드 문화 안에서 성장한 반면에, 1세대 이주민들은 정신적으로 네덜란드를 새로운 고향으로 받아들이지 않았다. 의도치 않게 그들은 자기들끼리 편안함을 느낄 수 있는 고립영토를 만들었으며, 더 넓은 네덜란드 사회와는 접속하지 않았다. 더 큰 이 사회적 드라마가 도시의 이 특정 지역에서 국지적 규모로 벌어졌다.

나중에 암스테르담 역사박물관은 그 장소에 깊이감을 주기 위해 나이 든 네덜란드 인구를 인터뷰하여 이 이웃에 관한 이야기들을 수집하는 프로젝트를 꾸렸다("깊은 지도"라고 부를 수도 있었을 프로젝트[Heat-Moon, 1999]). 이 일화들을 전시하는 웹사이트가 만들어졌고(http://www. geheugenvanoost.nl), 지역에 홍보되었다. 결국엔 터키 공동체와 모로코 공동체에서 온 사람들도 관여하게 되었고, 그 지역에 도착하여 살아온 그들 자신의 경험을 들려주었다. 그들이 원래 살았던 곳에서의 삶에 관한 이야기를 들려주기 시작했을 때, 프로젝트 직원들은 그들이 "터키"나 "모로코"에서 온 게 아니라는 것을, 즉 각 공동체는 그 나라들의 시골 지역에 있는 몇 안 되는 특정 마을에 뿌리를 두고 있다는 것을 깨달았다. 나이 든 네덜란드 주민들은 이 시골 생활 이야기들에 공감할 수 있었다. 그 이야기들은 한두 세대 전 그들 자신의 가족사와 그다지 다르지 않았다. 그때 그들 자신의 선조들은 네덜란드 시골에서 도시로 이주했던 것이다. 이야기들의 네트워크는 그 누가 상상했던 것보다도 더 공통된 수많은 가치를 표현했으며, 더욱 진전된 접촉과 이해를 위한 진입로를 만들었다. 긴장을 완화하고 (반달리즘과 배회하는 십대를 포함해서) 발생할 수 있는 어떤 문제라도 다룰 수 있는 이웃 역량을 증진시키는 데 있어, 이는 정말로 차이를 만들어냈다. 몇 년이 지났지만 이 특정 웹사이트는 여전히 살아 있으며, 이야기들은 이제 도시 전체에 걸쳐 있다.

이 겸손한 프로젝트의 몇 가지 특징을 조명해볼 만하다. 우선, 쟁점들이 인간적 수준에서 접근되었고, 지역의 일상적 삶에 직접 영향을 주었다. 둘째, 접근법은 선조치적이었다. 즉 이 프로젝트에서 다루어진 문제들은 불안전이나 소규모 범죄에 대처할 필요를 통해 정의되지 않았고, 문제 유발자들에게만 초점을 맞추지도 않았다. 셋째, 공통의 인간적 가치들, 사람들과의 긴밀한 상호작용에 집중함으로써, 기존 공동체 집단들이 공동 선을 위해 연결되고, 강화되고, 활용되었다.

이 프로젝트로부터 우리는 이런 종류의 열린, 복잡한, 역동적인, 네트워크 된 문제 상황에서는 십중팔구 아무런 직접적이고 신속한 해결책도 없다는 것과 그 특수한 상황의 기저 구조들을 이해하는 게 중요하다는 것을 배울 수 있다. 이 기저 구조들을 탐사함으로써, 우리는 해결책들이 창발하는 것을 보기 시작할 것이다. 사회주택 같은 문제 상황은 결국 그 일체의 복잡성 속에서, 이해당사자들에 의한 그 어떤 가정이나 일반화나 편리한 단순화 없이, 접근하게 될 것이다. 이러한 쟁점들에 관여하는 데는 상당한 용기와 결단이 필요하다. 사례연구 3에서 언급되었듯, 네크워크된 문제 상황들은 종종 믿기 힘들 정도로 복합해서 사람들은 그냥 그것들을 단념하고 돌아설 수도 있다. 하지만 우리는 현대적 문제들의 바로 그 복잡성과 개방성과 네트워크된 성격이 또한 이 상황들에서 진척을 이룰 열쇠를 지니고 있다는 것을 볼 것이다. 암스테르담 사례에서, 그토록 깊은 사회 변화를 직접 초래하는 일에 역사박물관이 파트너가 될 거라고 누가 기대할 수 있었겠는가? 이 책에서 나중에 가면, 포스트산업 사회에서의 소매의 역경이나 심지어 열차 난제조차도 새로운 프레임의 창조를 통해 유익하게 다루어질 수 있다는 것을 사례연구를 통해 보게 될 것이다.

새로운 열린, 복잡한, 역동적인, 네트워크된 문제들을 다룸에 있어 관례적 문제해결의 무능력은 위기점에 도달하고 있다. 그리고 이런 유형의 문제들은 사라지지 않을 것이다. 반대로 우리는 미래에 이러한 문제 상황들을 더 많이 다루어야만 할 것이다 —— 이러한 상황들은, 우리가 기술혁명과 중대한 사회문화적 변화의 결합 속에 살고 있기 때문에, 오늘날 자연스럽게 생겨난다. 우리는 이러한 쟁점들을 다룰 수 있도록 우리의 문제해결 레퍼토리를 확장해야 할 전례 없는 필요를 갖는다. 다음 장에서 우리는 뛰어난 디자이너들이 이 영토를 항해하기 위해 개발한 신중한 전략 중 몇 가지와 조우할 것이다. 그런 다음 우리는 어떻게 이 전략들을 동시대 조직들이 활용할 수 있는지를 탐사할 것이다.

2장 선구자들

젊은 디자이너들 재단

디자인 기반 실천들이 어떻게 관례적 문제해결에 대한 대안을 제공할
수 있고 혁신을 추동할 수 있는지를 탐사하기 위해, 우리는 이제 두 선구적인
조직이 수행한 프로젝트들을 조사할 것이다. 이 조직들은 디자인 실천을
이용하여 근본적으로 다른 문제 접근법을 개발했다. 합쳐서 그들은 이
영역에서 30년 이상의 경험을 가지고 있다.

  젊은 디자이너들 재단$^{YD/}$은 1990년 네덜란드에서 **젊은 디자이너들과
산업** 재단으로 창설되었다. 처음에 재단은 바로 그 이름이 가리키는 일을
했다. 즉 젊은 디자이너들과 예술가들이 중요 산업 파트너들을 위한 프로젝
트 작업을 함으로써 가치 있는 경험을 얻을 수 있도록 돕는 프로젝트를
창조하는 일. 1990년대 말 이후로 조직의 강조점은 이동했다. YD/은 문화적
이고 사회적인 변화의 맥락 안에서 —— "사회를 위한 디자인"이라는 가치
아래 —— 디자인 프로젝트를 개시하고 개발하는 문화 단체가 되었다.

세 가지 사례연구가 그들이 무엇을 어떻게 하는지에 대한 최초의 관념을 제공할 것이다. 이 장의 마지막 절에서 우리는 광범위한 조직들에 적용될 수 있는 교훈들을 추출하기 시작할 것이다.

사례 5
사업 방향 돌려놓기:
서비스 제공에 대한 새로운 접근에 대하여

1990년대 말, 세계에서 가장 큰 국제적 고용서비스 회사 중 하나가 **젊은 디자이너들과 산업** 재단에 접촉해왔다. 그 회사는 고객 회사에 임시직원을 공급했다. 하지만 그 회사는 임시직원과의 관계를 굳히는 데 어려움을 겪고 있었다 —— 그와 같은 서비스에서 절대적으로 중요한 관계. 처음에 문제는 더 좋은 유대와 더 큰 애사심을 발전시키는 데 도움이 될 사은품을 디자인할 필요성이라는 차원에서 프레임이 잡혀 있었다. 공동 사업체 오거컴^{orgacom.nl}에서 함께 일하는 두 예술가가 의뢰를 받아 제안을 내놓기로 했다. 그들은 재빨리 문제의 심장부에 이르렀다. 고용서비스 회사는 정말로 큰 문제를 안고 있었다. 그리고 그것은 단순히 선물용 펜과 포장 상자를 디자인한다고 해서 해결될 수 있는 문제가 아니었다. 고용서비스 회사의 문화 전체는 고객 회사를 유인해야 할 필요성을 중심으로 기반이 잡혀 있었고, 고객 회사에게 진지하게 보이려고 굳이 애를 쓰고 있었다. 그 회사는 아주 전문적으로 보이는 기업 스타일을 채택했다. 추상적이고 모더니즘적인 로고, 냉담한 회색 사무실 공간, 임시직원 채용계약의 모든 형식과 복잡성을 능률적으로 다룰 수 있도록 훈련을 받은 직원들. 하지만 당시의 경제적 분위기에서는 임시직원이 필요한 고객회사는 넘쳐났다.

<그림 2.1>
고용서비스 회사에서 논쟁을 촉발하게 된 디자인 제안 중 일부(오거컴의 스케치 제안들).

고용서비스 회사가 정말로 유인할 필요가 있었던 것은 바로 그 임시직원이
될 젊은이들이었다. 이와 관련하여 그들이 채택한 그 모든 공들인 회사
광고는 완전 역효과를 낳았다. 일자리를 구걸하러 오는 사람들을 선택하는
대신, 회사는 18세에서 25세 사이의 노동자들에게 더 매력적이고 솔깃해져
야만 했다. 예술가들은 회사 관행을 이 방향으로 바꿀 근본적 제안들을
내놓았다. 그러한 영감들에는 다음과 같은 것들이 포함되었다. 젊은이들이
모이는 페스티발과 여타 장소들의 임시 사무소, 재미난 대결 역할극을
포함하는 직원 재교육 모듈, 회사를 훨씬 더 사람 친화적으로 만들어줄
완벽한 절차 정비. 아홉 개의 단순한 선 그림은 회사가 어떻게 세계 안에서
달리 자리를 잡을 수 있는지를 표현했으며, 아홉 개의 완전히 다른 종류의
"사무실"의 개요를 보여주었다. "가정 사무실", "극장 사무실", "연속극",
"클럽", "버스 정류장" 등등(<그림 2.1> 참조). 예술가들은 정교한 디자인을
사용하기보다는 오히려 진짜 변화를 위한 맥락을 구축할 논의를 격발하기

위한 브레인 티저들을 디자인했다. 똑같은 메시지라도 역할놀이 게임을 통해 직접적인 인간적 수준에서 납득시켰다. 프로젝트가 회사에서 촉발한 토론들의 클립 영상을 보여주는 비디오를 통해 프로젝트가 제시되었다. **젊은 디자이너들**은 이를 기업 이사회에 제시했다. 새롭고도 흥미로운 다양한 방식으로 문제가 해결될 수 있는 방향으로 그들은 문제를 효과적으로 개발했다(Pappers et al., 1999).

사례 6
정신장애인들의 통합된 삶:
사회 정책의 의도하지 않은 결과에 대하여

이 프로젝트는 네덜란드 보건복지스포츠부의 의뢰를 받았다. 그리고 최초 파트너는 장애인 돌봄 재단, 의료 기반시설 기관, 주 프로젝트 개발자, 건축 회사, 뉴미디어 싱크탱크였다. YD에서 온 열네 명의 예술가와 디자이너가 참여했다. 맥락을 스케치해보자. 전통적으로 네덜란드의 정부 정책은, 다른 많은 나라들도 그렇듯, 정신장애인들을 사회와 떨어져 거주하도록 하는 것이었다. 그들은 종종 나무가 우거진 외딴 시골 지역에 아름답게 위치하고 있는 시설에서 돌봄을 받았다. 사회는 그들에게 주어지는 돌봄의 질에 자부심을 가졌지만, 정신장애인들은 또한 일반 대중과는 떨어져 숨겨져 있었다. 최근에, 이 정책은 역전되었다. 즉 새로운 관례적 지혜는 정신적으로 장애가 있는 사람들이 가능한 한 "정상적으로" 삶을 살 수 있도록 독려하는 것이다. 여기엔 돌보미 네트워크의 지원을 받으면서 타운에서 독립적으로 살 수 있도록 새로운 주거지를 마련해주는 것이 포함된다. 이 새로운 이데올로기는 정신적으로 장애가 있는 사람들 본인들에게 엄청나고도 대체로 재앙적인 결과를 가져왔다. 그들이 "정상인"의 세계로 들어올 때, 그들의 물리적 고립은 종결되었다. 하지만 그들의 정신적 고립은 종결되지 않았다. 정신장애인들을 단지 시설에서 아파트로 이주시키는 것만으로는 그들이 사회 안에 포함된다는 것이 보증되지 않는다. 그들은 그들의 이웃에 통합되지 않으려는 경향이 있으며, 도시 삶을 어떻게 다룰지 실제로 알지 못한다. 그들의 새 이웃들은 일반적으로 정신장애인들을 무시한다. 바쁜 삶의 정신없는 리듬 속에서, 그들은 정신장애인들을 대할 시간도 인내심도 없다. 그 결과 정신장애인들은 아파트 안에서 오도 가도 못 하고 절망적으로 외로운 상태에 있다. **통합된 삶** 프로젝트는 이 사람들이 직면하는 쟁점들이 복잡하면서도 우리의 현대 도시 사회 전역에 퍼져 있는 잠재적으로 수많은 이해관계자들과 연관된 창조적 해결책을 요구하기 때문에 의뢰된 것이었다. 변화를 위한 공간을 창조할 필요가 있다. 초기 토론 과정에서, 정부 부처가 제시한 처음의 질문은 극적으로 재정의되었다. 부처는 문제를 무심코 정신장애인을 위한 돌봄 필요라는 관점에서 제시했다. 반면에 예술가들과 디자이너들은 곧바로 정신장애인들을 그들의 능력이라는 관점에서 접근했다. 이것이 첫 돌파구였다. 왜냐하면 능력이라는 관점에서 생각하게 되면 이 정신적으로 장애가 있는 사람들이 어떻게 도시 사회에 실제로 기여할 수 있는지를 고려할 수 있는 온전한 문제 각축장이 열리기 때문이다(다음의 인용들은, 파트너 조직들의 구성원들이 한 말인데, Suyling, Krabbendam, and Dorst, 2005에서 가져온 것이다). 첫째는 부처 고용인의 말이다:

> 정신장애인들이 사회 바깥에 산다는 사실을 디자이너들이 받아들이
> 지 않은 것은 옳았어. 디자이너들은 정신장애인들이 자신만의 야망을
> 가지고 있다는 것을 이해하지.

그렇다면 답해야 할 질문은 돌봄에 관한 질문에서 정신장애인들의 기여를 형상화하고 촉진할 수 있는 다양한 방법들을 조사하는 도전으로 바뀐다. 그 조사는 수많은 아주 다양한 형태를 취했다. 파트너 조직의 한 고용인이 말했다:

어떤 정신장애인들은 집에 많이 있어. 그래서 그들은 공동체 안에서 사회 감시에 긍정적인 기여를 할 수 있어. 공동체 안의 안전과 보안은 간호사들과 [돌보미들]이 있음으로 해서도 증대되지.

몇몇 젊은 디자이너들은, 감정이입을 심화하고 해결책이 어디에 놓여 있을지에 대한 감각을 얻기 위해서, 장애인들의 삶에 개인적으로 깊게 관여했다. 한 디자이너가 말했다:

[내 연구에서] 나는 몇 가지 문제에 직면했어. 이 경미한 장애가 있는 사람들의 집단은 언어 표현과 사회적 상호작용에서 어려움을 겪어. 그들은 문맹인 경우가 많아. 그래서 그들에게 설문지를 보내거나 너에게 익숙한 방식으로 대화를 나눌 수 없어. 전화 소통조차 이상하게 오해가 생겨.

프로젝트에 관한 출판물을 위해 특별히 쓴 사려 깊은 에세이에서, 미리암 슬룹은 장애인을 다루는 그녀의 경험이 작은 마을에서 성장했던 자신의 체험에 뿌리를 두고 있다고 말했다. 마을 학교를 한 학년 다녔을 때 아이들은 아주 다양했다. 아이들 중에는 약간 장애가 있었던 아이들이 자연스레 몇 명 있었고, 그래서 그녀는 그들을 당연한 것으로 대하는 법을 배웠다.

<그림 2.2>
YD/ 프로젝트 책 일부(Suyling, Krabbendam, and Dorst, 2005).

표면상 훨씬 더 다양한 인구가 있는 큰 도시로 이사를 하면서, 그녀는 그녀만의 제한된 세계 안으로 은둔하게 되었고, 장애인을 더 이상 만나지 않았다.

　다른 디자이너들은 제도와 돌보미의 역할을 탐사했다. 그들은 의지가 있고 헌신적인 어떤 사람이 정신장애인에게 접근하는 것조차 어떻게 어려운지를 직접 경험했다. 조사 과정에서, 돌봄 시설과 돌보미들의 과잉보호 태도가 장애인 고립의 주된 원인이 된다는 것이 분명해졌다. 어쩌다 보니, 돌봄을 제공하는 책임이, 낯선 사람에게 문을 열지 말라고 경고하는 것을 포함해서, 장애인들을 새로운 환경으로부터 보호하는 일로까지 확대되었다. 돌보미들은 이 새로운 생활환경에서 환자들의 삶을 더 이상 완전히 보호하거나 통제할 수 없다는 사실을 직면하지 않았다. 그리고 물론, 통상적 도시생활의 위험들을 다루는 일은 어렵다. (위험이 아주 특별한 방식으로 다루어지는) 의료 시설에서 일하는 사람들에게는 특히 그럴 것이다. 이러한 통찰만으로도 장애인의 통합을 개선하기 위한 수많은 새로운 가능성들이 발견된다(<그림 2.2>). 종종 쟁점들은 개인적 질문으로 바꾸어 말해질 때 (기계적이거나 기술관료적인 언어에서 벗어나) 깊이와 인간성을 획득했다:

> [파트너 조직의 한 고용인:] 비장애인으로서 너는 너의 이웃과 통합되어 있어?

> [한 디자이너:] 이 프로젝트와 관련된 진짜 질문은 이런 거야. 왜 사람들은 서로 만나고 싶어 하지? 왜 사람들은 친구가 되지?

YD/ 프로젝트 말미에 종종 있는 일인데, ("큰 문제"에 대한 "큰 해결"로서가 아니라, 함께일 경우 매혹적인 가능성 지도를 제공할 출발 지점으로서) 좀 더 개발될 수 있는 유망한 관점들이 있다. 더 생각하고 논의할 필요가 있는 수많은 쟁점들과 방안들이 있다. "돌봄"의 역할 및 돌봄이 우리의 현대 사회에서 제도화되는 방식이 주요 주제로 떠올랐으며, "돌봄"과 "통제"의 이상한 관련성 역시 그랬다. 이 비관례적 문제해결 활동에 관여하게 된 경험은 프로젝트 파트너들에게 심대한 영향을 미쳤다.

> [파트너 조직의 한 고용인:] 과정이 진행되는 동안, 외로움, 두려움, 개인 이동성, 정신장애인의 보호, 현대 사회의 개인주의 같은 유관 개념들이 "정제"되었어. 그 덕분에 우리는 이 쟁점들을 다른 방식으로 접근할 수 있었지.

이 문제 상황의 복잡성으로부터 출현한 모든 새로운 프레임들(보는 방식들)이 아주 다양한 파트너 조직들을 가로질러 혁신을 가능하게 만든다는 걸 깨닫는 것은 정말 흥분되는 일이다.

사례 7

거리 패션과 정체성:
공적 공간에서 성장하는 것에 대하여

좀 더 최근에 **젊은 디자이너들** 재단의 실천은 혁신을 위한 환경을 창조하기 위한 한 프로젝트 기반 접근법을 통해 진화를 했다. 위에서 묘사된 것 같은 프로젝트들은 강력한 영감이고 자극이다. 하지만 그것들은, 사람들의 사고방식이나 작업 관행을 정말로 바꾸는 게 문제일 때, 구조적인 후속 조치를 필요로 한다. 그것들은 변형을 위한 실제 맥락을 요구한다. 이 새로운 작업 방식을 재빨리 받아들인 한 파티는 암스테르담의 사회주택협회였다. 협회는 도시 서쪽의 넓은 구역들을 소유하고 있는데, 주로 1960년대와 1970년대에 지어진 중형 아파트 건물들이다. 인구는 원래 네덜란드 주민들에서 다양한 다문화적 가족들의 혼합으로 바뀌었다. 수많은 젊은이들의 미래 전망을 염려해야 할 이유들이 있다. 이 젊은이들 중 다수는 상대적으로 교육 수준이 떨어지고 사회적 사다리의 첫 단계를 오를 준비가 잘 되어 있지 않다. 지역의 거리문화는 꽤나 부정적이고, 이따금 (문자적으로, 하지만 은유적으로도) 파괴적이며, 무언의 좌절의 작은 분출들이 섞여 있다. 그와 같은 환경에서 자신만의 정체성 형성을 추구하는 십대들은 쉽게 하향 나선 안으로 미끄러져 들어간다. 이 정도는 우리도 안다. 하지만 우리는 무엇을 할 수 있지? 지역의 직업교육 대학과 협력하여 **젊은 디자이**

너들 재단은 사십 명의 십대들이 열 명의 패션 디자이너의 지원을 받아 자신만의 의상 컬렉션을 창조하면서 (방과 후에) 한 학기를 보낼 패션 스튜디오를 설립했다. 몇몇 어머니들은 알고 보니 탁월한 재봉사였고, 의복을 만들 제작 스튜디오를 꾸리도록 고용되었다. 아이들은 확실하게 통제가 되었다. 패션 디자이너들은 거기서 다만 아이들이 과정을 통과하는 것을 지원해주는 일만 하면 되었다. 이것은 모두에게 강렬한 모험이었고, 그런 경험을 찾는 게 쉽지 않은 이웃 안에서의 긍정적인 역량 강화 경험이었다. 힘들었던 그 모든 일들이 큰 패션쇼에서 수백 명의 하객 앞에 자랑스럽게 제시된 영감이 깃든 ("우리 여기 있다"라는 이름의) 컬렉션으로 보상되었다(<그림 2.3>). 더 중요하게, 많은 젊은이들이 프로젝트를 통해 창조적 확신을 성취했으며, 진정한 책임감을 키웠다. 온갖 종류의 재능들이 창발했다— 몇몇은 타고난 프로젝트 리더였다. 이 패션 스튜디오 개념은 이제 몇 차례 운영되었고, 다른 도시들로 성공적으로 이전되었다. 이와 같은 이니셔티브들은, 새로운 세대가 긍정적 정체성의 창조에서 자부심을 찾을 수 있도록 도움으로써, 이웃을 호전시키는 잠재력을 갖는다. 패션 스튜디오 개념은 이 십대들에게 재능을 펼쳐 보일 새로운 플랫폼을 창조했다. 그것은 이웃이 통상 제공할 수 있는 것보다 훨씬 더 균등하고 흥미진진한 장이었다. 그리하여 그 프로그램은 그들의 삶에서 의미심장한 형성적 경험을 유발했다.

범죄 예방 디자인 센터

호주에서 뉴사우스웨일스 주정부의 사법부, 경찰, 법무장관이 시드니 공과대학교와 함께 **범죄 예방 디자인**Designing Out Crime, 줄여서 DOC 연구센터

<그림 2.3>
패션 프로젝트에 딸린 YD/ 출판물 일부.

를 설립했다. 장기간 운영 중인 런던의 **반 범죄 디자인 센터**에서 영감을 얻은 것이었다(Thorpe and Gamman, 2011; Gamman 외, 2012). 센터가 할 일은 디자인 실천을 이용하여 사회 내 안전과 보안을 달성하는 방법을 혁명하는 것이다. 첫 재정 지원 기간인 2008년에서 2013년에, DOC는 40개 파트너 조직에게 약 100개의 프로젝트를 넘겨주었다. DOC 접근법에서 중심적인 것은 범죄에 대한 "대응책"을 만드는 일을 —— 가능하다면 언제나 —— 피하겠다는 맹세인데, 왜냐하면 이 대응책들은 우리의 공적 공간과 우리 사회의 사회적 직조를 파괴하는 경계심과 두려움의 분위기를 낳기 때문이다. 우선, 우리 사회가 직면하는 열린, 복잡한, 역동적인, 네트워크된 안전 문제에 대한 **범죄 예방 디자인** 센터의 접근법을 보여주는데 도움이 될 세 가지 견본 프로젝트를 살펴보자.

사례 8

위락지구:
야간 도시 기반시설 창조에 대하여

시드니 시의 위락지구 킹스 크로스는 계속되는 문제를 경험해왔다. 바와 클럽이 있고 밤 생활이 약간 추잡한(홍등가 역사를 지닌) 이 지역은 금요일이나 토요일 밤이면 약 3만 명의 젊은이를 끌어 모은다(<그림 2.4>). 모든 활동은 대형 클럽과 수많은 바들이 위치하고 있는 좁게 뻗은 500미터 길이의 도로를 따라 집중된다. 발생하는 문제들로는 취태, 싸움, 좀도둑질(소매치기), 작은 마약 거래 등이 있다. 밤늦은 시각, 상황은 종종 손을 쓸 수 없을 정도가 되고, 이따금 폭력이 발생하고, 사람들이 —— 때로 심각하게 —— 다친다. 이 범죄 문제는 겉으로는 단순해 보인다. 통상적 해결책은 도를 넘는 행위에 대응할 추가 조치에 투자하고 범죄자를 처벌하는 것일 터이다. 정부는 여러 해에 걸쳐 이 강압 전술을 사용하여, 주로 경찰 배치와 CCTV 카메라 설치를 늘림으로써, 이 문제를 해결하려고 노력해왔다. 클럽들 역시 보안 요원을 고용하라는 권유를 받았다. 이 모든 가시적인 추가 보안은 이제 그 위락지구를 다소 음침한 공공 환경으로 만들었다. 하지만 체포 숫자가 증가했어도, 추가 보안 조치는 공공 안전을 증진시키는 것처럼 보이지 않는다.

<그림 2.4>
밤의 킹스 크로스(DOC 직원이 찍은 사진).

범죄 예방 디자인 센터의 디자이너들은 이 프로젝트를 맡고서는 지역
의회가 그들에게 법과 질서 문제로서 제시했던 쟁점들을 재빨리 다시
프레임 잡았으며, 대신에 어떻게 이 지역이 비범죄화될decriminalized 수
있을지를 들여다보았다. 디자이너들은 이 접근법이 타당한 전략일 수
있겠다고 추리했다. 왜냐하면 곤란을 겪는 사람들은 압도적이게도, 상습적
인 범죄자들이 아니라, 좋은 시간을 보내길 원하는 젊은이들이었기 때문이
다. 문제는 3만 명의 젊은 군중이 짜임새라고는 거의 없는 지역에 몰려들고
있다는 사실에서 생겨나는 것일지도 모른다. 지역과 지역 명소들이 조직되

어 있지 않다는 사실은 관련된 수많은 파티들에게 정말로 복잡한 온갖 문제들을 야기한다. 쟁점을 이해하는 데 도움이 될 은유("프레임")를 사용하자면, 이 상황을 (페스티벌 구역에 3만 명이 모이는) 대규모 음악 페스티벌에 비교할 수 있을 것이다 ── 일주일에 두 번이라는 사실은 중요하지 않다. 이 유비를 더 가지고 가보자. 음악 페스티벌을 조직하는 일은 어떻게 시작할까? 운영이 잘 되는 음악 페스티벌이라면 위락지구에서는 전혀 찾아볼 수 없었지만 위락지구에서도 쉽게 디자인될 수 있는 많은 편의들을 제공할 것이다. 우선 첫째로, 음악 페스티벌 조직자들이라면 사람들이 쉽게 올 수 있고 원할 때 다시 떠날 수 있도록 확실히 할 것이다. 이 위락지구에서는 젊은이들이 그 구역에 들어오는 피크 타임은 오전 1시며, 하지만 마지막 열차는 오전 1시 20분에 떠난다. 밤에 택시 잡는 데 2시간이 걸린다. 운전사가 도대체 그곳에서 사람 태우는 걸 원한다면 말이다(택시는 그 부근을 피하려는 경향이 있다). 따라서 사람들이 일단 그 위락지구에 있게 되면, 아침 6시에 열차가 다시 운행될 때까지 기본적으로 단일 도로 안으로 쑤셔 넣어진다. 이는 결국 아주 따분하고 좌절스럽다. 열차 배차를 늘리는 분명한 개선책과는 별도로, 디자이너들은 또한 파티 출입자들이 야간에도 운행하는 버스가 있는 (걸어서 20분 거리의) 다른 기차역으로 가는 걸 도와줄 임시표지 시스템을 인도에 설치하는 것을 대비책으로 제안했다.

음악 페스티벌이라는 프레임으로 돌아가 보자. 페스티벌 조직자들이라면 칠 아웃 공간을 만들 것이고, 사람들의 경험이 거대한 단일 무대에서 일어나는 일에 전적으로 달려 있지 않도록 지속적인 어트랙션들을 제공하여 이리저리 돌아다닐 수 있도록 할 것이다. 공교롭게도 이 위락지구에는 주된 어트랙션으로 몇 군데 대규모 클럽이 있고, 그것 말고는 할 일이 거의 없다. 그 결과, 어떤 클럽에 들어갔다가 다시 거리로 나오는 젊은이들은 그 다음 클럽에 들어가기 위해 대기 행렬에서 몇 시간 서 있어야 한다는 걸 깨닫게 될 것이다. 대기 행렬에 합류하지 않기로 결정할 경우, 그들은 아무 할 일도 없는 거리로 나간다. 디자이너들은 문자 서비스와 스마트폰 앱을 제공하여 사람들이 첫 클럽을 떠나기 전에 다음 클럽을 위해 얼마나 오래 기다려야 하는지 알 수 있게 함으로써 이 문제적 행동 패턴을 최소화할 수 있다고 제안했다. 게다가, 중앙로 주변의 몇몇 뒷골목은 식수대가 있고 군중에서 떨어진 느긋한 "라운지" 분위기가 있는 휴식 공간으로 마련될 수도 있을 것이다. 음악 페스티벌이라면 제공될 또 한 가지 분명한 것은 충분한 공중화장실이다. 이 특수한 위락지구에는 공중화장실이 고작 셋 있는데, 그중 하나는 다소 험악해 보이는 경찰서 안에 위치하고 있기 때문에 잘 이용되질 않고 있다. 따라서 노상 방뇨에는 진짜 문제가 있는 것이다(주말 밤 통상 소비되는 맥주 양을 계산해본다면, 놀랄 일이 아니다). 물론 디자이너들은 이동식 화장실 시스템 도입을 제안했다.

여러 해에 걸쳐 클럽들은 알코올 관련 범죄 및 반사회적 행동 관련 쟁점들을 해결하려는 관례적 접근법의 일부로 점점 더 많은 보안 요원과 기도들을 고용했다. 디자이너들은 밝은 T셔츠를 착용한 눈에 아주 잘 띄는 "안내원guides" 시스템을 제안했다. 그들은 그 지역에서 길 찾는 일을 도와주며, 또한 도움이 필요할 때 다가가기 쉽다. 이 제안은 전적으로 말이 된다. 연구에 따르면, 사람들은 공무원들이 다른 사소한 질문으로도 다가가기 쉬운 게 아니라면 공무원들에게 도움을 청하러 다가가지 않는다. 이 밝고 쾌활한 안내인들은 좀 더 배려하는 사회적 환경을 창조하며, 죽음을 먹는 자Death Eater처럼 모든 구석에 잠복해 있는 몸집 큰 사설 경비원과는 극명한 대조를 이룬다. 사실 이 보안 요원들의 도입이야말로 역설적이게도 그 지역의 음침한 분위기에 주된 기여를 했다.

사례 9
우리를 볼라드에서 구해줘:
공적 공간에서의 안전에 대하여

시드니 중앙에 있는 서큘러 키는 정말 장관을 이루는 장소다. 아름다운
항구의 경치는 한쪽은 아이콘적인 하버 브리지, 다른 쪽은 시드니 오페라하
우스를 통해 프레임이 잡혀 있다. 매년 수백만의 방문객들에게 그곳은
흠잡을 데 없이 완벽한 목적지다. 불행히도 바로 이러한 자질들 때문에
서큘러 키는 세간의 이목을 끄는 장소가 되며, 그 자체로 테러리스트
공격의 매력적인 표적이 될 수도 있다. DOC 디자이너들은 그와 같은
공격을 피하거나 공격이 발생할 경우 손상을 최소화할 수 있는 제안을
내놓아달라는 요청을 받았다. 최초 조사를 통해 그 장소의 일정 지역에
차량 접근을 제한하는 것이 중요하다는 것을 알게 되었다. 이러한 필요성을
아주 잘 알고 있는 경찰 대테러 전문가들은 이 목적을 이루기 위해서
거대한 볼라드를 몇 십 개 설치할 것을 제안하려 하고 있었다. 하지만
그들도 볼라드가 그 장소를 거의 망쳐 놓을 것이고 지역주민에게도 방문객
들에게도 삶을 아주 어렵게 만들 거라는 것을 깨닫고 있었다. 볼라드
찬반 토론을 넘어서기 위해서, DOC 디자이너들은 더 복잡한 많은 쟁점들과
이해관계자들의 전 네트워크를 포함하도록 문제를 확장할 필요가 있다는
것을 알았다. 대테러 문제와 공조하여 다룰 수 있는 지역 문제들은 아주
많았다. 유례없이 경이로운 주변 환경 말고는, 서큘러 키를 둘러싼 공적
공간들은 사실 그다지 대단하지 않았다. 별로 할 것 없는 몇 개의 커다란
열린 광장뿐. DOC 디자이너들은 기회를 잡았으며, 매년 들어오는 수백만

의 방문객에게 호주의 창문이 되어줄 그 지역의 잠재력을 실현할 수 있도록 그 지역을 완전히 재디자인할 것을 제안했다. 예술작품 설치, 적절한 좌석 설치, 여러 주에서 온 유칼리나무 심기, 거리 공연을 위한 작고 편안한 야외무대 건설 등은, 적절한 설계서에 맞추어 이루어진다면, 그 모두가 차량 접근을 막고 우리를 볼라드에서 구해주는 데 도움이 될 것이다(<그림 2.5 참조>). 공격의 결과를 최소화하기 위해서, 디자이너들은 또한 그 지역 피크 타임의 군중 혼잡을 줄여야 한다고 제안했다. 수천 명의 도시 노동자들은 지금 서큘러 키 기차역에서 열차를 타는데, 이 역은 페리 선착장 위 중앙에 위치하고 있다. 기차역 출입구 위치를 그 장소의 중앙에서 양옆으로 옮기면, 이 도시 노동자들은 중앙 지역에서 서성거리는 관광객 인파를 헤치고 갈 필요가 없을 것이다. 그렇게 하면 그 어느 때건 그곳에 있는 사람들 수가 줄 것이고, 따라서 폭력 행위의 가능성과 충격이 줄 것이다.

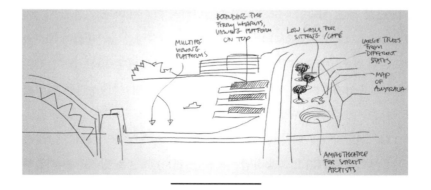

<그림 2.5>
서큘러 키를 위한 디자인 제안(DOC 직원 프로젝트 스케치).

사례 10

힘들어진 소매 절도:
가장 비가시적인 범죄 예방에 대하여

상점 들치기는 꽤 흔한 범죄다. 소비자들은 매년 전 세계적으로 수십억 달러의 비용을 지불한다. 소매업자들은 그들이 완곡어법으로 "수축^{shrink-age}"이라고 부르는 것을 보충해서 10퍼센트 가격 인상을 하여 예산을 짜는 법을 배웠기 때문이다. 들치기를 줄이기 위한 관례적 조치들에는 거울과 CCTV 카메라 사용, 경고판 설치, 경비원 추가 고용이 포함된다. 분명 상점 디자인 또한 이 범죄를 예방하는 데 큰 역할을 할 수 있다. 하지만 바로 여기서 소매업자들과 그들의 디자이너들은 이상한 역설에 직면한다. 팔려면 상품들이 아름답고 유혹적인 방식으로 진열될 필요가 있고, 예상 고객이 쉽게 접근할 수 있어야 한다. 대부분의 소매업자들은 적법한 판매를 떨어뜨릴 수도 있다고 여겨지는 그 어떤 디자인 개입도 거부하려 하고, 차라리 "수축"과 함께 살아가려 할 것이다. 하지만 들치기에는 고려해야만 하는 사회적 비용이 있다. 들치기는 종종 젊은이들이 시도하는 손쉬운 "첫 범죄"다. 싹을 자르지 않으면, 도벽은 다른 더 심각한 범죄로 손쉽게 이어질 수 있다. 그리고 도덕적 관점에서, 우리는 이러한 도둑질을 그대로 놓아둘 수만은 없다.

DOC 연구자들과 디자이너들에게 주어진 도전은 상품의 매력을 감소시키지 않으면서(그리고 가능하면, 증가시키면서) 도난을 방지하는 해결책을 창조하는 것이었다. DOC 프로젝트는 많이 도난당하는 물건의 수에 초점을 맞추었다. 그 목록에는 화장품처럼 작고 비싼 물품도 있지만 건전지, 의류, 유아용 유동식 캔도 있다. 디자이너들은 암시장 네트워크가 있어서

물건을 손쉽게 대량으로 팔 수 있는 곳에서 가장 많은 도난이 발생한다는 것을 곧 깨달았다. 그들은 이 상황에 집중하기로 결정을 했고, 문제를 이 특정 상품이 대량으로 도난당하는 것을 방지하는 문제로 다시 프레임 잡았다. 이러한 초점은 적법한 손님들의 삶을 더 어렵게 만들지 않고서는 성취하기 아주 어려운 완벽한 예방으로부터 문제를 이동시킨다. 광범위한 제품들을 위해 많은 다양한 해결책이 고안되었다. 예를 들어, 유아용 유동식의 경우, 디자이너들은 한 번에 하나만 꺼낼 수 있는 배출 메커니즘을 생각해냈다 — 이는 절도범이 가방 속에 한 아름 쓸어 담는 것을 방지한다. 배출기 바퀴에는 부드럽지만 지속적인 소리를 내는 모래가 채워져 있다. 그 소리가 긴 시간 동안 들리면, 점원들이 그곳을 쳐다보게 된다. 마찬가지로, 의류를 위해서는 옷걸이대의 가로대에 클립으로 고정되는 옷걸이가 개발되었다. 고객은 (한 손으로) 쉽게 클립을 풀 수 있지만, 한 번에 옷을 하나만 꺼내야 한다. 화장품 도난을 방지하기 위해서는 선반 깊이를 축소했다. 그리고 선반 앞부분은 제품 정보와 광고가 있는 경사진 패널로 대체되었다. 손님이 제품으로 팔을 뻗는 순간 패널과 제품에 조명이 켜지고(<그림 2.6>), 나쁜 마음을 먹은 사람들에게 금방 동작 탐지기를 작동시켰다는 것을 상기시킨다. 이 경우, 대응조치를 벗어나 문제를 개발하고 특정 절도 상황의 복잡성을 파고든 덕분에 가능한 해결책들의 풍부한 장을 촉발하는 다양한 프레임들이 생겨나게 되었다(Dorst, 2011).

선구자들로부터 배우기

이 사례연구들은 문제를 해결하기 위한 어떤 다른, 디자인 기반 접근법을 처음 선보인다. 이 접근법은 1장에서 다룬 사례들에서 진전을 가로막는

<그림 2.6>
원래 상황과 제안된 새로운 소매 선반 디자인(DOC 학생들 김/쿨마/율리아나/최/라이사트/안 모임의 도안).

고전적 증후군들을 극복한다. 이와 같은 디자인 기반 실천들을 더 광범위한 적용 영역들과 조직들에 적용하는 데 길잡이가 되어줄 일반적 교훈들을 처음으로 도출할 수 있다.

젊은 디자이너들 재단은 새로운 디자인 실천을 실험하기 위한 플랫폼이다. 그리고 플랫폼으로서 그 재단은 스스로도 많은 근본적 변화를 거쳐왔다. 여러 해에 걸쳐 변함없이 남아 있었던 것은 젊은 디자이너들, 젊은 예술가들과 함께 작업하는 것에 대한 강조, 디자이너가 세계에 기여할 수 있는 것의 한계를 실제로 넘어서려는 추동, 그리고 이 특별한 프로젝트들을 통해 젊은 디자이너들이 그들의 능력과 작업 범위를 확장할 수 있도록 영감을 주는 강력한 교육 의제다. 결국, 이 프로젝트들은 "통상적" 디자인 실천과는 아주 달랐다. 통상적 디자인 실천에서는 일반적으로 어떤 질문에서 시작해서 해결책을 디자인한다. 이와는 대조적으로, YD/ 프로젝트들은 사회 안에서의 어떤 쟁점의 신호에서 시작한다. 그리고 이 쟁점을 중심으로 한 열린 과정("탐험"[5], 진정한 탐사) 속에서 최초의 이해관계자 집단으로부터 파트너에 이르기까지 관심을 구하면서 정말로 물어야 할 질문들을 형성해낸다. 이러한 탐험 안에서, 창조적 자유는 섬세한 분석에 대한 필요와 결합되며, 또한 선택된 행로의 유관성에 대한 예리한 감각과 결합된다. 근본적 개방성과 목표지향성의 이 균형을 안전하게 지켜주는 것은 대화 접근법이다. 대화 접근법에서 디자이너들과 파트너 조직들은 가정들에 질문을 제기하고, 관례적 작업 방식들에 도전하기 위해 정규적으로 함께 만나 미팅을 갖는다. 근본적 탐사를 위해 필요한 개방성은 모든 참여자들이 자신들의 평상시 역할과 정해진 권위에서 한 발 물러설 것을 요구한다. 파트너 조직에서 온 사람들에게 이는 종종 도전거리인데, 왜냐하면 그들은 통상적 직업 역할 너머로, 어쩌면 안락지대 너머로 떠밀리기 때문이다. 하지만 그것은 젊은 예술가들과 디자이너들에게도 똑같이 어려운 일인데, 그들은 분석적인 능력과 창조적인 능력의 초점을 해결책이 아니라 질문을 개발하는 데 맞추어야 한다. 이 복잡한 과정들을 안내하는 것은 YD/ 직원들인데, 그들은 개념적 여정의 "프로듀서" 역할을 한다. 그들은 최소한의 개입을 통해 그 탐험이 쟁점들에 대한 새로운 접근법이 발견될 수 있는 깊이에 도달하도록 확실히 한다. 이것이 YD/ 실천의 기예다(8장 참조). 경험에 따르면, 일단 핵심 질문들이 명확히 표현될 수 있다면, 가능한 해결책들은 일반적으로 아주 신속하게 생겨난다 —— 그리고 분명 그 해결책들은 관례적 문제해결을 통한 도달 범위를 훨씬 넘어서는 비표준적 결과들일 것이다. 개방성과 근본적 창조성이 수반됨에도 불구하고, 이 프로젝트들은 모호하거나 비합리적이거나 무작위적이지 않다. 오히려, 그것들의 독창성은 신중하고 깊이 있는 탐사로부터 생겨난다. YD/ 조직은 성공하기 위해서는 파트너 조직 사람들이 내재적으로,

---

5. quest. 게임에서 흔히 "퀘스트"라고 음역되는 이 용어를 여기서는 "탐험"이라고 옮긴다. 이 문단 마지막 부분에서 도스트는 이 용어를 게임과 함께 언급한다.

개인적으로 동기 부여되어 있는지 확인하는 게 아주 중요하다는 것을 배웠다. 강력한 내적 추동이 있어야지만 그들은 이 복잡한 다이해관계자 탐험에 지속적으로 관여할 수 있을 것이다. 이러한 탐험에서 결과의 성격은 게임에서 상당히 늦게서야 분명해질 테니까. 지난 20년에 걸쳐, 많은 조직들이 이러한 탐구의 가치를 발견했다. 그리고 **젊은 디자이너들** 재단은 네덜란드의 문화적 풍경 안에 확실히 자리를 잡게 되었다.

이와 비교했을 때, **범죄 예방 디자인** 센터의 실천은 훨씬 더 사전 구조화되어 있고, 시간제한적이고, 목표지향적이다. 하지만 DOC 프로젝트들 역시 자기만의 방식으로 관례적 문제해결 실천과 근본적으로 단절한다. 출발점은 종종 다르다. 즉 DOC 센터가 맡은 많은 프로젝트들은 "오래된" 문제들, 즉 파트너 조직들이 이미 아주 오랜 시간 동안 다루려고 노력해 왔지만 그들의 관례적 문제해결 전략에 영향을 받지 않는 것으로 이미 판명난 문제들이다. 안전과 보안 영역에서 일반적인 문제해결 전략들은 대응조치 창조에 아주 많이 초점을 맞추고 있다. 방어물 세우거나, CCTV 카메라 시스템을 도입하거나, 사람들의 행동을 바람직하지 못한(불법적이거나 여타의) 불운한 패턴에서 벗어나도록 강제하기 위해 강압 전략에 호소함으로써 말이다. 범죄 예방 노력들은 범죄학 내에 하위 분야를 낳았다. 즉 환경 디자인을 통한 범죄 예방CPTED. 이것은 공공장소에서 범죄 활동의 여지를 줄일 수 있도록 공공장소를 위한 디자인 원리들을 정한다. 이 원리들은 일반적으로 말이 된다. 하지만 그것들은, 관례적 문제해결의 경우도 종종 그렇듯, 과잉단순화와 과잉일반화라는 쌍둥이 죄에 시달린다. **범죄 예방 디자인** 센터는 프로젝트에서 이러한 잘못을 피하려고 유의하고, 문제를 아주 넓게 바라보고 상황적 해결책을 개발하려고 유의한다. **범죄 예방 디자인** 센터의 열쇠 전략은 부정적인 것에 초점을 맞추기보다는 오히려 우리가 원하는 행동을 촉진하기facilitate 위한 디자인을 하는 데 초점을 맞춘다. 공적 공간의 좋은 사용을 강화하면 공적 공간의 오용이 설 자리를 잃을 것이다(앞서 사례 8, 위락지구 사례 참조).

범죄 예방 디자인 센터의 실천들은 **젊은 디자이너들** 재단의 접근법보다 훨씬 더 구조화되어 있고 체계적이다. 그렇지만 그 둘은 수많은 동일한 원리들을 구현하고 있다. 모든 프로젝트들을 가로지르는 핵심적인 공통 특징은 문제와 맥락의 복잡성을 혁명적 해결책을 위한 영감으로서 포용하고 있다는 것이다. 이 장에 있는 여섯 사례연구는 디자이너의 접근법이 아주 다양한 문제들에 가져올 수 있는 힘과 가능성을 보여준다. 우리는 또한 의뢰하는 파티들이 정식화한 처음의 질문들이 그들의 앞선 문제해결 시도의 직접적 결과라는 것을 —— 그리고 이 질문들은 거의 언제나 핵심 문제가 아니라 증상을 겨누고 있다는 것을 —— 볼 수 있다. 이 질문들을 다시 프레임 잡는 것이 혁신적 해결을 성취하기 위한 열쇠다.

이 두 선구적인 조직들에 집중하면서, 우리는 디자인이 수많은 다양한 유형의 조직들에게 제공할 수 있는 좀 더 깊은 가치를 이해하려고 하고 있다. 이 선구자들에게서 배울 수 있는 것을 다른 곳에 적용될 수 있는 교훈으로 번역하는 일은 간단하지 않다. 이는 나중의 장들에서 우리가 씨름할 도전이다. 하지만 우선, 우리는 디자인을 더 깊게 파고들 필요가 있다. 3장을 위한 열쇠 질문은 이렇다: 그렇다면 디자인이 가져올 수 있는 것의 핵심은 무엇인가? 이 질문에 답하기 위해, 우리는 디자인이 무엇인지, 그리고 또한 디자인이 무엇이 아닌지를 이해할 필요가 있다.

3장 디자인으로부터의 교훈들

디자인에 관한 네 가지 질문

이 장에서 우리는 네 가지 질문을 이용하여 동시대 디자인 실천을 빠르게 통독할 것이다. 이 질문들에 답하면서 우리는 디자인의 가장 두드러진 측면들을, 디자인 연구에서 묘사하고 설명하는 바대로, 만날 것이다. 그런 다음 우리는 디자인 해부학에 잠시 머물면서, 책의 나머지 부분에서 초점을 맞추게 될 특정 실천들을 배치하는 데 도움이 될 디자인 실천 개관을 작성할 것이다. 마지막 절에서는 이 디자인 실천들로부터 다섯 가지 열쇠 교훈을 이끌어낼 것이다. 이 교훈은 4장에서 도입할 프레임 창조 접근법의 근간이 될 것이다. 하지만 우선, 네 가지 질문.

디자인이란 무엇인가? 디자인에 대한 오해

2장에서 "디자인 실천"을 말할 때, 한낱 아름다운 사물의 창조라고 하는 "디자인"에 대한 일반적 해석 너머로 멀리 나아갔음을 독자는 알아차렸을 것이다. 디자인 직업들은 지난 20년에 걸쳐 극적으로 발전했다. 그리고 디자인 실천은 관례적 문제해결 전략의 진정한 대안으로까지 성숙했다. 불행히도, 대중문화와 매체에서 디자인을 보여주는 방식은 동시대 디자인 실천의 새로운 현실을 공정하게 대하고 있지 않다. 디자인 직업들 그 자체도 오래된, 자기 좋은 대로 낭만적인, 불가사의한, 영웅적인 디자이너 이미지를 몰아내기 위해 그다지 애쓰지 않았다. 이 책의 목적상, 몇 가지 흔한 오개념을 정리할 필요가 있다. 그런 연후에 우리는 디자인이 정말로 무엇인지를 묘사하는 일에 착수할 수 있다.

디자인은 단지 아름다움을 창조하는 일이 아니다

많은 디자인 직업들에서, 쾌감을 주는 시각적 미학은 중요하기는 해도 디자인 창조에서 고려할 필요가 있는 수많은 요인 중 하나에 불과하다. 내가 속한 제품 디자인 영역에서, 디자이너들은 기술적으로 실현 가능하고 인체공학적으로 안전하고 시장성 있는 가치를 보여주는 제품을 만들어야 한다는 요구와 그 제품을 시각적으로 매력적인 제품으로 만들어야 할 필요 사이에서 괴로워한다. 디자인은 언제나 아름다운 것을 창조하는 일이라는 관념은 깊은 역사적 뿌리를 갖는다. 바로 그 최초의 직업적 "산업디자이너"는 산업혁명기에 처음 제조된 가정용품들이 종종 과도한 장식의 흉물이었기 때문에 필요했다(Heskett, 1985). 그 이전까지는, 즉 대량생산이 도래하기 전에는, 중간계급 문화는 수공예 비용 때문에 취미가 제한되어 있었다. 장식은 값비쌌고, 따라서 소수가 소유하는 신분 상징이었다. 하지만 제조업은 갑자기 장식을 아주 값싼 것으로 만들었고, 이용 가능한 모든 표면에다가 참으로 홍수처럼 곱슬무늬와 패턴을 쏟아냈다. 제조업자들은 더 많을수록 더 좋다고 믿으면서 계속 쌓아 올렸다. (장관을 이루는 현대적 수정궁에서 개최된) 1851년 런던 만국박람회는 이러한 산업의 결실들을 한데 모아 놓은 최초의 현장이었다. 그리고 그 결과는 보는 이에게 충격이었다. 세계 언론의 비평은 당연히 통렬했다. 전시회는 산업 제품을 위한 새로운 미학의 필요성을 각성시키는 자명종이 되어주었고, 산업디자인이라는 직업을 낳았다. 형태에 초점을 맞춘 이 초창기 출발점에서 점차 벗어나게 된 그 모든 세월 동안의 진화에도 불구하고, 여전히 일반대중의 디자인 개념에는 미화美化의 이미지가 동반하고 있다. 푸코(Foucault, 2002)가 보여주었듯, 관념들은 신속하게 연이어 교체될 수 있겠지만, 사회의 기저에 놓인 "담화"는 다만 아주 점진적으로 변한다. 그는 정신건강에 대해 말하고 있지만, 디자인을 예로 들 수도 있었을 것이다.

디자인은 아이디어가 전부가 아니다

이것은 또 다른 거대하고 고집스러운 신화다. 솔직히 말해서, 디자인 직업들이 몰아내길 주저해온 신화. 디자인에 대한 일반대중의 생각은 디자인이 다음과 같이 이루어진다는 것이다. 클라이언트가 디자이너에게 브리프를 준다, 멋진 아이디어가 태어난다, 클라이언트는 행복하다, 디자이너는 부자가 되고 유명해진다. 이런 일은 사실 절대로 일어나지 않는다. 한층 더 신중한 방식으로 작업할 기량을 아직 쌓지 못했고 경험을 축적하지 못한 초보자 디자이너들만이 그들을 구해줄 "바로 그 아이디어"에 의지해야 할 것이며, 그걸 붙잡으려는 희망으로 피상적인 마구잡이 브레인스토밍 접근법에 호소할 것이다(Lawson and Dorst, 2009). 이와 같은 시행착오 과정은 시간 소모가 크고 혼동스럽고 엄청 비효율적이다. 브레인스토밍 같은 창조성 기술들이 전문 직업적 디자인 맥락에서 사용될 때면, 이는 언제나 —— 제한된 세팅 안에서 해결 가능성들을 탐사하기 위해 —— 매우 특정한 방식으로 사용되는 것이다(Sutton and Hargardon, 1996; Sutton and Kelley, 1997 참조). 전문 직업적 디자이너들은 "아이디어" 생성에 초점을 맞추지 않는다. 그들은 매우 전략적이고, 신중하고, 사려 깊은 방식으로 문제에 접근한다. 이러한 접근법은 많은 힘든 작업을 내포한다. 이러한 작업에서 영감을 주는 아이디어들은 도움이 되기는 하지만 결코 고급 해결책에 이르는 완벽한 지름길을 내놓지는 못한다. 하지만 믿기 힘든 재능을 가진 자의 뛰어난 정신에 불현듯 떠오르는 경이로운, 마법적인, "신성의 반짝임" 같은 아이디어의 신화는 디자이너들에게 너무 유혹적이었다. 그들 중 다수는 인터뷰에서 이 이미지를 기꺼이 강화하려고 한다. 불행히도 그것은 진실이라고 하기엔 지나치게 좋다.

디자인은 비합리적이지 않다

디자인에는 "물렁한^soft" 내지는 모호한 것이 전혀 없다. 디자인 프로젝트의 개념적 국면에서의 오해하기 쉬운 장난스러움에도 불구하고, 디자인은 실제 세계를 위한 결과를 낳고자 한다면 궁극적으로 접근법이 엄밀할 필요가 있다. 디자인 과정의 본질적 부분은 해결책을 제안할 때 근거 있는 추측을 하는 것이다. 하지만 이 추측들은 프로젝트에서 나중에 시험대에 오를 것이다. 디자이너가 시험대에 올려놓지 않더라도, 디자인이 현실 그 자체와 직면할 때 시험대에 오를 것이다. 최고의 디자이너들은 모두 독창적이고 장난스러운 정신 소질을 가진 아주 강력한 분석적 사유가들이다. 분명한 분석에 기반하여 판단을 행사하는 것은 디자인 소질의 필수적 부분이다(Lawson, 1994). 디자인하기는 완전히 객관화할 수 있는 닫힌 형태의 합리성이 아니기 때문에, 사람들은 때로 디자인을 비합리적이라고 본다. 그런데 디자인은 본래 열린 결말이며, 디자인 문제에는 언제나 한 가지 이상의 해결책이 있다. 디자인은 추상적 세계의 절대적 진리로서 수학 방정식의 해답을 창조하는 것과 동일한 의미에서 "해답"을 창조하는 일이 아니다. 디자이너들은 이해관계자들의 필요에 따라 상대적으로 더 좋음이나 나쁨이 조정되는 슬라이딩 스케일^sliding scale로 판단될 수 있는 해결책을 창조하여 제안한다. 제안의 적절성을 확실히 하기 위해, 디자이너들은 그들의 실천에 내재된 애매성을 다룰 정교한 국면 모형과 작업과정을 개발해왔으며, 할 수 있는 곳이면 어디서든 견제와 균형이 단단히 자리를 잡게 한다. 『햄릿』을 말 바꿈한 나이절 크로스를 인용해보자면: "그래, 그들은 꽤 미쳤어. 하지만 그들의 광기에는 조리가 있어"(Cross, 1996).[6]

디자인은 불가사의하지 않다

우리는 디자인에 관해 실제로 많은 것을 알고 있다. 디자인을 구성하고 있는 활동들, 이 활동들이 이루어지는 일반적인 순서, 좋은 디자이너가 되는 데 필요한 능력(Cross, 1990, 2004), 그리고 이 능력들의 개발 경로(Lawson and Dorst, 2009). 체계적인 디자인 연구는 1960년대 초부터 이루어졌다. 그리고 풍부한 지식을 축적해 놓은 번창하는 디자인 연구 공동체가 있다. 앞으로 훨씬 더 많은 것을 발견해야 하며, 또한 디자인 직업들 그 자체는 지속적으로 스스로를 재창조함으로써 연구를 위한 움직이는 과녁을 제공하고 있다(Dorst, 2008, 2013b). 하지만 이제 디자인과 관련해서 크게 논쟁의 여지가 없는 많은 핵심 지식의 집적체가 있다. 이 책이 비록 디자인을 비관례적인 방식으로 이용할 것이고 전통적 디자인 분야들의 한계 너머로 디자인을 확장할 것이지만, 디자인 연구의 이 모든 세월에 걸쳐 축적된 견고한 지식 기반 위에서 건설 작업이 진행되고 있을 거라고 독자는 확신하고 있어도 좋을 것이다. 바로 이와 같은 강력한 토대 덕분에 우리는 디자인 실천에 관심을 갖게 된 다른 분야들로 다리를 건설할 수 있겠다는 자기 확신을 얻는다.

모든 디자인이 좋은 디자인은 아니다

"디자인 실천"으로부터 배우는 것의 가치를 지적하면서, 우리는 모든

••
6. 셰익스피어, 『햄릿』, 최종철 옮김, 민음사, 1998, 71쪽. 2막 2장 210–211 참조("이게 미친 증상이긴 하지만, 어떤 원칙이 있단 말씀이야.").

디자인이 좋다거나 모든 디자이너가 디자인 실천에서 똑같은 기량이 있다는 것을 암시하려고 의도하는 것은 아니다. 그 어떤 직업이라도 그렇듯, 디자인에도 얄팍함과 평범함이 있다. 그리고 우리의 인공 세계를 이루는 수많은 디자인들은 옹호하기 힘들고, 심지어 용서할 수 없을 정도로 끔찍하다. 우리는 디자인 영역에서 엄선된 최고 전문가들의 실천에 초점을 맞출 것이다.

더 큰 도식 안에서 디자인의 자리는? 추리 형식으로서의 디자인

2장의 사례연구들은 디자인적 접근법이 아주 다양한 범위의 문제들에 가져올 수 있는 힘과 가능성을 보여준다. 이미 보았듯이, 문제 상황을 관례적 문제해결 접근법을 넘어서는 방식으로 바라보고, 마치 디자인 문제인 양 간주하는 것이 큰 결실을 낳는다. YD/과 DOC 프로젝트에 참여한 디자이너들과 예술가들은 아주 복잡한 이 문제들을 전에 해결하려고 노력했던 사람들과는 왠지 다르게 바라보았다. 하지만 그렇다면 그들이 디자인할 때 적용하는 핵심 추리 패턴은 무엇인가? 그것은 관례적 문제해결과 정말로 그렇게 다른가?

이는 사례를 제시하는 것만으로는 답할 수 없는 근본적 질문이다. 우리는 디자인 실천 배후에 있는 추리 패턴을 훨씬 더 심도 있게 이해할 수 있도록 도와줄 약간의 논리학이 필요하다. 우리는 한 발짝 물러나서 사례연구들을 그토록 재미난 읽을거리로 만들어주는 디자인에 대한 "부유한" 묘사를 중지하고 디자인 추리 문제를 바로 그 기초로 가지고 갈 필요가 있다. 형식논리학은 디자인과 다른 직업들 배후에 있는 추리 패턴을 묘사하는 간소한 핵심 개념 꾸러미를 제공할 수 있다. 디자인에 대한 이 "빈곤한" 묘사는 디자인이 다른 영역들과 다른지 아닌지를 이해할 수 있도록 도와주며, 디자인 실천을 여타의 전문 직업 영역들 안으로 도입하는 것의 가치와 관련해서 근본적 통찰을 제공한다.

디자인 사고의 중핵으로 파고들기 위해, 근본적으로 상이한 종류의 추리들이 형식논리학에서 묘사되는 방식, 특히 로젠뷔르흐와 에이클스 (Roozenburg and Eekels, 1995)가 실용주의 철학자 퍼스의 고전적 작업을 디자인 연구 안으로 가지고 온 방식을 주시한다. 가장 단순한 층위에서, 우리는 세계를 사람이나 사물 같은 "요소들", 그리고 이 요소들의 상호작용을 통해 관찰될 수 있는 어떤 "관계 패턴" 안에 포착되는 요소들 사이의 연결들, 그리고 요소들이 상호작용해온 과정의 "결과"로 이루어진다고 볼 수 있다. 이는 아주 추상적이다. 하지만 한 가지 예로, 킹스 크로스 같은 복잡한 사례연구의 원래 문제 상황을 들여다볼 수 있다. 그 상황 속의 모든 요소들(경찰, 다양한 젊은이 집단, 클럽, 공적 공간의 물리적 특성)은 안정된 관계를 정의하는 일정한 패턴 —— 이 경우, 원치 않는 결과, 즉 주취와 폭력이라는 문제를 낳는 상호작용 패턴 —— 속에서 상호작용하고 있다. "요소", "관계 패턴", "결과"라는 이 3방향 구분은 문제해결에서 사람들이 사용하는 네 가지 기본 추리 패턴을 분석하고 디자인 추리는 다른 셋과 정말 아주 다르다는 것을 보여주기에 충분한 개념적 도구를 제공한다. 우리는 이 추리 방법들을 분석하기 위해 단지 기본 등식 안에서 알려진 것과 알려지지 않은 것의 상이한 "세팅"을 비교할 것이다.

무엇   +   어떻게   →   결과

(요소들)   (관계 패턴)   (관찰된 현상)

우리가 비교할 네 가지 기본적 추리 방법은 연역, 귀납, (통상적) 귀추, 디자인 귀추다.

연역 —— 원인에서 결과로의 견고한 추리

연역 과정의 출발점에서, 우리는 상황 속의 "요소들"을 알며, 또한 "어떻게" 그 요소들이 함께 상호작용할지를 안다. 이 지식은 결과를 추리할 수 있게 해준다. 예를 들어, 하늘에 행성들이 있다는 걸 알고 있고, 또한 태양계 안에서 그 행성들의 운동을 지배하는 자연법칙을 알고 있다면, 어떤 행성이 일정 시간에 어디에 있을지를 예측할 수 있다. 이 예측을 뒷받침하는 계산은 아주 복잡하다. 하지만 결국 예측을 위한 연역 추리는 문제적이지 않다. 상황 속 요소들과 (인력 법칙에 의해 정의되는 바로서의) 요소들의 관계 패턴에 대한 지식이 있으면 우리는 결과를 안전하게 연역할 만큼 충분한 것을 알고 있다. 우리의 예측은 관찰을 통해 검증될 수 있는데, 이는 우리가 상황 속 모든 플레이어들을 고려했다는 것과 태양과 태양계 내 행성들이 상호작용하는 관계 패턴을 온전히 파악하고 있다는 것을 확인해준다. 우리 인간의 수중에 있는 모든 추리 패턴 가운데, 연역은 바위처럼 단단한 유일한 것이다. 우리의 간소한 등식의 항목들로 하자면, 연역적 사고를 위한 출발 위치는 이렇게 보인다.

귀납 —— 패턴의 발견

그 다음 추리 패턴인 귀납에서는 일이 약간 불안정해 보이기 시작한다.

무엇 + ??? → 결과

　　추리 과정의 출발점에서, 우리는 다시금 상황 속의 "요소들"을 알며, 또한 (행성들을 사례로 들어보자면) 밤하늘을 가로지르는 행성들의 운동을 관찰할 수 있다는 의미에서 행성들의 상호작용의 결과를 안다. 하지만 아직 인력의 법칙을, 이 운동을 지배하는 관계 패턴을 알지 못한다고 해보자…. 우리는 그러한 법칙을 정식화하기 위해 이 행성들의 운동에 대한 관찰들을 이용할 수 있을까? 관찰들로부터 그러한 법칙을 논리적으로 연역할 수는 없다. 하지만 행성들의 운동을 관찰하고 꼼꼼한 묘사를 할 수 있다. 이 묘사들은 이러한 움직임을 야기할 수 있는 기저 패턴에 대해 더 깊이 생각할 수 있도록 영감을 줄 수 있다. 이러한 움직임을 설명하는 법칙의 정식화는 근본적으로는 —— 관계들의 패턴을 안출하고 제안하는 —— 창조적 행위다.

　　귀납은 과학의 진보에서 결정적이다. 천문학자들은 관찰된 현상을 전적으로든 부분적으로든 설명할 수 있는 다양한 작동 메커니즘("가설")을 제안하며, 미래의 결과를 예측하는 데 가설을 사용함으로써 가설을 시험하며, 가설을 관찰에 맞추어봄으로써 가설이 참인지를 점검한다. 이 예측의 정식화에서, 우리는 다시금 견고한 연역 추리 패턴을 사용할 수 있다. 상황 속 요소들을 알고 이 요소들 사이의 관계 패턴을 제안하면서, 우리는 연역적 계산을 하여 어떤 행성이 미래에 어디에 있을지를 예측할 수 있다. 그런 다음 우리는 그 순간이 올 때까지 기다리고, 행성들을 다시 관찰하고, 예측이 정확했는지 아닌지를 점검할 수 있다. 행성이 있을 거라고 가설이 말한 곳에 실제로 행성이 있다면, 우리는 제안된 관계 패턴이 참일 수도 있겠다고 조심스럽게 말할 수 있다. 가설이 예상한 곳에 행성들이 있지 않다면, 천문학자는 이 행성들이 어떻게 상호작용하는지에 대한 또 다른 가능한 이론을 내놓아야 할 것이고, 다시금 연역의 힘을 사용하여 새로운 제안을 시험해야 할 것이다. 과학의 진보는 어떤 제안된 관계 패턴이 현 관찰에 부합하기 때문에 "참"일 개연성이 있다는 합의가 있을 때까지 서로의 가설을 시험대에 올려놓고 거짓임을 증명하는 과학자들 사이의 끝없는 토론으로부터 온다.

탐정들도 거의 동일한 방식으로 작업한다. 혹은 적어도 탐정소설에서는 그렇다. 일군의 "요소들"(용의자들)이 있고, 사체라는 부인할 수 없는 사실(미지의 과정의 결과물)이 있다. 무슨 일이 일어났는지 알아내기 위해 탐정은 살인이 어떻게 일어났는지에 대한 시나리오를 창조하고 그것을 연역을 통해 면밀히 검토할 필요가 있다(이 상호작용 시나리오라면 살인으로, 그리고 사체가 발견된 정확한 정황에서 사체의 그 위치로 귀결되었을 것인가?). 이것은 순전한 귀납, 창조적 행위다. 비록 셜록 홈스는 이 창조성을 단호히 부인하고, 이 모든 것은 "연역이지, 나의 친애하는 왓슨deduction, my dear Watson"이라고 주장하지만 말이다.[7] 하지만 셜록 홈스는 연역만으로는 살인자를 밝히는 시나리오에 결코 도달하지 못할 것이다. 탐정들처럼, 과학자들도 어떤 것이 어떻게 작동하는지를 놓고 창조적으로 추측하는 일에 사로잡혀 있다는 게 쑥스러운 것 같고, 자신들의 작업을

----

7. "deduction, my dear Watson". 잘못된 인용으로 보인다. 홈스 영화들의 대사를 통해 유명해진 실제 문구는 "Elementary, my dear Watson(기본이지, 나의 친애하는 왓슨)" 이다. 이 말은 홈스의 "연역" 솜씨에 감탄하는 왓슨에게 홈스가 하는 말이다. 코난 도일의 실제 작품 중 이 인용구를 추출할 수 있는 유일한 출처는 「꼽추 사내」다. 아서 코난 도일, 『셜록 홈스 전집 6』, 백영미 옮김, 황금가지, 2002, 207쪽 참조.

순전히 연역적인 것으로 제시함으로써 권위를 주장하는 경향이 있다 (Kuhn, 1962; Latour, 1987). 하지만 실제로 그렇지 않으며, 기본적으로 그럴 수가 없다.

연역과 귀납은 우리가 실세계 현상들을 예측하고 설명하는 데 이용할 수 있는 두 추리 형식이다. 그리고 그것들은 세계에 대한 우리의 이해를 엄청나게 추진시켜왔다. 하지만 연역과 귀납은 어떤 것을 만들기를 원할 때는 충분치 못하다. 디자인이나 여타 생산적 직업들에서 그렇듯 우리가 가치 있는 새로운 "사물들"을 창조하고자 할 때, 기본적 추리 패턴은 "귀추"라고 불린다. 귀추에서 우리는 새로운 "무엇"을 — 즉 문제 상황을 위한 새로운 "요소"를 — 창조하는 일에 착수한다. 그렇게 하여, 시스템 안의 상호작용들이 바라는 결과로 이어지도록 말이다. 귀추는 두 가지 형식이 있다. 두 형식 모두 과정의 출발에서 우리는 이미 등식의 결과와 관련해 무언가를 알고 있다. 즉 우리는 그 결과의 창조를 통해 성취하고자 하는 가치에 대해 어떤 관념을 가지고 있다.

통상적 귀추 — 경험에 근거한 견고한 문제해결

$$??? \quad + \quad 어떻게 \quad \rightarrow \quad 결과$$

통상적 귀추에서, 우리는 결실result을 — 즉 바라는 결과outcome를 통해 성취하고자 하는 가치를 — 안다. 그리고 또한 "어떻게"를, 즉 우리가 구하는 가치를 성취하는 데 도움이 될 관계 패턴을 안다. 빠진 요소는

"무엇"(대상, 서비스, 시스템)인데, 이는 아직 창조될 필요가 있다. 예를 들어, 킹스 크로스의 심야 폭력이라는 바람직스럽지 않은 상황에 직면하여, 우리는 범죄 감소를 위해 기존의 관계 패턴 안에서 작업하는 쪽을 선택하여 새벽에 그 지역에 더 많은 경찰을 보낼 수 있다. 혹은 ─ 여전히 동일 패턴 안에 있는 것이긴 한데 ─ 보안 요원들이 범죄를 저지를 것 같은 사람을 좀 더 신속하게 알아내는 법을 배울 훈련 프로그램을 마련할 수도 있을 것이다. 우리는 종종 바로 그렇게 한다. 즉 고정된 관계 패턴 안에서 해결책 창조하기. 이 유형의 귀추에서는 혁신의 정도가 제한적일 것인데, 왜냐하면 문제해결 과정은 "어떻게"를 질문하지 않으며, 따라서 새로운 시나리오의 창조를 배제하기 때문이다. 통상적 귀추는 관례적 문제해결 배후에 있는 추리 패턴이다 ─ 해결책에 이르기 위해서 시행되고 시험된 관계 패턴을 사용하기. 그리고 이를 일축하지는 말아야 한다. 종종 여러 해에 걸친 문제해결 노력을 통해 개발된 관계 패턴들은 주어진 문제 상황을 다룸에 있어 적절한 것 그 이상이다. 하지만 때로 이러한 정례적 추리 유형은 더 이상 바라는 가치로 이어지지 않으며, 우리는 문제를 다시 생각해야만 한다. 그럴 경우 우리는 둘째 유형의 생산적 추리, 즉 디자인 귀추에 이르게 된다.

디자인 귀추 ─ 두 개의 미지항이 창조적 탐사 과정으로 이어진다

디자인 귀추의 출발점에서, 우리는 단지 결과의 본성, 우리가 성취하길 원하는 바라는 가치에 대해서만 무언가를 안다. 따라서 바라는 결과로

이어질 것이라고 신뢰할 수 있는 알려지거나 선택된 "어떻게", "관계 패턴"이 전혀 없는 가운데 새로운 요소로서 "무엇"을 창조할 것인지 알아내는 것이 도전이다. 그리하여 우리는 "어떻게"와 "무엇"[8] 양쪽 모두를 창조하거나 선택해야만 한다. 이것들은 서로 꽤 의존적이기 때문에, 병행해서 개발되어야 한다. 이 이중적인 창조적 단계는 "무엇"과 "어떻게" 양쪽 모두에 대한 제안들을 고안하고 그 제안들을 접속하여 시험할 것을 디자이너들에게 요구한다.

이 두 유형의 귀추의 차이를 분명히 하는 데는 사례가 도움이 될 것이다. 우리가 성취하길 원하는 결과는 아침에 출근했을 때의 에너지 급충전energy rush이라고 해보자. 통상적 귀추에서, 우리는 이미 "어떻게"도 —— 가령, 그것이 커피를 통해 성취될 수 있다는 것을 —— 알고 있을 것이다. 심지어 우리는 제안 받은 커피 끓이기 방법(드리핑, 압착 추출, 증기 사용)이 있을 수 있고, 그래서 "무엇"의 개발을, 즉 우리에게 커피를 제조해줄 기계를 설계 제작하는 일을 시작할 수 있다. 다른 한편, 디자인 귀추에서는 단지 목표(일하기 전 에너지 급충전)만 알고 있을 것이고, 어떻게 이를 성취할지는 알지 못할 것이다. 그렇기에, 커피를 택하기로 한다고 해도, 여전히 끓이는 방법을 선택하고, 기계를 위한 디자인을 창조하고, 그런 다음 그것이 잘 해낼지를 판단할 필요가 있을 것이다(충분히 빠른가? 경제적인가? 환경적으로 괜찮은가?). 우리가 생각할 수 있는 커피 기계 중 그 무엇도 기준을 충족시키지 못한다면, 우리는 에너지 급충전을 낳는 다른 방식을 고려할 필요가 있을 것이다.

- -
8. 원문에는 "관계 패턴(pattern of relationships)"이라고 되어 있지만, 문맥상 "무엇 (what)"이 들어갈 자리다. 번역에서는 문맥에 맞게 수정했다.

요약해보자. 이 비교를 통해서 디자인 직업들은 주로 분석(연역, 귀납)이나 문제해결(통상적 귀추)에 기반하고 있는 영역들과는 근본적으로 다르게 생각하는 작업으로서 확립된다. 하지만 이 구분이 이 논리적 분석에서 보이는 것처럼 그렇게 선명한 것은 아니다. 실제 세계에서 디자인 실천은 (귀납과 연역 추리, 통상적 귀추를 포함해서) 관례적 문제해결의 기본적 구성요소가 되는 다양한 종류의 사고들의 혼합을 동반한다. 하지만 진짜 근본적인 차이 또한 있다. 즉 디자인 실천을 다른 분야의 실천과 분리시키는 디자인 귀추의 본성. 디자인과 전통적 문제해결을 구분하는 핵심을 두 문제 상황의 비교를 통해 예증할 수 있다(Hatchuel, 2002). 토요일 밤 어떤 친구들 모임을 상상해보자. 첫 번째 문제 상황은 그들이 "좋은 영화를 찾는" 중이라는 것이다. 또 다른 두 번째 시나리오는 그들이 "좋은 시간을 보내기로" 했다는 것이다. 첫 번째 상황은 관례적 문제해결을 통해 다룰 수 있지만 두 번째 상황은 디자인 귀추를 요구한다고 해추얼은 주장한다. 그는 이 두 상황의 세 가지 중요한 차이를 열거한다. 첫째, 디자인 귀추 상황은 처음에 상황을 프레임 잡았던 핵심 개념의 확장("좋은 시간")을 포함한다. 이 추리 과정은, 한정된 집합의 대안들(그날 저녁 상영 중인 영화들) 중에서 어떤 영화를 보러 갈지 일회성 선택을 하는 대신, 디자인 과정을 요구한다. "좋은 시간"이 무엇일지와 관련해 우세한 디자인이라는 건 없으며, 따라서 좋은 시간의 정의定義에 도달하는 데는 상상력이 필요하다. 둘째, 디자인 상황은 해결책에 이르기 위해 "학습 장치"의 디자인과 사용을 요구한다. 이 "학습 장치"에는 (사고) 실험과 시뮬레이션 기술이 포함된다. 이 경우는, 다양한 외출 시나리오 상상하기. 셋째, 사회적 상호작용을 이해하고 창조하는 과정을 디자인하는 것이 디자인 과정 그 자체의 일부다. 친구들 모임은 해결책을 상상하고, 이 견해를 서로 나누고, 그 해결책을 판단하고, 어느 길로 갈지 결정할 필요가 있다(경험에 따르면,

이 과정이 언제나 쉽지는 않다). 이 친구들이 통과해 가고 있는 과정은 분명 얼마간의 관례적 문제해결을 포함한다. 하지만 그 과정은 또한 이 다른 "디자인" 요소들도 포함한다.

무엇이 디자인을 어렵게 만드는가? 문제와 역설

우리가 매일의 삶과 직업적 실천에서 조우하는 수많은 쟁점들은 결코 "문제"의 지위에 도달하지 않는다. 쟁점이 아주 단순하고 이를 다룰 분명한 시나리오가 레퍼토리 안에 있다면, 그냥 가서 처리하면 된다. "문제"는 다만 우리가 어떻게 나아갈지 알지 못하거나 우리가 선택한 작업 방식이 우리를 꼼짝 못 하는 상태로 만들 때만 발생한다. 그럴 경우 우리는 멈추고 생각해야 하며, 선택지들을 고안하고 비판적으로 고찰해야 하며, 어쩌면 전략적이 되어 다단계 설계를 해야만 하며, 시나리오 플래닝을 해야 한다. 기타 등등. 우리가 삶의 쟁점들을 다루는 방식의 통상적 흐름을 어떤 것이 가로막을 때, 문제들이 발생한다. 이 "어떤 것", 반대세력은 분명 그 자신만의 배경과 합리성을 가지고 있을 것이다. 즉 정말로 "어려운" 문제들의 중핵에는 역설이 있다. "역설"이라는 단어는 여기서 다소 느슨하게 사용된다. 즉 두 개나 그 이상의 충돌하는 진술로 이루어진 복합진술이라는 의미로(Dorst, 2006). 역설을 구성하는 모든 진술들은 (아마도) 그 자체로는 참이거나 타당하다. 하지만 그것들은 논리적이거나 실용적인 이유에서 결합될 수가 없다. 앞으로 나아갈 세 가지 길이 있다. 첫 선택지는 역설의 한쪽을 선택하고, 나머지에 대해 우선권을 갖게 하는 것이다. 타협의 선택지도 있다. 이 경우 협상을 통해 대립하는 필요들이나 견해들 사이 중간쯤에 있는 결정에 이를 수 있을 것이다. 견해들이나 관점들이나 요구들 사이에 실제 충돌이 있는 이 힘든 역설 상황에서 앞으로 나아갈 셋째 방법은 문제 상황을 재정의하는 것이다. 디자이너들은 이를 아주 잘한다.

캐롤라인 윗벡은 『엔지니어링 실천과 연구에서의 윤리』(Whitbeck, 1998) 에서 이렇게 언급한다. "갈등은 해결될 수 없다고 하는 [도덕철학 내의] 시초 가정은 오도된 것이다. 왜냐하면 그것은 디자인 엔지니어들이 종종 그렇게도 잘하는 일, 즉 잠재적으로 충돌하는 고려사항들을 동시에 만족시키는 일을 하려는 일체의 시도를 무산시키기 때문이다."(p. 56)

이러한 소견은 2장의 사례연구들이 입증한다. 여하튼 디자이너들과 젊은 예술가들은── 이미 아주 오래된 몇몇 경우를 포함해서 ── 혼동스러운 문제 상황에서 빠져나오는 데 성공했으며, 해결을 향해 문제 상황을 조타해 나아갈 수 있는 위치를 창조했다. 이러한 성취는 관례적 문제해결 접근법과 극명하게 대조된다. 후자의 경우 문제 상황은, 해결의 작동 방식("어떻게", 해결의 "관계 패턴")이 이미 고정되어 있기 때문에, 재정의 될 수가 없다. 이는 관례적 문제해결에서 사용되는 통상적 귀추의 심각한 한계다. 관례적 문제 해결자는 역설의 한쪽에 우선권을 주는 선택지나 두 입장의 타협안을 창조하는 선택지만을 갖는다.

역설들을 창조적으로 다루는 도전은 디자인을 아주 매혹적이고도 마음을 사로잡는 일로 만들어주는 측면 중 하나다. 해결되지 않은 역설들은, 어떻게 해결할지 생각하는 걸 피할 수 없을 정도로, 우리 관심을 사로잡을 수 있다. 역설적인 문제 상황들은 창조적 상상력에 영감을 준다. 일본 선종 수련에서 사람들을 자극하여 합리성에 거역하고 정신을 자유롭게 하기 위해 사용하는 그 유명한 공안公案처럼 말이다. 공안은 아름답고 시적이지만, 분별 있는 응답을 내놓아야 하는 도전은 견디기 힘든 것일 수도 있다(Van de Wetering, 1999). 정신을 아찔하게 하는 본성과 우리의 일상적 사고 기량에 야기하는 어려움으로 인해 역설은 언어학자, 논리학자, 수학자를 사로잡기도 했다(Hofstadter, 1979). 하지만 우리는 이 책에서 역설에 대해 이런 방식으로 말하려는 게 아니다. 여기서 우리는 실세계 역설들을 다루고 있는데, 그것들은 문제 편에서 충돌하는 가치들과 필요들 때문에 발생하거나 해결 편에서 디자인 결과들의 통약 불가능성 때문에 발생한다.

실세계 상황에서, 필요들과 이익들과 "대상 세계들"(Bucciarelli, 1994)을 상이한 이해관계자들이 합리화할 때 특히 역설은 어마어마하다. 이 지각된 합리성들은 어떤 개인적 세계관이나 제도적 세계관이 가능한 유일한 세계관으로 간주될 때 문제가 된다. 그리고 이는 중간에 낀 문제 해결자의 삶을 어렵게 만든다. 하지만 윗벡이 말했듯이, 디자이너들은 여하간 이 얽히고설킨 문제들을 다룰 수 있다. **젊은 디자이너들** 재단의 통합된 삶 프로젝트에서(사례 6), 돌봄 조직들은 정신장애인들을 맡아 보호하는 것이 자신들 책임의 일부라고 믿었다. 그리고 그들은 이 "보호할 책임"을 합리화하여 "그들의 환경에 대한 완전한 통제"가 그 책임 안에 포함되도록 했다. 비록 그것이 정신장애인들을 도시 거주지에 고립시키는 걸 의미했지만 말이다. 이 결과는 물론 이 정신장애인들을 사회에 통합하고자 하는 정부의 목적과 완전히 어긋난다. 고립되어 있기에, 정신장애인들은 그 어느 때보다도 교류에서 멀어져 있으며(옛날에 그들은 적어도 서로 대화할 사람이 있었다), 또한 사회에서 "정상적"이고 "풍요로운" 삶을 결코 영위할 수가 없다. 역설은 완벽하다. 하지만 우리는 돌봄 조직들의 몇몇 가정들을 어느 지점에서 의문시하고 "까발리고" 탐구할 수 있는지를 볼 수 있다. "돌봄"은 정말 "보호"를 의미하고 "보호"는 정말 "통제"를 의미하는가? 정부 쪽 역설도 자물쇠를 풀 필요가 있다. 부처의 생각, 특히 정신장애인들을 사회에 통합해야 할 필요가 있다고 하는 생각에 영향을 준 가정들은 무엇인가? 이 가정들은 타당한가? 그리고 돌봄 조직들이 새로운 상황에서 하게 될 역할에 관한 부처의 선입관은 무엇인가? 핵심 역설을 드러냄으로써 디자이너들은 이 가정들을 검토하기 위한 진입 지점을 얻는다.

디자이너는 어떻게 역설에 접근하는가? 프레임 잡기에 대하여

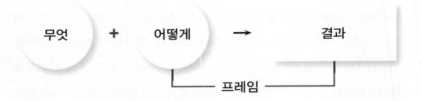

문제 상황의 확립된 관계 패턴들을 의문시하는 가운데, 디자인 귀추는 문제 상황을 보는 새로운 방법과 문제 상황 안에서 행동하는 새로운 방법을 창조한다. 문제 상황에 대한 이 포괄적인 새로운 접근법을 디자인 문헌에서는 "프레임"이라고 부른다(Schön, 1983과 부록 2 참조). 우리의 논리적 공식들에 있는 개념을 통해 표현하자면, 프레임이란 특수한 관계 패턴을 적용하여 바라는 결과를 창조할 수 있게 해주는 제안이다. 앞의 사례, 즉 하루 일을 시작하면서 에너지를 급충전하는 문제로 돌아가 보자. 에너지 충전감을 얻는 방법으로서 화학적 자극제(카페인)의 선택이 프레임, 즉 문제 접근법이다. 하지만 문제를 다시 프레임 잡을 수도 있다. 즉 에너지 충전에는 사회적 방법(영감을 주는 대화)도 있다고 제안하거나, 아니면 더 깊게 파고 들어가 우리가 실제로 찾고 있는 것은 에너지 급충전이 아니라 어떤 수준의 집중이라고 말할 수도 있다(이 경우 커피 마시기로도 성취될 수 있는 정신의 명료함을 성취하는 한 가지 방법은 명상일 것이다).

우리는 이와 같은 가설적 관계 패턴을 제안하는 행위를 "프레임 잡기"라고 부른다. 프레임 잡기는 디자인 귀추의 열쇠다. 역설적 문제 상황에 접근할 가장 논리적인 방법은 말하자면 거꾸로 작업하는 것이다. 등식에서

유일하게 "알려진" 것, 즉 바라는 가치로부터 출발하기, 그리고 나서, 문제 상황에서 새로운 프레임을 채택하거나 개발하기. 이 프레임 잡기 단계는 지적으로는 귀납과 유사하다. 결국, 귀납적 사고에서도 관계 패턴이 제안되고 시험되는 것을 보았다. 일단 믿을 만하고, 유망하고, 혹은 적어도 흥미로운 프레임이 제안되면, 디자이너는 통상적 귀추로 전환하여 등식이 완성될 수 있도록 해줄 요소를 디자인할 수 있다. "요소들", "관계 패턴", "바라는 결과들"이 제자리에 있는 완전한 등식이어야 비판적으로 조사할 수 있다. 이때 관찰과 연역의 힘을 사용하여 "요소들"과 "프레임"이 결합하여 실제로 바라는 결과를 낳는지 알아보는 것이다.

킹스 크로스 사례에서, 법 집행 강화 접근법은 바라는 결과로 이어지지 않았다. 하지만 "음악 페스티벌"이라는 은유는 킹스 크로스 상황에 적용될 수 있는 (접근, 군중 관리, 온화한 분위기 창조 등등에 관한) 새로운 관계 패턴들 일체를 도입했으며, 이 공공 구역 내에서 (표지, 킹스 크로스 안내원, 공공 화장실 같은) 새로운 요소들의 도입으로 이어졌다. "음악 페스티벌"이라는 은유가 결실 있는지를 알려면, 이 프레임에서 흘러나오는 새로운 요소들을 실행하여 그 지역의 좀 더 평화롭고 폭력 성향이 덜한 야간 생활이라는 바라는 결과가 성취되는지 관찰해야만 한다. 이와 같이 시험되기 전까지, 제안된 프레임은 단지 앞으로 나아갈 한 가지 가능한 방법일 뿐이다.

디자인 실천들에 대한 이전 연구에 따르면(부록 2), 디자이너들은 바라는 결과에서 출발하여 프레임을 경유하고 가능한 디자인 해결책으로까지 추리하는 데 정말 많은 시간을 들이며, 디자인 해결책이 부적합하다는 생각이 들면 문제 다시 프레임 잡기로 되돌아간다. 이 추리 패턴은 앞서 언급한 현상, 즉 디자이너들이 아이들 장난 같은 복불복 과정으로 보일 수도 있는 방식으로 아이디어들을 가지고 놀고, 프레임, 관계, 해결책

등을 위한 가능성들(제안들)을 동전 던지기 하듯 던져보는 현상을 초래한다. 하지만 그렇게 하면서 디자인 실천가들은 수많은 가능성들을 시험해보고 생각하며, 하나의 프레임을 더 심도 있게 추구하기 전에 어떤 프레임이 문제 상황에서 작동할지에 대한 직관을 증강시킨다. 우리는 2장의 사례연구들에서 디자이너들은 자연스럽게 현 맥락 너머로 생각한다는 것을 보았다("통합된 삶" 사례연구처럼, 종종 다른 이해관계자들을 많이 놀라게 하면서). 디자이너들은 실생활의 역설이 다만 일정한 선규정된 맥락 안에서만 전적으로 모순적이라는 것을 깨닫는다. 역설적 상황으로부터 앞으로 나아가기 위한 전략은 이 맥락의 조사에, 즉 역설의 기저에 놓인 가정들을 탐사하는 것에 기초하고 있다.

이것은 역설과 정면으로 대결하기보다는 역설을 둘러싸고 생각하는 과정이다. 해결책은 (닫힌 정의들 안에서 꼼짝 못 하고 있는) 핵심 역설 그 자체 안에 있지 않으며, 역설을 둘러싼 맥락 내의 더 넓은 가치들과 주제들의 영역 안에 있다. 이 맥락이 더 풍요로울수록, 앞으로 나아갈 결실 있는 방안들이 발견될 기회는 많아진다. 그리하여, 관례적 문제해결의 관점에서 너무나도 도전적인 문제 상황의 바로 그 동일한 속성들이 ― 즉 1장에서 언급된 동시대 문제들의 열린, 복잡한, 네트워크된, 역동적인 본성이 ― 실로 디자인적 성향의 정신을 가진 사람들에게는 풍요로운 기회의 장을 제공한다. 그들은 해결책이 가능해지는 새로운 접근법을 창조하기 위해 이 풍요로움을 필요로 한다.

프레임 내지는 문제해결을 위한 참신한 관점을 창조할 때, 디자인 실천가는 이렇게 말할 것이다: 우리가 이 특수한 관계 패턴을 사용한다고 가정해보자(킹스 크로스에서, 그 패턴은 "음악 페스티벌"이었다). 그리고 우리가 목적하고 있는 결과를 성취할 수 있는지 보자. 아인슈타인이 언젠가 말했듯이, "문제는 그 문제가 생겨난 맥락에서는 결코 해결될 수 없다." 이

정식화하기

이해하기 ── 확인하기 ── 프레임 잡기

재현하기

외면화하기 ── 대화하기 ── 다양한 재현 사용하기

움직이기

주 발생기 창조하기 ── 움직임의 종류 ── 문제를 움직이기

평가하기

객관적인/주관적인 행동–속–반성하기 ── 3가지 질에 대해 판단하기
── 판단 중지하기

경영하기

행동에–대해–성찰하기 ── 브리핑 ── 평행선 추구하기

.

<그림 3.1>
디자인 활동의 스펙트럼(Lawson and Dorst, 2009).

진술의 명백한 순환성을 제쳐 놓는다면(쟁점이 원 맥락 안에서 해결될
수 있다면, 쟁점은 문제로서 등록되지도 않았을 것이다), 여기엔 어떤
지혜가 있다. 즉 이 진술은 문제 해결자가 문제가 정식화된 맥락을 바라보아
야 할 필요성을 강조한다. 이 사례들에서 디자이너들은, 더 넓은 맥락을
바라봄으로써, 문제 상황이 해결을 수용할 수 있게 만드는 방식으로,
그들 앞에 놓인 쟁점들을 프레임 잡을 수 있었다.

디자인 실천 해부학

디자인은 아주 넓은 장이다. 이 책에서 우리는 열린, 복잡한, 네트워크된, 역동적인 문제 상황을 다루는 데 잠재적으로 유용한 디자인 실천의 요소들을 찾고 있다. 가장 중요한 실천들을 선정하기에 앞서, 간단한 디자인 해부학이 필요하다. 아래에서, 디자인 활동들의 핵심 범주들(<그림 3.1>)과 디자인 사고의 수준들(<그림 3.2>)을 이용하여 엄청나게 다양한 디자인 실천들을 레이아웃한다.

우선, 디자인 실천들은 다섯 개의 일반적 활동을 중심으로 형성된다. 그 시작은 (1) 문제 각축장 안에 있는 쟁점들의 정식화 내지는 확인이다. 그러고 나서 쟁점들은 종종 새로운 방식으로 프레임 잡힌다. (2) 문제들과 해결들의 (말, 스케치, 정교한 시각화 기술 등을 통한) 재현은 디자이너로 하여금 이 재현들과 대화하면서 아이디어를 개발할 수 있게 해준다. 디자이너는 다중의 재현들을 병행해서 사용하는 경향이 있다. 이때 각 재현은 개발 중인 해결책의 어떤 핵심 특징을 강조한다. (3) 문제를 다루고 해결책을 창조함에 있어서 움직임들, 즉 밟아가는 디자인 단계들은 전적으로 독창적일 수도 있고, 디자이너 레퍼토리의 일부일 수도 있고, 공동의 디자인 실천을 따르는 것일 수도 있다. (4) 디자인 프로젝트를 순조롭게 진행하기 위해서, 거의 지속적인 평가가 계속 이루어진다. 프로젝트 초기에, 이 평가는 필연적으로 비공식적이고 주관적인 성격을 갖는다. 나중에 가면 평가는 훨씬 더 공식적이고 객관적일 수 있다. (5) 그렇지만, 디자인 프로젝트는 문제해결 과정, 창조적 자유, 그리고 행동에 대한 성찰 중심 학습과정의 혼합물이기 때문에 경영의 도전거리다. 경영 도전들은 프로

순진한

결과중심

초보자

관례기반

상급 초보자

상황기반

능숙한

전략기반

전문가

경험기반

달인

새로운 도식 개발

예지가

장의 재정의

<그림 3.2>
디자인 전문성과 디자인 사고의 수준들(Lawson and Dorst, 2009 참조).

젝트 브리프가 지속적인 유동성 상태에 있다는 사실 때문에 악화된다. 가능한 디자인 결과물이 결정화되는 동안, 프로젝트 목적이 바뀔 수 있다.

우리는 또한 디자인 전문성의 일곱 가지 일반적 "수준"을 고려할 수 있다(Dreyfus, 1992, 2002에 기반하고 있는 Lawson and Dorst, 2009). (1) 순진한 디자인은 일상생활에서 보통 사람들이 한다. 통상 그것은 디자인 해결책 집합 중 선택하거나 이전 디자인을 본뜨는(베끼는) 것에 기반하고 있다. (2) 초보자는 디자인이 무엇인지 탐사하고, 형식적 과정 속에서 조직되는 일련의 활동들로서의 디자인을 알게 된다. 초보자는 "게임의 규칙"을 발견하기 위해 탐사한다. (3) 상급 초보자는 디자인 문제가 매우 개별적이고 상황적이라는 것을 깨닫는다. 이 수준에서, 디자인 문제는 초보자 수준에 있을 때보다 표준적 해결책을 사용해 처리하기 어려운 것으로 간주된다. 디자인에 대해 논의하고 비평하기 위한 언어의 습득이 이 전문성 상태를 이전 상태와 구별해준다. (4) 능숙한 디자이너는 그들의 디자인 영역에서 발생하는 모든 공동의 상황들을 다룰 수 있고 이해할 수 있는 디자이너다. 디자인–전문성 발달의 이전 단계에 있는 디자이너가 본질적으로 문제 상황에 반응하고 있는 것이라면, 능숙한 디자이너는 디자인 문제의 개발을 능동적으로 조타한다. 그 결과 디자이너는 훨씬 더 많은 통제권을 쥐며, 몇 개의 프로젝트 과정을 거치면서 디자인 실천이 깊이를 갖출 수 있게 한다. (5) 전문가는 자신의 디자인 작업을 통해서 표현되는 접근법 내지는 가치 집합으로 알려진다. 이 수준의 디자인 실천은 상황들에 대한 암묵적 인정과 유창하고 직관적인 반응에 의해 특징지어진다. (6) 달인 디자이너들은 자신들의 실천을 전문가들의 확립된 작업 방식을 의문시하는 혁신 수준으로 가져가며, 장의 경계를 밀고 나간다. 이러한 작업은 다른 사람들이 연구할 수 있도록 (팸플릿, 성찰적 논문, 인터뷰 등을 통해) 공표된다. (7) 예지가의 작업은 자신의 디자인 장을 재정의하는 것을 명시적인 목표로 삼는다. 예지가들은 자신들의 근본적 아이디어들을 완결된 디자인보다는 디자인 개념, 전시회, 출판을 통해 표현한다.

　가장 중요한 것으로, 이 일곱 가지 전문성 수준은 일곱 가지 상이한 디자인 사고방식을 나타낸다. 선택기반(순진한 디자이너), 관례기반(초보 디자이너), 상황기반(상급 초보자), 전략기반(능숙한 디자이너), 경험기반(전문가), 새로운 도식 개발(달인), 그리고 몇몇 예지적 개인들의 경우, 장의 재정의. 디자인 실천의 이 일곱 가지 수준 각각은 고유한 방법, 고유한 비판적 기량 집합, 고유한 성찰 양식이 딸려 있다.

디자인 실천의 광역 스펙트럼은 디자인 활동의 다섯 범주들이 전문성 수준들과 교차되는 매트릭스로 시각화될 수 있다(결국 활동들 각각은 적어도 일곱 개의 상이한 방식으로 접근될 수 있다). 그리고 건축에서 시작해서 제품 디자인, 시각 커뮤니케이션 디자인, 패션, 애니메이션, 등등에 이르는 모든 디자인 분야에 대해 이와 같은 매트릭스를 만들 수 있을 것이다. 디자인은 수많은 상이한 실천들을 담고 있는 직업들로 가득한 거대하고 풍요로운 장이다. 디자인 실천의 이 막대한 레퍼토리 중에서도 우리는 주로 "정식화" 활동에 초점을 맞출 것이다. 앞서의 추리 패턴 분석에서 바로 그것이 디자인을 특징짓는 것으로 표면화되었으니까. 디자인 실천이 제공하는 최선의 것에서 배움을 얻기 위해, 우리는 디자인 전문성의 상층 —— 전문가와 달인 —— 에 초점을 맞출 것이다. 오늘날 우리가 처해 있는 열린, 복잡한, 네크워크된, 역동적인 문제 상황을 어떻게 하면 좀 더 효과적으로 다룰 수 있는지를 그들에게서 배우기 위해.

디자인으로부터의 다섯 교훈

이러한 초점을 염두에 두고서, 이제 우리는 다섯 가지 핵심 디자인 실천을 묘사하는 일로 넘어갈 수 있다. 그것들은 디자인 실천으로부터 온 다섯 교훈이다. 열린, 복잡한, 역동적인, 네트워크된 문제 상황을 다루고자 한다면, 이 교훈들로부터 배워야 한다. 이 다섯 실천, 즉 (1) 공진화, (2) 문제 상황 개발하기, (3) 프레임 다루기, (4) 주제 탐사하기, (5) 담화 촉진하기는 다음 장에서 소개될 프레임 창조 모형을 위한 집짓기 블록이다.

1. 공진화

연구에 따르면, 전문가 디자인 실천에서 디자인 문제는 만족스러운 해결 개념을 찾는 탐색이 시작되기 전까지 고정되지 않는다. 전문가 디자인은 오히려 문제 정식화와 해결 아이디어 양자 모두를 공진화coevolution라 불리는 과정을 통해 조화롭게 개발하고 정련하는 문제다(Dorst and Cross, 2001). 공진화는 두 개의 개념적 디자인 "공간" —— 문제 공간과 해결 공간 —— 사이에서 전후로 움직이는 분석, 종합, 평가의 지속적 반복을 내포한다(Maher, Poon, and Boulanger, 1996). 그렇게 하면서 디자이너는 어울리는 문제–해결 짝을 생성하려고 하고 있다. 거칠게 말해서, 이때 일어나는 일은 이렇다. 문제 상황으로부터 정합적 정보 덩어리 내지는 씨앗이 생겨나고, 열쇠 해결 아이디어("주 발생기")의 결정화結晶化를 촉발한다.[9] 이 핵심 해결 아이디어는 이제 문제 상황에 대한 디자이너의 견해를 변화시킨다. 그러고 나서 디자이너들은 문제를 재정의하고 새로운 정의가 여전히 이전 해결 아이디어에 적합한지를 점검한다. 일반대중의 지각과는 달리, 디자인에서 창조적 사건은 문제에서 해결로의 창조적 도약(위대한 **아이디어**, 백열전구 점등 순간[10])이 아니다. 오히려 창조적 사건은 열쇠

9. "주 발생기(primary generator)"는 제인 다크(Jane Darke)가 건축 디자이너의 작업 방식을 연구하던 중 새로 만든 용어다. 건축 디자이너들은 처음부터 강력한 생성적 아이디어(generative idea)를 가지고서 작업을 시작한다. 전통적인 디자인계에서는 "디자인 컨셉"이나 "파르티(parti)"라는 용어가 사용되고 있다.
10. 백열전구에 불이 들어오듯 갑자기 아이디어가 떠오르는 순간.

개념의 확인을 통해 문제 공간과 해결 공간 사이에 다리가 놓일 때 발생한다. 경험 연구에 따르면, 전문가 디자인은 문제–해결 짝짓기를 확인해주는 ── 혹은, 프레임 잡는 ── 다리bridge의 창발을 통해 문제 공간과 해결 공간이 (일시적으로) 고정될 때까지 이 공간이 불안정한 상태로 있는 탐사 기간을 포함한다. 전문가 디자이너와 달인 디자이너에 대한 연구에 따르면, 이 프레임 잡기 능력은 고수준 디자인에서 핵심적이다. 아이디어란 문제에 대한 어떤 견해와 가능한 해결책 사이에 갑작스러운 "딸깍"이 일어나는 순간으로 묘사될 수 있다. 일단 문제와 해결이 딱 맞게 맞물리면, 그 결과는 질적으로 난공불락이다. 단순하면서도 정합적인, 처음의 골치 아픈 문제 각축장을 점유하고 있었던 일체의 요구들을 통합하는 어떤 구조가 창발한다. 이것은 완전한 디자인 득의의 순간이다. 지난 몇 달, 몇 날 내지는 몇 주 동안의 그 모든 버려진 탐사들, 걱정들, 혼돈들이 말끔한 해결 아이디어 속으로 사라지는 것을 보는 순간. 철학자로서의 자신의 창조적 실천을 성찰하면서 비트겐슈타인이 한 말을 인용해보자면:

> 우리가 얻고자 애쓰는 명료성은 물론 완전한 명료성이다. 그러나 이는 단지 철학적 문제들이 완전히 사라져야 한다는 뜻일 뿐이다. 본래적인 발견은 내가 원할 때 나로 하여금 철학하는 것을 그만둘 수 있게 만들어주는 것이다.(Wittgenstein, 1963, PI 133; 강조 추가)[11]

2. 문제 상황 개발하기

우리는 디자인 실천을 문제와 해결의 공진화라고 타당하게 묘사할 수 있다. 전문가 디자인 실천들은 적합한 해결의 생성만큼이나 문제의 재정식

••
11.   루트비히 비트겐슈타인, 『철학적 탐구』, 이영철 옮김, 책세상, 2006, 103쪽.

화와도 관련이 있다. 앞서 언급했듯이, "디자인 사고" 운동은 디자이너의 해결 생성 능력에 초점을 맞추면서 우리를 잘못 이끌 수도 있다. 전문가 디자이너들에게서 배우기를 원한다면, 그들의 사례를 뒤따르면서 우리의 관심을 문제 관련 지식, 기량, 전략에 대한 연구로 옮길 필요가 있다. 그리고 앞서 제시된 바로서의 공진화 모형은 이제 시작일 뿐이다. 그것은 실험실 세팅 안에서의 행동 연구들에 기초하고 있으며(Dorst, 1997), 이때 디자이너들은 단순한 디자인 과제를 다룬다(부록 1 참조). 이는 디자인 실천에 대한 빈곤한 견해를 제공했다. 상황과 시간 제약으로 인해 디자이너들은 주어진 문제 상황과 매우 흡사한 새로운 프레임을 찾을 수밖에 없었던 것이다. 앞으로 보겠지만, 문제의 프레임을 다시 잡는 좀 더 유의미한 사례는 자유로운 흐름의 디자인 실천이 이루어지는 동안 생겨난다. 그곳에서 전문가 디자이너들은 본질적으로 문제 상황 그 자체를 개발한다. 문제 상황을 개발할 수 있는 가능성은 디자인 실천의 범위를 근본적으로 바꾸어 놓는다. 지금까지는 디자인 귀추를 묘사하면서 바라는 결과(바라는 기능성이나 가치)를 변경될 수 없는 것으로 간주해왔다. 하지만 전문가 디자인 실천은 새로운 프레임의 채택과 더불어 바라는 결과조차 변할 수 있다는 것을 보여주었다. 새로운 프레임의 채택으로 디자이너들은 처음의 역설에서 훨씬 더 자유롭게 물러설 수 있다. 전문가 그래픽 디자이너들에 대한 연구는 그들이 문제 상황을 개발하고 디자인 프로젝트의 의도된 결과를 바꾸어 놓기 위해 다양한 실천들을 이용한다는 것을 보여주었다(Paton and Dorst, 2011). 그리하여 디자이너는 자신을 "기술자" 역할로 보는 상황(클라이언트는 무엇이 필요한지 정확히 알고 있고, 그러고 나서 디자이너는 이를 수행한다)에서 벗어나서 "퍼실리테이터"(클라이언트는 무엇이 필요한지 알지만 이를 성취하기 위해 무엇이 요구되는지 알지 못한다)나 "전문가"(클라이언트는 부분적으로 형성된 아이디어를 가지고 있으며, 디자이너는 자신의 전문성을 이용해서 실행 가능한 브리프의 정식화를 협상해야 한다) 역할 쪽으로 교묘하게 조종해 나아가야 한다. 이 그래픽 디자이너들의 경우, 선호하는 작업 유형은 "협력자" 유형인데, 클라이언트와 디자이너는 문제 공간과 해결 공간 양쪽 모두에서 프로젝트의 프레임을 잡는 일에 상호간 애쓴다.

인터뷰 자료를 보면, 디자이너들이 추상을 이용하거나 디자인이 기능할 미래 맥락을 강조하면서 클라이언트의 마음을 흔들어 놓고, 문제해결 접근법에서 벗어나 새로운 프레임들의 협상을 감안하는 접근법으로 나아가게 한다는 것을 알 수 있다(Hekkert and van Dijk, 2011). 이는 브리핑 대화를 특정 결과에서 벗어나 더 깊은 상황적 가치들의 탐사로 나아갈 수 있도록 이끌고 가는 효과적인 방법들이다. 디자이너들은 은유, 맥락 몰입, 추측 등을 이용하여 클라이언트와 함께 문제 상황을 "해체"하며, 프레임 다시 잡기가 일어날 수 있게 한다. "무드 보드mood board" 토론은 은유와 유추를 환기하기 위해 디자이너들이 이용하는 한 가지 방법이다. 이 무드 보드들은, 특정 해결책을 곧바로 예시하지 않는 추상적 이미지를 사용하면서, 프로젝트에 대한 좀 더 열린 대화를 창조하는 데 도움을 준다. 인터뷰한 디자이너들은 모두가 클라이언트와 함께 상황을 질문하고 탐사하는 맥락 몰입을 핵심 전략으로 언급했다. 프레임 다시 잡기는 상황에 대한 추상화된, 추측된 견해를 탐사함으로써 더욱 도움을 받는다. 종종 다양한 추측들이 제시되며 장난스러운 대화("우리가 탐사할지도 모르는 것을 통해 이야기하기") 속에서 의도적으로 모호한 상태로 유지된다. 디자이너들은 프레임 다시 잡기의 가장 중요한 장애물로 클라이언트가 디자인의 문제해결 정신 모형을 따르면서 프로젝트에 대해 처음에 가지고 있었던 아이디어에 집착하는 것(클라이언트는 디자이너가 더 전략적인 역할을 맡는 것을 상상할 수 없다)과 여정에 저항하는 것(클라이언트는 신속한 해결에 대한 필요를 느끼며 문제 상황을 열어젖힐 시간도 자원도 부족하다고 믿는다)을 든다. 제품 디자인 영역에서, 헤커트와 반 다이크 (Hekkert and van Dijk, 2011)는 미래 맥락을 돋보이게 함으로써 문제의 정의를 바꾸는 형식적 접근법을 개발했다. 그들 모형의 첫 단계는 처음의 브리프 배후에 놓여 있는 가정들을 비판적으로 저울질하는 것을 포함한다. 새로움을 창조할 수 있으려면, 디자이너는 현 제품의 디자인과 현 문제 상황을 낳은 사고 과정을 알아야 한다. 그런 다음 디자이너는 그러한 기본 변수들과 그것들의 현 상태가 갖는 중요성을 질문하면서 나아간다. 그 다음 단계는 미래 맥락의 이미지를 앞으로 펼쳐질 모습으로 창조하는 것이다. 일단 이에 대한 합의가 이루어지면, 본연의 디자인 과정이 시작될 수 있으며, 미래 맥락에 적합한 결과물을 창조하게 된다. 미래 맥락을 그려보는 일에 긴밀하게 관여한 바 있는 클라이언트 조직은 제안된 디자인을 원래 맥락이 아니라 이 새로운 맥락에 비추어 볼 것이다 —— 이렇게 보게 되면 상당히 급진적인 디자인이더라도 좀 더 쉽게 수용할 수 있다. 그와 같은 프로젝트의 한 예는 사무용 가구를 제작하는 한 중간 규모 회사를 위한 "홈 오피스" 개발이다. 처음의 브리프는 집 사무실의 통상적 제약들을 염두에 두고 설정되었다. 집에서 가장 작은 방이고, 수납공간이나 손님방을 겸하고, 정말로 어떤 일을 할 필요가 있을 때만 그곳에 간다. 따라서 책상은 작고, 용도에 융통성이 있고, 영리한 수납 능력을 가질 필요가 있다. 하지만 이것들은 모두 노동이 무엇인지에 대한 아주 특수한 견해(즉, 결과물의 생산)와 사람들의 삶에서 노동의 역할에 대한 아주 특수한 견해(즉, 아침 9시에서 저녁 5시까지의 활동)에 기반한 가정들이다. "지식노동"이 점점 더 중요해지고 러시아워 통근을 피하기 위해 집에서 노동하는 게 권장되는 사회에서, "노동"의 성격과 홈 오피스 지원을 받는 활동들은 근본적으로 변화하고 있다. 지식노동은 단지 생산에 관한 게 아니라 영감과 성찰에 관한 것이다. 영감과 반성은 통상적 작업시간에 제한되지 않으며, 또한 고도로 연결된 사회적 활동이 되는 경향이 있다. 따라서, 집안 뒤쪽의 먼지투성이 작은 "집 사무실"로 은둔하는 것은 분명 좋은 생각이 아닐 것이다. 영감과 반성이 번성하려면 훨씬 더 풍요로운 환경이 필요하다. 이런 방식으로 문제 정의를 변경한 이후에, 디자이너는 집안에서 중심 무대를 차지하는 상호작용 식탁^{interactive kitchen table}을 개발했다. 이 식탁은 강렬한 연결성을 제공하며, 영감과 성찰을 위해 디지털 문서들을 여기저기 배치할 수 있는 가능성을 품고 있다. 다른 목적으로 테이블이 필요할 때 이 문서들을 재빨리 사라지게 할 수 있으며, 완벽한 디지털 작업 환경이 필요할 때 되부를 수 있다. 클라이언트가 처음에 값싼 책상 디자인을 구하고 있었다는 것을 기억하라. 미래의 "노동"은 무엇일지에 대한 견해를 바꿈으로써 제품을 위한 새로운 맥락을 창조했으며, 훨씬 더 흥미로운 가능성들을 열어젖혔다. 상호작용 식탁은, 노동을 생산으로 보는 옛 맥락에서는 말도 안 되는 아이디어였을 테지만, 새로운 맥락에서는 아주 논리적이다.

미래 맥락을 탐사하는 것 말고도, 전문가 디자이너들이 문제 상황을 개발하기 위해 사용하는 다른 주요 전략은 추상이다. 이는 현 맥락으로부터 추상을 한 이후에 완전히 새로운 맥락을 설정하면서, 달성되어야 하는 핵심 가치들로 다시 돌아가는 것을 말한다. 여기서는 이 전략을 깊이 생각하지 않을 것이다. 그것은 이 책의 나머지 장들에서 모형화되고 길게 설명될 것이다. 이 특이한 유형의 추상은 프레임 창조 접근법의 핵심이다. 우리는 어떻게 디자이너나 그 밖의 사람들이 이 디자인 실천을 통해 아주 열린, 복잡한, 역동적인, 네트워크된 문제 상황을 다룰 수 있는지를 보여줄 것이다.

3. 프레임 창조하기

"프레임"이라는 미끄러운 개념은 문제 상황을 전환하는 디자이너의 능력에서 중심적이며, 당연히 이 책에서 중심 무대를 차지할 것이다. 이 절에서 우리는 프레임의 본성을 조사할 것이고, 디자이너들이 프레임과 프레임 잡기 과정을 다루는 방식을 탐사할 것이다.

첫 질문은 "프레임 안에는 무엇이 있는가?"가 좋겠다. 칭송이 자자한 리처드 맥코맥의 케임브리지 피츠윌리엄 칼리지 예배실 사례로 시작해보자(Lawson and Dorst, 2009). 원래의 브리프는 케임브리지 대학교 뜰 가운데 한 곳에 지어질 현대적 예배실을 디자인하는 것이었다. 아주 경험 많은 건축가 팀은, 아이디어들의 흐름을 따라가다 보니, 정사각형 울타리 안에 매달려 있는 것처럼 보이는 원형 예배 공간을 창조하는 방향으로 나아가게 되었다. 이는 디자인상 심각한 문제들을 야기했다. 아주 다른 이 형태들을 어떻게 연결하지? 이 형태들의 관계의 본성은 무엇이고, 또 그 본성은 세부적인 연결을 통해 어떻게 표현될 수 있지? 가능한 위치들, 형태적 해결책들, 건설 원리들을 시도해보는 수많은 결실 없는 시간들이 지나고, 디자이너 가운데 한 명이 깨달았다. 그들이 실제로 창조하고 있는 것을 "선박"(배!)으로 볼 수도 있겠다는 것을. 이 열쇠 프레임 잡기 진술은 건축가들과 건설 엔지니어들이 결실 있게 추구할 수 있는 몇 가지 함축들을 낳았다. 배와 배의 환경(부둣가)의 관계는 물론 "계류" 관계다—— 그리고 매달려 있는 예배당과 울타리 건물 사이의 "계류" 관계를 명료하게 하는 데 어떤 형태가 도움이 될지 상상하는 것은 손쉬운 일이다. 배라는 아이디어는 최종 디자인에서 이용된 아주 풍부한 형태 언어(가령, 난간)와 건조 원리(가령, 아름다운 곡선의 목조 선체)를 포함하고 있다. 이 사례가 보여주듯, 프레임은 조직 원리이며, 혹은 생각하기에 유용한 진술들의 정합적 집합이다. 프레임이 때로 단순하고 우아한 진술에 의해(가령 앞의 사례에서, 배 은유를 사용해서) 다른 말로 바꾸어 표현될 수 있기는 하지만, 실제로 프레임은 꽤 복잡하고 세밀한 사고 도구다. 프레임 제안에는 일정한 개념들의 사용이 포함되는데, 이 개념들에는 중요성과 의미가 부여된다. 이 개념들은 전혀 중립적이지 않다. 즉 그것들은 탐사들을 조타할 것이고, 창조 과정에서의 지각들을 조타할 것이다(Lakoff and Johnson, 1980). 프레임을 창조하는 것은 더 폭넓은 행위의 결과이며, 그러고 나서 프레임은 관심을 끄는 새로운 초점을 가지고서 그 행위를 재분절한다(Tzonis, 1992). 그러므로 프레임은 실행 가능해야 한다 — 즉 프레임은 현실적 해결책을 낳을 수 있어야 한다. 프레임이 정말로 "살아 있는" 것이 되기 위해서는 또한 영감을 주고 사로잡는 것이어야 한다. 프레임은 관련된 열쇠 인물들의 마음속에 즉각 심상을 이끌어내야 하며, 속사포 같은 의식의 흐름을 통해 해결 관념들을 촉발해야 한다.

프레임은 또한 사회적 존재물일 수 있다. 프레임은 문제 상황 안의 다양한 이해관계자들의 생각이 조화를 이루도록 도울 수 있다. 그렇지만 연구에 따르면, 여기에 문제가 없지는 않다. 같은 팀에서 수년 동안 협력해 온 경험 많은 전문가들 사이에서도 프레임의 소통은 쉬운 문제가 아니다 (Valkenburg and Dorst, 1998; Valkenburg, 2000). 문제는 모든 팀원이 프레임을 온전히 포용하고 능동적 사고 과정으로서 흡수할 때만 프레임이 실제로 결실을 맺는다는 것이다. 그렇기에 그냥 불쑥 프레임을 말하는 것으로 프레임을 소통하고자 하는 것은 소용이 없다. 팀원들이 또 다른 관점에서 쟁점을 생각하고 있다면 분명 당신이 무슨 말을 하는지 알지 못할 것이다. 당신의 프레임이 올바른 프레임이라는 것을 한 팀원에게 납득시키려고 하는 것 역시 그다지 생산적이지 않다. 프레임이 영감을 준다는 것을 팀원들이 발견하고는 자기 스스로 상황을 정신적으로 구조화하면서 프레임을 길잡이로 사용할 수 있어야만, 프레임은 "옳은" 것이 될 것이다.

따라서, 리안느 발켄뷔르흐의 연구 프로젝트에서 자료로 사용된 작업 중인 디자이너들의 비디오테이프에서, 디자이너 중 한 명이 막 찾아낸 프레임을 소통하려고 노력할 때, 우리는 그가 이를 악물고 참으면서 아주 길고 꽤 추상적인 묘사적 문장들에 의지하는 것을 볼 수 있다. 그리하여 그는 다른 사람들이 스스로 동일한 프레임 아이디어에 도달하기를 부추기는 방법으로 프레임을 암시한다. 이 모호한 프레임 단서들을 통해서, 디자이너는 채택 문제를 우회한다. 사람들은 보통은 다른 사람 것보다는 자기들 아이디어를 훨씬 더 열렬히, 능동적으로, 전적으로 채택하려고 할 테니까.

프레임에서 질이란 무엇인가? 프레임은 내용 진술이며, 따라서 프레임의 질은 결국 문제 상황의 세부에 달려 있을 것이다. 하지만 프레임은 잊지 말아야 할 포괄적인 질들을 실로 소유한다. 좋은 프레임은 고려중인 넓은 범위의 쟁점들을 포괄하면서 통합하는 어떤 이미지를 이상적으로 창조해내며, 원래의 문제 각축장 바깥에서 한층 더 많은 쟁점들을 끌어들일 수도 있다. 좋은 프레임은 정합적이며, 생각을 더 밀고 나아갈 안정적(비모순적) 기반을 제공한다. 좋은 프레임은 또한, 프레임이 참여자들의 마음에 떠올리는 이미지들이 문제와 가능한 해결에 대한 논의를 위한 "공통 기반"을 제공할 정도로 충분히 유사하다는 의미에서, 강건하다. 물론 좋은 프레임은 영감을 주고 독창적일 필요가 있다. 아마 세상 사람들에게 전적으로 새로운 것은 아니겠지만, 적어도 문제 세팅에서는 새로운. 그리고 가장 좋은 프레임은 매우 사고–촉진적이고 생생하고, 사람들의 상상력을 사로잡는 것이어서, 사람들의 사유가 제안된 방향으로 손쉽게 움직이도록 한다.

종종 프레임은 소형이야기ministories를 촉발하는 모티브라는 의미에서 에피소드적일 수 있다. 프레임은 사람들 사이에서 공유된 경험들의 전

세계를 열어젖힌다. 이 공유된 내러티브와 더불어, 해결 아이디어를 위한 토대 제공에 필요한 에피소드적인 통합적인 앎이 나온다. 많은 독창적인 디자인 실천가들은 위대한 이야기꾼이며, 프로젝트 이야기를 하는 가운데 프레임의 잘 붙잡히지 않는 측면들을 포착한다. 프레임의 이와 같은 측면들은 모두 사례 8, 위락지구 프로젝트에서 전면에 등장했다. 열쇠 프레임 잡기 은유("음악 페스티벌")는 타운의 밤 시간이 진행되는 내내 그 지역 전역에서 발생하는 가장 긴급한 수많은 문제들의 새로운 접근법들을 통합하는 관계 패턴을 포함하고 있다. 창의적인 진술 덕분에 논의는 범죄에 대한 논의에서 벗어나서 원래는 대부분 무구하고 재미를 추구하는 젊은이들의 비행에 대한 논의로 바꾸어 놓는다. 음악 페스티벌의 심상은 그 일체의 복잡성 속에서도 정합적이다. 그것은 이해관계자들이 쉽게 이해하고 공유할 수 있다는 의미에서 강건하다 —— 그들 중 다수는 페스티벌을 직접 경험했을 것이고, 그게 아니더라도, 걱정하는 부모가 되어 생각해야만 할 것이다. 해석이나 정서적 반응에서는 차이들이 있을 수 있다. 하지만 그러한 차이들은 다만 형상화를 풍요롭게 하는 데 봉사할 토론의 기반이 될 수 있다.

우리는 신중할 필요가 있으며, "프레임 안에는 무엇이 있는가?"는 올바른 질문이 아닐 수도 있음을 깨달을 필요가 있다. 프레임은 완전히 정적인 개념은 아니다. 프레임은 행위들과 지향들의 세계 안에 존재하는 도구다. 어떤 은유나 관계 패턴이 "프레임"이라고 불릴 수 있는지 여부는 전적으로 그것의 사용에 의해 규정된다. "언제 어떤 것이 프레임이지?"가 더 좋은 질문일 수 있겠다.

일단 프레임이 수용되면, 그 프레임은 정례적 행동의 맥락이 된다. 일단 수용되면 프레임은 즉시 빛이 바래기 시작한다. 독창적인 프레임으로서 삶을 시작한 진술들은 그 자체 제한을 가하는 합리성들이 되며, 새로운 발전을 저지한다. 프레임은 "신선한" 것일 때 가장 좋다. 이어지는 장들에서 보겠지만, 창조적이고 혁신적인 사람들은 화석화된 프레임에 맞서 싸운다.

4. 주제 탐사하기

이 장에서 이미 앞에서, 전문가 디자이너들이 핵심 역설 너머로 문제 상황을 개발하는 데 사용하는 열쇠 전략으로 특수한 종류의 추상을 언급했다. 이것은 문제 상황에 대한 특수한 견해로부터 더 일반적인 견해로 나아간다는 의미에서만 "추상"인 게 아니다. 오히려 전문가 디자이너들은 문제 상황으로부터 벗어나 인간적 차원을 향해 나아가며, 필요와 가치의 영역에서 의미를 구한다. 이 특별한 디자인 기량은 조직들이 화석화된 프레임을 통해서, 기술관료적이거나 관료적인 방식으로 쟁점을 다루려고 할 때 종종 문제 상황이 발생한다는 사실에 대한 반작용으로 진화해왔다. 1장의 사례연구들로 판단하자면, 조직들의 너무나도 기술관료적이거나 관료적인 관례적 문제해결 접근법은 우리의 현대적 곤궁의 중요한 일부다. 2장의 사례들에서는, 인간적 차원이 상실된 곳에서 인간적 차원을 회복하는 것이 놀랍도록 결실 있는 추구라는 것을 보았다. 사례연구 6에서, 정신장애인들이 사회 안에 "재통합"될 때 직면하는 외로움의 본성을 이해하는 것이 돌봄이라는 관점에서 관례적으로 문제 상황을 프레임 잡는 것 너머로 멀리까지 나아가는 해결책들로 이어진다. 인간 행동의 패턴을 추동하는 보편적 주제는 다양하다. 정체성을 발달시켜야 할 필요, 편안하다고 느낄 필요, 인간 조건의 불가분한 일부분인 외로움을 다루어야 할 필요 등등이 그러한 주제에 포함된다. 구체적 문제 상황이라는 출발점으로부터 이 보편적 주제에 도달하는 것은 쉬운 과정이 아니다. 전문가 디자이너들이 이 어려운 지형을 횡단하기 위해 개발한 실천들과 전략들을 설명하기 위해서 남아 있는 장들의 많은 부분을 할애할 필요가 있을 것이다. 전문가 디자이너들은 "해석학적 현상학"(van Manen, 1990)에서 사용되는 실천들과 아주 가까운 미세한 주제 분석 과정에 관여한다. 하지만 해석학적 현상학에서 철학자들은 어떤 텍스트 기저에 놓인 인간 경험에 대한 깊은 이해에 도달하려고 한다(그래서 "해석학"이다). 반면에 디자이너들은 문제 상황 "읽기"에 관심이 있다.

주제는 도구다. 즉 상황을 이해하려고 할 때 그 기저에 놓인 현상을 포착하는 한 형태다. 주제는 이해하려는 욕구나 욕망으로부터 생겨난다 ── 주제는 우리가 선판단 없이 터놓고 상황에 접근할 때 그 상황으로부터 만들어 낼 수 있는 의미이다. 주제의 정식화는 가장 좋은 경우라고 해도 단순화이며, 유의미한 경험들을 식별하고 수많은 관찰들 기저에 놓인 더 깊은 층의 의미를 식별할 수 있게 도와준다. 해석학적 현상학에서, 복잡한 상황으로부터 주제를 정제해내는 일은 통찰력 있는 발명, 발견, 개현disclosure의 과정으로 묘사된다. 철학자들은 하나의 텍스트에 체계적으로 접근하여 텍스트의 주제들을 발견하고 정식화할 방법들과 유용한 도구들을 폭넓게 개발해왔다. 반 매넌은 『체험 연구』(van Manen, 1990)에서 가령 아이가 부모에 의해 홀로 남겨진다는 게 무엇을 의미하는지에 대한 이해 구축 과정을 묘사한다. 그는 광범위한 원천을 불러내어 이 주제를 체계적으로 분석한다. 의식의 흐름 텍스트, 인터뷰, 전기, 동화, 시(밀른), 소설(로빈슨, 블라만), 영화(<소피의 선택>), 철학자(부버) 등이 그와 같은 경험의 의미에 대한 묘사를 일구어내기 위한 원천들이다. (오늘날 그는 문화연구와 일상생활의 사회학이라는 풍요로운 영역을 불러낼 수도 있을 것이다. Lefebvre, 2008; Jacobsen, 2009 참조) 주제를 조사하면서 반 매넌은 또한 주제를 뒤집으며, 육아의 체험을 "긴 작별"의 체험으로 묘사한다. 이 주제는 부모와 아이 사이의 점증하는 거리, 아이가 더 비의존적이 되면서 불가피하게 커가는 그 거리의 경험을 포착한다. 바로 이 주제는 다음 장의 사례 13에서 참신함의 주된 원천 중 하나가 될 것이다.

주제의 심화를 위한 풍요로운 근거지는 역사에서도 발견될 수 있다. 영국의 역사학자 시어도어 젤딘은 프레임 창조 프로젝트 안에서 주제로 떠오를 만한 수많은 개념들에 관한 관념사history of ideas를 썼다(Zeldin, 1994). 예를 들어, 한 가정부와의 인터뷰를 성찰하면서, 그는 그녀의 고용주에 대한 의존감을 17세기 러시아에서 자신을 노예로 파는 가난한 사람들의 관행에 비견한다. 그들이 얻은 이득은 새로운 주인이 그들을 돌보고 부양해야만 한다는 것이었다. 많은 권리를 포기하면서 그들은 견디기 너무 힘든 책임에서 자유로워졌다. 의존(과 독립)이라는 개념에 대한 젤딘의 사려 깊은 탐사는 그 인터뷰와 관련해서, 그리고 우리 모두가 삶에서 하는 선택들과 관련해서, 전적으로 새로운 관점을 창조한다. 이 사례는 주제의 중요한 특징을 돋보이게 한다. 즉 주제는 언제나 미결정 상태에 있으며, 좋지도 나쁘지도 않으며, 문제 상황의 맥락 안에서 문제에도 해결에도 속하지 않는다. 주제는 그저 존재한다. 그리고 주제는, 모든 인간 존재의 실존적 조건에 속한다는 의미에서, 보편적이다. 주제는 구체적, 인간적 수준에서 심오하게 개인적이며, 예술을 통해 계시될 수 있다. 삶의 선택들에 대한 개인적 책임이라는 주제는 이반 곤차로프의 19세기『오블로모프』같은 고전 소설 속에, 그리고 브렛 이스턴 엘리스의『아메리칸 사이코』같은 현대 소설 속에 절묘하게 반영되어 있다. 주제들은 참으로 무시간적이다.

철학자들이 내보이는 체계적이고 신중한 다단계 주제 분석 접근법은 디자인 실천과 극명하게 대조된다. 주제 분석은 전문가 디자인 실천의 핵심 부분이긴 하지만, 디자인 안에서 대체로 비공식적인 과정이다. 디자이너들은 상황에 "다가감getting close"에 대해 말한다. 그들은 문제 영역에서 "풍요로움"에 대해 말한다. 그리고 그들은 "감정이입"을 형성하기 위해 문제 상황의 "직접 체험"의 중요성을 강조한다. 하지만 그들은 왜 그런 것들을 다 해야 하는지에 대해서는 막연하다. 일단 문제 상황으로 들어가면, 그들은 그 상황을 다룰 아무런 신중하거나 체계적인 방법도 없는 것처럼 보인다. 그들은 그저 목적 없이 어슬렁거리는 것처럼 보인다. 우리는 그들이 문제 상황에 대한 응답을 창조할 수 있도록 도와줄 주제들로 이어질 단서들을 관찰하고 있는 것이라고 주장하고자 한다. 이 단서들은 명시적으로 주제로서 표현되지는 않으며, 보통은 이야기로서 에피소드적 지식 안에 포장되어 있다. 예를 들어, 암스테르담을 기반으로 삼은 국제적으로 명성 있는 가방 디자이너 헤스터 반 에그헨은 인터뷰(Dorst, 2002a)에서 이렇게 설명했다. 토요일이면 시장에 간다. 그러고는 단지 사람들이 구입하는 물건들을 다루는 모습을 관찰하고, 구매할 때마다 더 무거워지는 쇼핑백을 들고 있는 다양한 방식들을 관찰한다. 하지만 그녀의 관찰은 운반하기라는 이 물리적이고 기능적인 측면들 훨씬 너머로 나아간다. 그녀는 어떤 사람에게 초점을 맞추고, 그녀를 이리저리 따라다니며, 그녀가 어떤 종류의 인물인지를 알아내려고 하면서(신경과민일까? 탁 트인 사람일까?), 그녀가 어떻게 살고 있는지 상상하고, 그녀의 삶에 관한 온갖 세부들을 꼼꼼하게 기록한다. 디자인의 가치는 "어떤 사람"을 위한 "어떤 것"의 창조에 있다: 이 연결을 창조하는 것은 고품질 관련성의 형상화를 의미한다. 그리고 헤스터 반 에그헨의 사람 정탐은 그러한 관련성의 기반이 무엇일 수 있는지에 대한 감각을 얻는 방법이다. 그녀가 디자인하는 가방들이 이러한 관련성의 형상화를 돕는 방식은 정말로 영리하고 내밀하다. 그렇기에 그 가방들은 신기하게도 사용이 만족스럽다. 가방 중 어떤 것은 다양한 방식으로 착용할 수 있게 해주는 흥미로운 묘안을 담고 있으며, 다양한 상황에서의 사용자의 실제 필요에 대한 감수성을 가지고서 제작되었다. 겉보기에는 자그마한 우아한 핸드백이 A4 서류를 담을 수 있도록 확장될 수 있다. 또 어떤 가방의 교묘한 불룩한 부분은 노트북 컴퓨터와 함께 사과 하나를 담아서 회사에 가지고 갈 수 있게 해준다. 그녀의 수많은 가방들에는 사생활에 대한 절실한 필요를 충족시키는 은밀한 주머니가 있다. 주머니가 거기 있다는 인식만으로도 가방은 좀 더 개인적인 대상이 되며 깊은 애착이 생겨난다(Van Eeghen and Gannij, 2009).

마찬가지로, 유명한 일본 제품 디자이너 후카사와 나오토(무인양품 백화점 미술 감독)는 도쿄에서 사람들이 공적 공간을 어떻게 이용하는지 관찰하기 위해 거리에서 비디오 녹화를 한다. 대단한 사례는 지하철 플랫폼에 있는 사람들을 보여주는 클립이다. 사람들은 문자 메시지를 보내면서 천천히 걷고 있고, 기둥들 근처에서 바닥에 설치된 시각장애인용 블록 줄무늬를 길잡이로 이용하고 있다. 이 뛰어난 관찰은 단지 이 줄무늬 사용에 대해서만이 아니라 이 통근자들의 마음 상태와 어떻게 그들이 공공장소에서 방향을 읽는지에 대해서도 무언가를 말해준다. 이처럼 내밀한 방식으로 사람들을 이해하는 것은 후카사와의 아주 세밀한 디자인에 반영이 된다(Fukasawa, 2007).

어떤 디자이너들은 관찰을 넘어서, 상황 속의 기저에 놓인 주제들을 발굴하기 위해 신중한 상호작용에 참여한다. 그러한 전략의 한 예는 예술가들의 공동 사업체 오거컴의 작업 방법이다(사례연구 5와 Dorst, 2002b 참조). 오거컴은 조직들을 위해 사회적 예술작품을 창조한다. 그들의 전략은 조직 문화에 몰입하는 것으로 시작된다. 그 문화에 대한 최초 이해를 형성하기 위해, 그들은 조직 전체의 많은 사람들과 인터뷰한다. 그러고 나서 오거컴은 물리적으로 회사 안으로 이동해서 회사 안에서 매우 가시적인 위치를 점유한다(종종 레스토랑이 좋은 자리다). 그들은 공적으로 작업하는 가운데 조직 문화의 상이한 측면들을 재현하는 예술작품을 위한 약 10개의 제안을 창조한다. 직원들에게는 어깨너머로 보면서 개발되고 있는 아이디어를 논평해 달라는 권유를 한다. 아주 공적인 "레지던시 예술가"로서 약 10일 동안 작업한 후에, 그들은 전 직원 앞에서 제안들을 제시하며, 직원들은 추가 개발을 위해 서너 개를 선정한다. 오거컴은 이 제안들에 공을 들이며, 타당성 조사와 가격표를 개발한다. 개발된 제안들은 다시 전 직원에게 제시되며, 최종 예술작품이 선택된다. 예술작품이 베일을 벗을 때, 오거컴은 그 작품이 기업 문화에 관한 토론에 어떻게 기여하는지를 보기 위해 시초 반응들을 예리하게 관찰한다. 결국, 이것은 사회적 환경에서 기능할 필요가 있는 사회적 예술작품인 것이다.

이 특이한 디자인 실천들이 분석적일 뿐 아니라 창조적이라는 데 주목하길 바란다. 그 실천들은 의미-만들기sense-making의 강렬한 형태며, 복잡한 현실의 어떤 측면들을 여타의 측면들에 비해 우선시하는 가운데 주관성과 창조성을 내포한다. 이런 차원에서 주제들은 애매하다 ─── 그리고 이 양면성은 "주제들"이 디자인 추리 안에서 갖는 애매한 지위 속에 반영된다. 주제들은 디자인 상황의 의미 있는 요소들이며, 하지만 주제들은 문제도 해결도 아니고, 오히려 개발을 위한 잠재력을 담고 있는 중립적 근거지를 나타낸다. 그것들은 중간 지점에 있다. 2장에서 묘사된 모든 프로젝트는 중지의 순간, 애매성과 긴장의 순간을 드러냈다 ─── 거기서 원래의 문제는 거의 무의미한 것이 되었고, 문제 상황 전체의 모든 측면들이 아직 미정인 상태로 있으며, 그래서 그것들은 새로운 방식으로 결합될 수 있다. 바로 이렇게 해서, 위락지구 폭력이나 정신장애인들의 사회적으로 통합된 삶 같은 다양한 문제 상황들에 대한 응답으로, 새로운 접근법들이 형성되었다.

5. 담화 촉진하기

주제들과 프레임들은, 원래의 문제 상황에서 분명치 않은 경우, 어디에서 올까? 이 절에서 우리는 영감과 성찰의 자양분을 제공하는 물리적, 지적 환경을 창조할 때 전문가 디자이너들이 사용하는 전략을 살펴보겠다. 이 다면적 환경들은 디자이너가 후원하는 주제들과 프레임들이 태어나고, 분절되고, 구현되는 장소이며, 또한 그것들이 탐사되고, 개발되고, 시간이 지나면서 폐기되기도 하는 장소다.

직업적 디자인 실천 안에서 "담화"는, 가령 회사 안에서, 디자이너 집단의 행위 기저에 놓인 실천과 사유의 패턴들을 포함한다. 이 패턴은 의도적이고 인공적이며, 환경 안에서 재현된다. 최고 디자인 직업들을 신중하게 연구하면서 우리는 선도적 디자이너들이 회사 내 모든 프로젝트에서 작업 방식을 뒷받침하는 고유의 담화를 개발하는 데 크게 신경을 쓴다는 것을 알게 된다. 켄 양은 그가 자신의 건축사무실에서 하는 역할을 다음과 같이 성찰한다:

자기 생각이 있는 그 어떤 건축가라도, 디자인에 의해서건 기본적으로건, 그 건축가가 알아볼 수 있는 건축을 생산할 거야. … 나는 생태학을 공부해야 했어. 나는 생물학을 공부해야 했어. 그것은 나의 디자인 작업을 위한 기초였지. 나는 새로운 형태의 건축을 개발하려고 노력하고 있어. 우리는 이 기후 호응적 열대 마천루 의제를 가지고 있고, 매 프로젝트에서 어떤 아이디어를 좀 더 밀고 나아갈 수 있는지 보려고 노력하지. … 나는 모든 새로운 직원에게 그들이 합류할 때 읽을 실무 매뉴얼을 주지. 그들은 과거의 디자인만 볼 수 있는 게 아니라 그것들의 기초가 되는 원리들을 연구할 수 있어. 시간이 흐르면서, 수많은 프로젝트를 거치면서, 우리는 그 원리들을 알아내.(Lawson and Dorst, 2009에서 인용)

회사의 의제는 아주 분명하다. 그리고 그 의제를 뒷받침하는 매우 신중한

활동들과 작업 방법들의 집합이 있다:

> 하지만 프로젝트에서 나는 나의 건축가들에게 크게 의존해야만 하고
> 그들 각자는 일을 하는 자기만의 개인적 방식을 가지고 있어. 나는
> 그것을 존중하려고 노력해. 그래서 그들은 끊임없이 개선하고 있고
> 더 좋게 만들고 있어. 성장이 있지. 그들은 동기를 부여받고 있어.

디자인 실천 안에서 연속성과 변화 사이에 균형을 창조하는 정교한 방법이
있다:

> 나는 오히려 학문적 연습으로 경쟁을 하지. 나는 경쟁을 연구 프로젝
> 트로 취급해 ⋯ 이는 사무실에 동기를 부여해 — 그들을 흥분시키고
> — 정신으로 하여금 새로운 사고와 주제를 개발하게 해주지. 나는
> 모든 드로잉을 함께 모아 책을 출판해 ⋯ 이 책을 봐. 이것들은 쿠알라
> 룸푸르를 위한 우리의 경연대회 드로잉이야. 사람들은 "너는 어떻게
> 그렇게 많은 시간을 드로잉하는 데 쓸 수가 있지"라고 말했어. 나는
> "그건 연구야. 아이디어를 개발하는 거야"라고 말하지.

프로젝트들, 그리고 경쟁, 전시, 프레젠테이션, 출판 같은 여타 활동들은
미래를 향해 담화를 개발하기 위한 아주 명시적인 전략의 일부로 간주된다.
켄 양과 다른 뛰어난 건축가들은 프로젝트에 직접적으로 간섭한다고
말하지 않았다. 분명 그들은 그들 회사에서 일어나는 일에 좀 더 섬세하게
영향을 미친다. 그들은 주제들과 프레임 레퍼토리의 축조와 지속적 개발을
감독하는데, 이것들은 합류하여 회사의 담화를 이룬다. 여기에는 문제
접근법, 전략, 특수한 지식, 특별한 기량, 다양한 가능한 해결책 등이

포함되는데, 이 모두는 공동 유산의 일부다. 그것은 경영진이 —— 프로젝트가 회사의 "철학"을 따른다는 것을 확실히 하면서 —— 프로젝트를 위한 무대를 조성하기 위해 모아 놓아야 하는 지식과 능력의 종류에 대한 전략적 진술을 포함한다. 담화는 디자이너들이 작업하고 있는 물리적 공간들 안에 구현되며(디자이너들은 그들의 프로젝트 안에서 "사는^{live}" 경향이 있다), 그들이 사용하리라 예상되는 방법들과 도구들 안에, 그리고 인적 자원 정책 안에 구현된다. 담화는 회사의 경험을 그 경험이 전개되어온 바대로 포착한다(이는 "공동의 이야기"를 낳는다). 다가오는 도전들에서 더 한층 사용하기 위해.

다 합쳐 담화의 요소들, 담화의 프레임들과 주제들은 회사의 지적 자본을 구성한다(Coles, 2012). "자본"이라는 용어는 여기서 꽤 문자 그대로 취해질 수 있다. 즉 클라이언트들이 전문가 디자이너들에게 접근하는 것은 그들이 갖춘 기량 때문이 아니라(기량들은 보통 널리 퍼져 있다) 문제 상황에 대한 접근법 때문이다.

4장 프레임 창조 모형

프레임 창조

이 장에서는 앞 장에서 묘사된 다섯 가지 문제 초점 디자인 실천들(공진화, 문제 상황 개발하기, 프레임 창조하기, 주제 탐사하기, 담화 촉진하기)이 어떻게 1장에서 소개된 열린, 복잡한, 역동적인, 네트워크된 문제에 접근하기 위한 새로운 시각을 제공할 수 있는지 볼 것이다. 이 디자인 실천들은 문제 상황을 개발하고, 더 넓은 맥락을 고려하고, 문제 배후의 기저 요인들에 대한 더 깊은 이해를 구축하고, 가장 중요하게는, 그런 다음 문제 상황에 대한 새로운 접근법(또는 프레임)을 창조하는 일에서 도움을 줄 수 있는 좋은 위치에 있다. 이 디자인 실천들의 채택이 어떻게 조직들의 전진을 가로막는 증후군들을 완화하는 데 유용한지는 어렵지 않게 알 수 있다. 디자인으로부터의 이 교훈들은, 어느 정도까지는, 별도로 적용될 수 있다. 가령 기업과 경영대학에서 개발된 어떤 "디자인 사고" 기법들은 "프레임 잡기"의 요소들을 활용한다. 하지만 2장에서 보았듯이 **젊은 디자**

이너들 재단과 **범죄 예방 디자인** 센터는 이 디자인 실천들이 큰 효과를 낳을 수 있도록 그 실천들을 결합하는 좀 더 포괄적인 접근법을 진화시켜 왔다. 그들은 새로운 프레임을 창조하는 능력이 진정한 참신함과 혁신으로 이어진다는 것을 증명했다. 나는 **젊은 디자이너들** 재단의 프로젝트를 통해 이 매혹적인 디자인 실천과 처음 조우했고, 이는 그것의 가능성을 탐구하기 위한 20년에 걸친 그들과의 협력으로 이어졌다. 100가지가 넘는 실험적 프로젝트에서, 프레임 창조 과정은 다양한 문제 맥락 속에서, 그리고 상이한 정도의 복잡성, 난해함, 범위 속에서 연마되었다. 이 초기 통찰들은 디자인 사고에 대한 학술적 연구를 촉발했다. 여기엔 최고 산업 디자이너들(부록 1과 Dorst and Dijkhuis, 1995)과 학제적 디자인 팀(Cross, Christiaans, and Dorst, 1996)의 문제해결 방식에 대한 연구가 포함된다. 이 지식은 리안느 발켄뷔르흐의(Valkenburg, 2000), 렘코 반 데어 루흐트 (van der Lugt, 2001), 프리도 스뮬더스(Smulders, 2006), 크리스텔르 하커마 (Harkema, 2012), 벡 페이튼(Paton, 2011) 등의 연구를 통해 다양화되었고 심화되었다(프레임 창조 모형에 대한 학계의 배경 이야기는 부록 2 참조). 그리고 나서 시드니와 에인트호번에서의 **범죄 예방 디자인** 이니셔티브들은 이 연구 결과들을 모형으로 만들기 위한, 그리고 방법론 개발을 향한 최초 실험들을 위한, 실세계 플랫폼을 제공했다. 이 모든 지식과 이 모든 경험들은 프레임 창조 모형 안에 통합되었다(<그림 4.1>).

이 아홉 단계 각각의 본성을 이제 짧게 논할 것이다. 그런 다음 세 개의 사례연구가 뒤따르는데, 그것들은 더 많은 세부를 제공할 것이고, 혁신을 이루기 위한 이 매력적인 새로운 실천을 생생하게 예증할 것이다.

고고학

프레임 창조 과정 첫 단계는 명백한 문제와 이를 해결하려는 이전 시도들을 심도 있게 조사하는 것이다. 문제의 과거사를 이해하기 위해 문제 소유자의 세계 안으로 깊숙이 파고들 필요가 있기에, 이 분석은 아주 중요하다. 우리는 단지 일어난 것만 조사하는 게 아니라 일어날 수도 있었던 것, 그들이 다른 경로를 택했다면 달라졌을 것 또한 조사한다. 이 대안적 행위 경로들을 살펴보지 않는다면, 우리 자신의 지각^{知覺}은 최초의 문제 정의를 낳았던 것과 동일한 덫에 걸릴 위험이 있을 것이다. "고고학"이라는 이 첫 단계는 또한 문제 소유자가 문제 상황을 만드는 데서 해왔던 역할에 대한 통찰을 제공한다. 또한 그것은 시간에 걸친 그 조직의 역학과 관련해 첫인상을 제공한다. 세계 안에서 문제 소유자의 운동 흐름과 잠재력에 대한 분석은 협상 불가능한 단단한 경계들("그들은 절대로 …하지 않을 것이다")에 대한 분석을 통해 균형을 잡아야 한다. 이 협상 불가능한 쟁점들을 아는 것은 중요하다. 왜냐하면 그것들은 또한 과정 중 나중에 새로운 프레임과 해결책을 창조하고 채택하는 일을 제한할 것이기 때문이다. 이 광범위한 고고학적 분석은 꽤 할 일이 많을 수 있다. 하지만 노련한 전문가들은 문제의 조직 내 세팅 안에서 강점들과 함정들을 재빨리 알아챌 것이다.

역설

일단 문제 상황을 낳은 일련의 행위들이 정의되고, 문제 소유자의 조직적 행동을 추동하는 것이 무엇인지에 대한 분명한 이해가 있게 되면, 우리는 최초의 문제 정의 그 자체를 조사하는 일로 넘어간다. 주도적 질문은 이렇다: 무엇이 이 문제를 해결하기 어렵게 만드는가? 종종 문제 상황 안에는 몇 가지 쟁점이 뒤얽혀 있지만, 프레임 창조 과정을 궤도 위에 유지하기 위해서는, 문제 소유자가 앞으로 나아갈 수 없게 만드는 핵심 역설 내지는 교착을 확인하는 데 얼마간 시간을 들이는 게 중요하다.

우리의 실험적 프레임 창조 프로젝트에서 증명된 것인데, 그 역설을 일련의 "때문에" 진술들("because" statements)의 합리성 충돌이라고 표현하는 것이 실용적이다. 아래에 나오는 사례연구들을 보기 바란다.

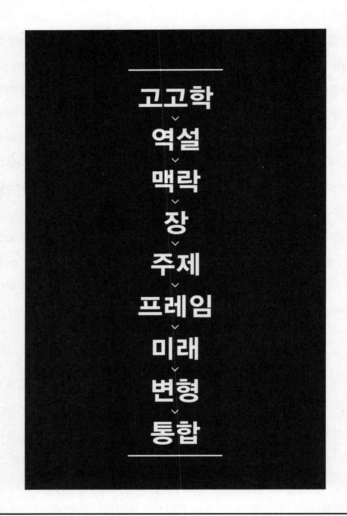

<그림 4.1>
프레임 창조 과정 모형.

맥락

프레임 창조 과정의 이 분석적 국면에서 그 다음 단계는——내가 경험한 많은 디자이너들의 프로토콜 연구에서 그 단계를 처음 접하게 되었을 때——나를 깜짝 놀라게 했다. 핵심 역설을 정하고 정확히 정식화하기 위해 그 모든 힘든 작업을 하고 나서, 그들은 역설 진술을 한쪽으로 치우고는 과정의 훨씬 나중까지 다시 쳐다보지 않는다. 돌이켜보면, 이는 말이 된다. 문제 상황을 전환하려고 한다면, 핵심 역설로부터 의도적으로 돌아설 필요가 있다. 디자이너들은 신선감과 에너지를 가지고 프레임 창조 과정의 그 다음 단계를 시작하기 위해 원래 문제를 보류해 놓는다. 그러고는 이전에 문제 상황에 연루되었던 핵심 이해관계자 내부집단의 실천이나 그 어떤 가능한 해결에서건 필수적 참여자가 될 게 분명한 사람들의 실천에 대한 탐사가 뒤따른다. 그 실천들을 주의 깊게 검토함으로써, 우리는 그들의 행동에 중요하게 영향을 미치는 것들을 찾아내고 그들이 현재 어떤 전략을 이용하고 있는지를 찾아낸다. 이런 방식으로 우리는 해결의 일부가 될 수 있는 실천들과 시나리오들에 대한 감각을 얻는다.

장

일단 상당히 완전한 개관이 이루어지면(포화 상태에 도달할 때), 우리는 이해관계자 내부집단은 그냥 내버려두고서 맥락을 근본적으로 넓히기 시작하며, 부르디외를 따라 여기서 "장"이라고 부를 지적, 문화적, 사회적 공간을 창조한다. 부르디외의 작업에서 많은 핵심 개념들이 그렇듯 "장"이라는 개념도 여러 가지 상이한 각도에서 접근할 수 있으며(Grenfell, 2012), 얼마간의 설명을 요한다. 결국 우리는 "장field"을 초원이나(이건 아니다) "운동장"이나(이건 가깝다) 과학이나 공상과학소설에서 말하는 "역장"으로(이것 또한 정말 가깝다) 간주할 수 있을 테니 말이다. 부르디외가 묘사하는 장 개념은 (문화적, 경제적, 사회적, 상징적) 자산들이 플레이어 사이에서 교환되는 "통화currency"로서 존재하는 공간이다. 우리는 이 책에서 "장"이라는 용어를 아주 넓은 사회적, 지적 공간이라는 의미로 사용할 것이다. 장을 창조함으로써, 우리는 모든 (잠재적) 플레이어를 고려한다. 여기엔 어떤 시점에 — 능동적으로건 수동적으로건, 단지 어떤 영향력을 조금 흘리는 것만으로도 — 문제나 해결에 연결될 수 있는 누구든 포함된다. 플레이어들의 장 지도를 그리면서, 우리는 그들의 "통화", 권력, 이해관계, 가치, 그리고 특히 문제를 새로운 방향으로 밀고갈 수도 있는 그들의 실천과 프레임에 집중한다. 특히, 우리의 장 탐사는 프레임 창조 과정의 다음 단계에서 주제의 정식화에 영향을 미칠 더 깊고 보편적인 가치들에 초점을 맞춘다. 한 발짝 물러남으로써, 우리는 더 깊은 패턴들이 출현하는 것을 볼 것인데, 그 패턴들은 공유된 기저의 가치들이 새롭고도 유망한 방향으로 이어질 수도 있는 영역들에 빛을 비출 것이다. 이러한 관점으로부터 종종 새로운 파티들이 중요한 존재로 출현하는 것을 볼 수 있는데, 이는 전에는 고려하지 못한 기회들로 이어진다.

주제들

주제 분석에서, 우리는 이 더 넓은 장 안의 "플레이어들"의 필요, 동기, 경험 기저에 놓인 더 깊은 요인들을 확인하고 또 이해하려고 한다. 주제 분석은 "보편자들"에 대한 이해와 더불어 — 장 안의 플레이어들이 많은 것을 공유하고 있는 보다 깊은 층위에서 문제 상황과 유관한 주제들을 선택하는 것과 더불어 — 끝난다. 이 보편자들은 우리의 일상적(직업적) 삶의 표면 아래 숨어 있기 때문에, 그것들을 명시화하는 일은 꽤 어려울 수 있다. 우리는 이 깊은 주제들을 통상적 어법으로 논의하는 데 익숙하지 않다. 심오한 인간적 주제들이 표현되기 위해서는 예외적 상황이 필요하다(가령, 추도 연설). 하지만 프레임 창조의 과정이 작동하기 위해서는, 주제들이 아주 명시적일 필요가 있다. 해석학적 현상학에서 발전된 정교한 방법론들은 텍스트나 경험의 묘사들을 여과하고, 패턴들을 찾아내고, 핵심 통찰이 이루어질 때까지 그것들을 다시 여과하는 과정을 통과하면서 일을 해낸다. 현상학에서 묘사되는 주제들은 전형적으로는 아주 개인적인 동시에 보편적이다. 하지만 주제들은 이러한 인간주의적 주제들로 엄격히 제한되지 않는다. 예를 들어, **에인트호번 범죄 예방 디자인** 센터의 디자이너들은 교통안전 쟁점을 깊게 파고들고 있었는데(사례 19 참조), 그러다가 "마찰"이라는 주제가 인간 영역과 기술 영역을 잇는 다리로서 창발하기 시작했다. 이 주제는 풍부한 개념적 장을 열어 놓았는데, 왜냐하면 "마찰"이 교통 흐름 막힘을 묘사할 수 있는 동시에 성취하고자 하는 것으로부터 저지받는다는 인간적 느낌을 묘사할 수 있기 때문이다. "마찰"이라는 단어의 사용은 또한, 막힘이 유익할 수도 있고 심지어 즐거울 수도 있다는 것을 깨달을 때(누가 마찰 없는 세계에서 살기를 원하겠는가?), 우리의 생각이 좀 더 세밀해질 수 있게 해준다. 인간적(문화적) 영역과 기술적 내지는 경제적 영역을 다리 놓는 이런 개념들은 주제로서 엄청나게 유용할 수 있다.

프레임들

더 넓은 영역에 대한 심도 있는 분석 내내, 원래의 역설 기저에 놓여 있던 주제들과는 다를 수 있는 공통 주제들이 창발할 것이다. 장 안에서 다수의 플레이어들 사이에서 공유되는 주제들이 특히 흥미로운데, 왜냐하면 그런 주제들은 파트너들의 네트워크가 매력을 느끼는 프레임을 위한 기초가 될 수 있기 때문이다. 이러한 어렴풋한 알아차림이 강력한 도약판일 수 있다고 한다면, 새로운 프레임의 아이디어 형성은, 대체로, 창조적인 도약이다. 다시금, 다양한 프레임 레퍼토리를 경험하는 것은 분명 이득이다 — 다양한 배경을 갖는 팀을 갖는 것이 이 단계에서 영감의 원천일 수 있다. 3장에서 보았듯이, 그 결과로 나오는 프레임은 어떤 관계 패턴(가령, 어떤 은유)을 채택하는 것이 가치 있는 결과들로 이어질 것이라고 하는 함축implication으로서 정식화될 수 있다. 이 함축은 다음과 같이 쓸 수 있다:

만약 문제 상황이 마치 …인 양 접근된다면, 그렇다면 …

이는 배배 꼬인 말처럼 들릴지도 모른다. 하지만, 작동한다 — 이 장의 후반부에 있는 사례연구들을 보라.

미래들

제안된 프레임이 열린, 더 넓어진 문제 상황에 적용된 이후에, 그 다음으로 그것은 공진화 과정 속에서 재형성된다. 이 조사들을 통해서, 우리는 그 프레임이 어쩌면 현실적이고 실행 가능한 해결책을 낳을 수도 있다는 확인을 구하고 있다. 이것은 앞서 (3장에서) 묘사된 바 있는 "디자인 귀추"의 일부인 "앞으로 생각하기thinking forward"다. 관계 패턴과 디자인 양자 모두를 제안함으로써만 우리는 프레임의 채택에서 올바른 궤도 위에 있는지에 대한 피드백을 생성하게 될 것이다. 이 디자인 해결 아이디어들이 탐사 목적으로만 생성된다는 것을 기억하는 게 중요하다: 그것들은 추구되어야 할 게 아니라 적어 두어야 할 것이다. 임의의 한 아이디어에 너무 많은 노력을 투여하게 되면 애착이 생길 수도 있고, 아이디어의 뿌리에 놓여 있는 프레임의 질이 아직 평가되고 있는 동안 문제 공간이

너무 이르게 폐쇄될 수도 있다. 이 놀이 같은 탐사 속에서, 우리는 어떤 식으로 작동이 될 것인지를 창조적으로 그려본다. 전문가들은 프레임 아이디어를 제안하고 시험해보는 이 과정을 "결실 있음fruitfulness"이라는 용어로 말하는 경향이 있다. 프레임이 우리를 유망한 방향으로 조타하여, 다수의 실용적인 해결책을 생성할 수 있게 해줄 것인가 아닌가? 수년간의 경험이 있는 전문가들은 어떤 프레임이 결실 있을 것이고 결과를 낳을 것인지, 그리고 어떤 프레임이 그렇지 않을 것인지에 대한 예리한 직관을 쌓게 될 것이다. 이러한 종류의 경험과 직감이 없다면, 미래 시나리오의 탐사는 매우 시간 소모적일 수 있다. 이 아이디어들의 개발과 병행해서, 우리는 또한 연루된 모든 파티들을 위한 가치 명제의 햇판본을 개발할 필요가 있다. 프레임과 프레임이 생성하는 해결 아이디어들이 얼마나 좋은가는 실행에 필요한 파티들 안에 얼마나 많은 관심과 다짐commitment을 촉발하는가에 달려 있다.

변형

다음 단계는 프레임과 해결 방향이 단기적으로 실현 가능할 것인지 혹은 좀 더 장기간에 걸쳐 점진적으로 자리를 잡을 수 있는지에 대한 비판적 평가다. 여기서 아이디어를 재현하는 일은 장 안의 파티들과 대화하면서 아이디어의 장점을 탐사하는 수단으로서 중요해진다. 이 단계는 아이디어에 대한 "엄격한" 검토로 의도된 게 아니다. 오히려 이 단계는, 모두가 다 합류하기 위해서, 제안된 아이디어나 참여 조직의 실천에서 필요한 변화들을 발굴하기 위한 탐사로 의도된 것이다. 이 지점에서 우리는 또한 그 자체로 대단할지 모르나 그 실행을 위해서는 얻을 게 거의 없는 어떤 이해관계자의 실천에서 엄청난 변화를 요구하는 프레임이나 아이디어를 아깝더라도 제거해야 한다. 그런 프레임은 절대 실제로 일어나지 않으며,

그렇기에 버려야 한다. 이 단계는 "사업 계획"으로 귀결되며, 여기엔 변형 의제와 결과 성취를 위한 전략이 동반된다. 이 지점에서 우리는 근본적으로 새로운 접근법을 다루고 있기에, 종종 이때의 전략은 신속한 결과를 낳을 (현 상태의 조직들과 함께 작동하는) 단기 구성요소와 다양한 조직들의 실천 변화를 요구하는 ("프레임 혁신"이라 불리는) 장기 구성요소를 갖는다(프레임 혁신은 6장과 7장 참조).

통합

프레임 창조 과정의 마지막 단계에서, 우리는 새로운 프레임들과 그것들을 통해 개시되는 개발들이 (원래의 문제 소유자건 플레이어들의 새로운 전체 네크워크건) 관련 조직들의 더 넓은 맥락 안으로 잘 통합되도록 확실히 할 필요가 있다. 원래의 문제 상황의 맥락에서 창조된 그 새로운 프레임들은 조직의 다른 영역들이나 조직 너머에서 적용될 수 있는 관계 패턴을 담고 있을 수도 있다. 새로운 사고란 새로운 기회와 연결이 생겨날 거라는 걸 의미한다. 더 깊은 층위에서 보면, 기저에 놓인 주제들의 발견에서 배운 것은 이제 조직의 "담화" 안으로 능동적 지식으로서 통합할 수 있다. 이러한 통합을 통해서 조직들은 세계가 그들에게 던져 놓은 문제 상황에 단지 반응만 하는 것에서 벗어나 환경과의 관계에서 선조치적이 될 수 있다. 이것은 열린, 복잡한, 역동적인, 네트워크된 문제 상황에 직면한 조직들에게 아주 중요한 능력이다.

사례연구

프레임 창조 과정에서, 창조적 디자인 실천의 중심이 되는 분석과 창조

사이에서의 오가기는 (세부로부터 추상으로, 그리고 다시 그 역으로 진행되는) 줌인과 줌아웃 운동과 긴밀히 결합되어 있으며, 또한 핵심 문제 상황의 이해로부터 맥락 넓히기로 나아가고 그런 다음 넓혀진 장 안에서 다시 문제로 초점을 맞추는 바로 그 초점 전환과 긴밀히 결합되어 있다. 이 운동들에서 중심적인 것은 다섯 번째 단계다. 그 단계에서는 일종의 디자인–현상학적 분석을 통해 기본 주제들에 이르게 되고, 이 주제들로부터 새로운 프레임이 창조된다. 처음 네 단계는 기초 작업을 해 놓는다. 마지막 네 단계는 프레임의 함축과 프레임이 낳는 가능한 행위를 탐사한다. 모형에 대한 앞서의 이러한 묘사는 상당히 추상적이다. 이 실천이 실제 삶에서 어떻게 작동하는지 보기 위해서, 세 가지 아주 다른 문제 상황에 이를 적용해보자.

사례 11
시드니 오페라하우스 포디엄:
공적 공간에 거주하는 것에 대하여

시드니의 **범죄 예방 디자인** 센터는 시드니 오페라하우스의 "돛"(흰 조개껍질) 등반 방지를 위한 새로운 해결책을 고안해달라는 요청을 받았다. 최초의 2시간 프레임 창조 세션에는 시드니의 콘텐츠 전문가 한 명과 열여덟 명의 젊은 건축가, 디자이너가 참석했다.

1. 문제 상황의 고고학
범죄 예방 디자인 센터에게 제시된 바로서의 문제 상황은 사람들의 무단침입이라는 쟁점에 초점을 맞추고 있었다. 통상 이 무단침입자들은

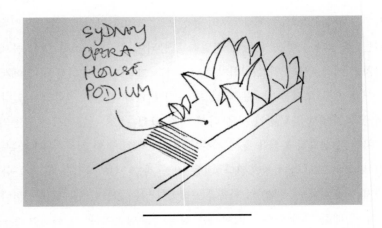

<그림 4.2>
시드니 오페라하우스 포디엄.

시드니 오페라하우스의 "돛"에 올라가 현수막을 펼친다. 한 경우는 건물 돛에 구호를 칠하려는 시위자들이었다. 이 사건들은 여러 해에 걸쳐 반복해서 일어났으며, 그들은 언제나 매체의 관심을 많이 이끌어낸다. 따라서 아이콘적 건물(유네스코 세계유산)이자 시드니 시의 매우 상징적인 장소인 시드니 오페라하우스는 정치적으로 취약한 상태다. 시위자들은 돛 아래쪽의 정확한 취약 지점들을 이용해왔다. 이 사례연구에서는 그곳을 밝히지 않겠는데, 이유는 다 알 것이다. 그렇지만, 오페라하우스 돛에 오르기 위해 시위자들은 돛이 놓인 포디엄에 접근할 필요가 있다는 건 말할 수 있다(<그림 4.2>).

이와 같은 문제에 대한 전통적인 보안 대응은 보안 수준을 높이고 오페라하우스 포디엄의 접근을 차단하거나 제한하는 것일 테다. 실제로 한 저명한 범죄학자는 전 구역에 울타리를 치고 입장료를 부과할 것을 제안했다. 2005년의 한 사건[12]은 전통적인 보안 대응을 난처하게 만들었고,

오페라하우스는 다른 해결책을 원했다. 특히, 포디엄 구역은, 특별히 흰 돛이 태양 빛이나 달빛을 반사할 때, 오페라하우스의 그 특별한 건축양식을 경험할 매우 아름다운 지점이니까. 여러 해에 걸쳐 수많은 해결책이 고려되었다. 하지만 취해야 할 조치에 대한 합의에 도달하기 어렵다는 것이 증명되었다.

2. 핵심 역설 정하기

돛 등반 방지 조치를 취해야 한다는 압력 하에 시드니 오페라하우스가 원래 직면했던 핵심 역설은 다음과 같이 말을 바꿔 표현할 수 있다.

시드니 오페라하우스는 너무나도 특별한 장소고 너무나도 아이콘적인 건물이기 때문에, 그곳은 관심을 구하는 시위자들을 끌어들인다.

시드니 오페라하우스는 너무나도 아이콘적인 건물이기 때문에, 그곳은 (유산 목록 등재로 인해) 건드릴/변경할 수 없다.

이것은 직접적 모순이다. 두 "때문에"는 교착상태를 낳는다. 보안 요원의 수를 늘리는 것이 얼마간 저 역설의 해결에 도움이 되었다. 그렇지만, 포디엄 접근 통제라는 최후의 보안 해결책은 문제 상황을 더 심각한 것으로 만들었다.

시드니 오페라하우스는 너무나도 특별한 장소고 너무나도 아이콘적인 건물이기 **때문에**, 그곳은 관심을 구하는 시위자들을 끌어들인다.

12. 2005년 시드니 오페라하우스는 호주 자연유산 목록에 등재된다.

이들 시위는 방지할 필요가 있기 때문에, 포디엄 구역은 모두에게 폐쇄된다.

포디엄 구역이 모두에게 폐쇄되기 때문에, 시드니 오페라하우스는 특별한 장소로서 온전히 경험될 수 없다.

3. 맥락

이 문제 상황을 다루고 있는 이해관계자 내부집단에는 "문제 소유자"로서 시드니 오페라하우스가 포함된다. 여기엔 또한 커먼웰스 헤리티지, 오페라하우스 내 식음료 공급자들, 뉴사우스웨일스 경찰, 뉴사우스웨일스 관광청, 시드니 해안 당국, 오페라하우스 관리 직원, 대테러 경찰 같은 조직들이 포함된다. 이 집단들 모두는 이전의 다양한 쟁점 해결 시도들에 연루되어 있었다. "웃손 디자인 원칙"(원 건축가가 제공한, 오페라하우스 현대화를 위한 디자인 원칙들과 지침들의 집합)은 변화의 물리적 여지를 제한한다.

4. 장

오페라하우스의 더 넓은 사회적 장은 거대하다. 매년 약 8백만 명이 그 건물을 방문한다. 그들은 주로 세계 각지에서 온 관광객이다. 그 장에는 또한 그 장소의 원주민 유산이 포함되며(건물이 세워진 베넬롱 곶은 에오라 국의 카디갈 사람들에게 신성한 장소다), 음악 콘서트와 오페라 공연에 오는 후원자들, 수많은 예술가와 연주자 자신들, 예술 조직들과 여타 집단들이 포함된다.

그 장의 주 플레이어는 오페라하우스 그 자신이다. 물리적 현실이면서 시드니와 호주의 상징이 된 "아이콘적" 이미지인 오페라하우스 그 자신.

그곳의 디자인은 특정 문화를 넘어 보편적이고자 하며, 자유, 젊음, 희망의 상징이 되려고 한다. 그것은 현대 세계의 경이들 가운데 하나로 손꼽힌다. 콘서트 홀과 오페라 홀 사이에 있는 포디엄 공간은 건물에 둘러싸여 있다는 것을 느낄 수 있고, 돛의 경이로운 세부(타일의 패턴)를 감탄하면서 바라볼 수 있고, 빛의 홍조를 볼 수 있고, 하늘을 바라볼 수 있고, 시드니 항구의 숨이 멎는 듯한 광경을 즐길 수 있는 유일한 장소다. 그곳은 또한 꽤 고립된 공간이며, 오페라하우스 계단 꼭대기까지 올라가야만 발견할 수 있는, 건축에 의해 프레임 잡힌, 막다른 골목이다(대부분의 관광객은 맨 아래 부분에 머무는 경향이 있다).

5. 주제들

피해갈 수 없는 한 가지 주제는 문화적 진부함이라는 오페라하우스의 난제다. 그곳은 사진으로는 아이콘적이지만, 시드니 만을 가로질러 보이는 건물 측면을 찍은 수백만의 거의 똑같은 사진들은 건물의 의도와 복잡한 현실을 공정하게 담아내지 못한다. 플랫폼으로 올라가는 계단은 정신적이고 의미 있는 여행으로서 —— 도시와 일상생활을 떠나서 위대한 예술을 경험할 수 있는 신성한 공간에 입장하도록 —— 의도되었다. 내밀함과 미세함을 갖는 원래의 이 목적은 하루 중 어느 순간이든 건물 주변에 있는 사람들의 그저 그 숫자에 의해 완전히 뭉개진다. 특별하고 의미 있는 장소라는 그 더 심오한 감각은 사라져버렸으며, 건물과 예술의 연관성도 (대부분의 사람들에게) 사라져버렸다. 이러한 가치들과 의도들은 순전한 건축적 조각물로서의 건물의 힘에 압도되었다. 하지만 그 조각적 성질은 대부분 시각적이고 아주 정적이다. 건물은 그 자체로 박물관 진열품이 되었다. 이제 창발하는 주제는 이렇다. 미세하고 인간적인 수준에서, 원래의 염원에 따라서, 오페라하우스에 삶이 회복될 필요가 있다. 이는 포디엄 공간이 그 자체로 풍경이라고 하는 개념을 탐사함으로써 성취될 수 있을 것이다. 그곳에서는 자연의 요소들(바람, 물, 대지, 그리고 양쪽에 있는 산으로서의 돛)이 추상적이고 인상적인 방식으로 한데 모이는 것이다. 건축의 추상성과 보편주의는 황홀하고 고양시키고 다시 젊어지는 느낌을 낳는다. 포디엄 공간은 또한 은신처의 감각을 전한다. 도시의 부산함으로부터의 탈출. 이곳은 오페라하우스의 정신적 의도가 가장 분명하게 경험될 수 있는 공간이다. 멈추어 서서 그곳에, 호주에, 시드니에 있다는 사실에 경탄할 때, 방문객 경험은 여행의 정점 가운데 하나일 수도 있다. 실존적 수준에서 이러한 도착했다는 감각을 낳는 것은 포디엄 공간의 또 다른 잠재력이다. 하지만 동시에 시드니 오페라하우스는 너무나도 유명하며, 그래서 그것은 인류의 보편적 유산으로 간주되는 엄선된 국제적 아이콘 집단의 구성원이다. 오페라하우스는, 피라미드, 앙코르와트와 함께 묶여서, 시드니 시와는 아무 관련도 없는 꼭 보아야 할 국제적 패키지 관광 명소가 되었다. 앞선 연구는 "시드니사이더Sydneysiders"라고 알려진 지역주민들은 오페라하우스가 있는 곳을 피한다는 것을 보여주었다. 시드니 사람들이 오페라하우스와 나누는 상호작용은 음악회 가는 사람들이 서둘러 매표소로 가는 일로 한정되어 있다. 시드니 오페라하우스가 지역주민들 사이에서 "더 하우스The House"로 알려져 있지만, 분명 그들에게 그곳은 집이 아니다.

6. 프레임들
세 가지 주제 —— "활기/다시 젊어짐", "정신적 고양", "장소/집이라는 감각" —— 에 기반하여, 3주의 프로젝트 기간에 걸쳐 많은 프레임들이 창조되었고 탐사되었다.

예 1:

만약 오페라하우스 포디엄의 문제 상황이 마치 활기와 다시 젊어짐을 제공하는 문제인 양 접근된다면, 그렇다면 포디엄은 …이어야 한다.

도심 바깥에 있는 어떤 공적 공간에 삶을 불어넣고 그것이 시드니 주민들을 위한 도시 광장으로 기능하도록 만들기 위해서는, 그들이 이곳에 반복해서 올 이유가 있어야 한다 —— 공간은 바라는 만큼의 주민을 끌어당길 수 있도록 프로그램될 필요가 있다. 지역 젊은이들을 끌어당기는 것이 특히 중요한데, 왜냐하면 그들은 활기 있는 문화를 가져오고, 또한 그 장소를 찾는 젊은 관광객(배낭족)과 접속할 수도 있기 때문이다. 그들은 또한 오페라하우스를 위한 과소대표된 청중이기도 하다. 이 젊은 사람들을 끌어당기는 일은 한시적 전시, 팝업 이벤트, 빛 예술 등등을 통해 성취될 수 있을 것이다.

예 2:

만약 오페라하우스 포디엄의 문제 상황이 마치 명상이나 정신적 경험을 제공하는 문제인 양 접근된다면, 그렇다면 포디엄은 …이어야 한다.

이 외부 공간에 고요함과 평온감을 가져오기 위해서, 자연적 요소들을 가지고서 작업할 수 있을 것이고, 청중이 특별한 효과를 경험하는 공간을 창조하기 위해 자연채광을 미세하게 향상시킬 수 있을 것이다 —— 또한 (항구의 경관으로 이끌릴 때) 포디엄 끝까지 걸어가는 경험을 도시로 돌아가는 여정과 정말 다르게 만들 수도 있을 것이다. 오페라하우스를 위한 예른 웃손의 원래 스케치와 조화를 이루면서, 탈물질화된 가벼움 내지는 무게 없음의 감각을 창조하려고 노력할 수도 있을 것이다. 원래 스케치에서는 하얀 돛이 열린, 구름 같은 구조를 가지고 있다.

예 3:
만약 오페라하우스 포디엄의 문제 상황이 마치 장소 감각을 창조하는
문제인 양 접근된다면, 그렇다면 포디엄은 …이어야 한다.

도착해서 거기 있다는 것에 의미를 부여하는 장소 감각을 전달하기 위해,
방문객의 볼거리에 더 많은 깊이를 제공할 스토리텔링을 이용할 수 있을
것이다. 이 지점과 이를 둘러싼 도시와 나라의 풍요로운 역사에 접근하는
게 도움이 될 것이다. 하지만 그렇다면, 도착의 감각 역시 심오하게 개인적
이다 —— 성찰과 표현 둘 다 장소–만들기의 일부다. 아마 사람들이, 나무에
이니셜을 새기듯, 그들이 도착했다는 디지털 자취를 남겨놓을 방법이
있을 것이다.

7. 미래들

이 프레임들을 출발점으로 삼고 가능한 곳에서는 그것들을 결합함으로써,
포디엄 중앙 구역을 다양한 용도로 24시간 큐레이션되는 공간으로 미리
그려볼 수 있을 것이다. 아침 시간(아마, 요가?), 낮 시간(사운드스케이프,
스토리텔링, 그리고/또는 배경 지식 제공을 통해서 창조되는 장소 감각),
늦은 오후/저녁(팝업 이벤트, 짧은 연주회), 늦은 저녁(라이트 아트나 달빛/
별–구경처럼 좀 더 명상적인 이벤트). 그리고 조각 전시, 오페라하우스
내부 음악회에 기초한 사운드스케이프, 인터렉티브 설치, 영상 투사 같은
기간이 더 긴 이벤트가 결합될 수 있을 것이다. 바닥 안쪽(로비)과 바깥쪽(포
디엄)에 이와 유사한 영상 투사를 사용하면, 안쪽과 바깥쪽의 경계를
흐릿하게 만들 수 있을 것이고, 건축가가 원래 드로잉에서 구상했던 가벼움

의 감각을 시각적으로 창조할 수 있을 것이다(<그림 4.3>). 그리하여 포디엄은 유동적인 풍경이 될 수 있을 것이고, 지역 주민들은 새로운 경험을 만끽하기 위해 항시 이곳으로 돌아온다. 그게 아니라면(혹은 이에 덧붙여서), (나무꼭대기 걷기와 유사하게) 돛 사이에 새로운 경치를 열어놓는 고가 보도를 설치함으로써 — 그리고 그러는 가운데 사람들이 건물을 건드리거나 해치는 것을 온화한 방식으로 방지함으로써 — 방문객들의 상호작용을 안내할 수도 있을 것이다. 또 다른 시나리오에서는, 이 모든 다양한 이벤트를 뒷받침할 기초 기반시설의 일부로서, 포디엄 바닥을 이루는 화강암 평판 아래 센서를 설치할 수도 있다. 이 센서들은 눈에 보이지 않을 것이고, 건물의 유산 지위를 해치지 않을 것이다(<그림 4.3>).

시위자라는 처음 문제로 돌아가 보자. 포디엄 공간의 24시간 이용은 관심을 끌지 않으면서 몰래 오르는 일을 훨씬 더 어렵게 만들 것이다. 등반 시도를 늦추기 위해 간단한 조치를 취할 수 있을 것이고, 그러면 보안 직원이 이를 막기 위해 제시간에 도착할 수 있을 것이다. 이 조치들은 (시위자들이 아침 헤드라인에 실리기 위해 등반하는 경향이 있는) 이른 아침 시간에만 필요하고, 주요 표적인 가장 높은 돛만 보호하면 된다. 큐레이션되는 새로운 공간 사용에 필요한 기반시설은 보안 조치를 겸할 수도 있을 것이다. 상호작용 바닥은 누군가 수상쩍게 어정거리거나 가능한 등반 지점 중 한 곳에 아주 오랜 시간 서 있을 때 이를 기록하여 등반이 시도되기 전에 보안 부서에 경보를 발할 수 있을 것이다.

8. 변형

이 아이디어들은 매력적이다. 그리고 분명 공간을 좀 더 생동감 있게 만들 것이고, 자연스러운 감시를 통해 더 안전한 환경을 창조할 것이다. 하지만 아이디어를 실행하는 데는 열쇠 이해관계자들이 그들의 "하우스"

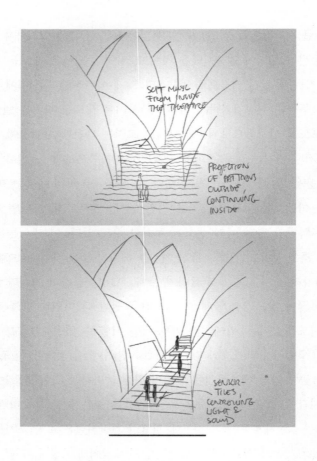

<그림 4.3>
시드니 오페라하우스 포디엄을 위한 가능한 미래 디자인들. (DOC 직원의 스케치.)

를 취급해온 방식에서 큰 변화가 요구될 것이다. 현재의 이해관계자들 중 그 누구도 거의 24시간 기반으로 그렇게나 많은 다양한 청중을 위해 그러한 공간의 복잡한 큐레이션을 떠맡을 만한 전문성을 독자적으로 가지고 있지 않다. 오페라하우스 조직에게 도전은 도시 그 자체에게 마음을 열고 시드니의 다른 파티들이 번갈아 가면서 이벤트를 큐레이션할 수 있도록 하는 것이다. 탁월한 젊은 예술가들의 연합, 대중적인 라디오 방송국, 시드니 현대 미술관도 생각할 수 있겠지만, 학교, 청년 조직, 대학교, 여타 미술과도 생각할 수 있을 것이고, 또한 개별 예술가, 디자이너, 오페라하우스에서 공연하는 음악가도 생각할 수 있을 것이다. 시드니 오페라하우스는 시드니에서 오는(그리고 더 멀리서 오는) 파티들이 포디엄의 이벤트와 전시를 주관하는 일을 따내기 위한 경연 대회를 조직할 수 있을 것이다. 이 아이디어는 시드니 오페라하우스의 다른 목적들과도 결부된다(그 다른 목적들에는 도시와의 더 좋은 관계, 젊은이들의 유인, 그리고 물론 수입 증대 등이 포함된다). 하지만 다른 한편으로는, 그것은 그 조직이 정확히 일어나는 일에 대한 통제권을 얼마간 포기하고 그들의 신성한 마당 위에 서 있는 이 임시 큐레이터들을 온전히 환영해야 한다는 것을 의미할 것이다. 그 결과, 그들은 사례 6의 정신장애인 돌봄 시설과 동일한 "돌봄 대 통제" 딜레마를 처리해야 할 것이다.

9. 통합

이 프로그램이 일단 진행이 되면, 시가 포디엄에서 자신을 표현하도록 초대한다는 아이디어는 무수한 가능성을 열어놓는다. 오페라하우스 포디엄은 그 자체로 국제적 명소가 될 수도 있다. 지적인 층위에서, 이 활동은 그렇지 않으면 공허한 경험이 될 수도 있는 정적인 랜드마크에 새로운 의미를 부여함에 있어 유일무이하다. 하지만 그 개념은 전 세계적으로 수많은 공적 공간들에 적용될 수 있다.

사례 12

적자생존:
정보 시대의 소매에 대하여

의류 전문 백화점 X는 시드니의 범죄 예방 디자인 센터에 상점들의 탈의실을 재디자인하는 일을 도와줄 수 있는지 문의했다. 탈의실이 의류 절도의 주된 장소라는 증거가 있었기 때문이다.

1. 문제 상황의 고고학

상점 의류 절도는 전 세계적으로 큰 문제다. 그리고 X처럼 고도로 전문적인 조직들은 그 쟁점에 대한 정교하고 다면적인 접근법들을 가동 중이다. 보안 요원, 거울, 카메라, 태그, 출구 스캐너, 이 모두는 의류 절도범의 삶을 어렵게 만드는 데 협력한다(Gamman, 2012). 탈의실의 경우 특수한 문제는 사생활 이유로 인해서 그곳에 카메라를 설치할 수 없다는 것이며, 탈의실 절도를 막기 위한 유일한 적극적 방어책은 의류 태그다. 이 태그들은 보통의 고객이 제거하기는 아주 어렵다. 하지만 준비된 범죄자는 탈의실에서 겉으로는 옷을 입어보는 척하면서 태그를 떼어내어 숨길 수 있다. X는 탈의실을 상점 출구에서 떨어진 통제하기—더—용이한 구역에 위치시키고, 탈의실 수를 줄이고, 예상되는 고객이 그 비좁은 방으로 가지고 들어갈 수 있는 의류 품목의 수를 줄이고, 선반, 의자, 거울처럼 뜯어낸 태그를 숨길 분명한 자리들을 없애는 방식으로 대응했다(이 마지막 방법이 정말 도움이 되었는지는 의문이다. X의 탈의실을 잠깐 훑어본 것으로도 이중 천장, 칸막이 벽 등등에서 몇 십 개의 태그가 발견되었다). 그러는 가운데, 상가 임대료 상승이 재고를 위한 매장 면적을 최대화하라는 압력을 상점에 가하면서, 탈의실 크기 또한 축소되고 있었다.

2. 핵심 역설 정하기

여기서 최초의 디자인 역설은 분명하다: 탈의실은 사생활 제공을 위해 의도된 것이며, 따라서 범죄 행위를 숨기기에 좋은 장소다. 이 숨기는 장소는 또한 태그를 제거하고 숨기는 데 악용될 수 있다. 이 역설의 출구는 전혀 없다….

탈의실은 좋은 쇼핑 경험을 산출하기 위해 사생활을 제공하기 때문에, 숨기기 좋은 장소다.

탈의실은 숨기기 좋은 장소이기 때문에, 절도 장소가 된다.

탈의실은 절도 장소기 때문에, 고객의 편의를 축소시키는 조치가 취해진다.

탈의실의 편의를 축소시키는 조치가 취해지기 때문에, 탈의실은 좋은 쇼핑 경험을 제공하지 못한다.

3. 맥락

직접적인 직업상의 이해관계자에는 이런 유형의 범죄를 줄이는 과제를 부여받은 경찰, 상점 디자이너, 보안 회사가 포함된다. 이 상황에서 아무도 귀 기울이지 않는 중요한 파티는 물론 선량한 고객이다. 그/녀는 탈의실 경험이 (옷을 갈아입는 것은 고사하고) 움직이기도 힘든 비좁은 작은 회색 방 때문에 빈궁해지는 것을 본다. 자기 옷과 가방을 놓을 곳도 없고(때로는 옷걸이조차 없고), (감시에 유리하도록) 칸막이가 바닥에서 다소 높은 곳에서 시작되어 바닥에 가방을 놓으면 가방이 노출된다. 탈의실은 일반적으로 불쾌하고 형편없는 환경이 되었다.

4. 장

의복은 정체성의 열쇠 표현이다. 그러한 것으로서 의복은 깊숙이 사회적인 현상이다. 따라서 가치가 창조되고 있는 더 큰 장은 가족과 친구를 포함하며, 또한 잠재적 고객들이 속해 있는 사회 안의 더 넓은 사회집단을 포함한다. 장은 또한 소매 동향을 포함하는데, 왜냐하면 소매 시장은 (사례연구 3에서 논의되었듯이) 산업적 경제가 끝날 무렵에 사업 모델에 있어 중대한 혼란을 통과해가고 있기 때문이다. 소매업은 온라인 판매로 인해 압력을 받고 있으며, 고객을 끌어당길 새로운 길을 시급히 찾을 필요가 있다. 어떤 상점 직원의 최초 자동반사적 반응은 제품을 단지 구경만 하러 오고 십중팔구 온라인으로 구입하려는 고객들을 내쫓는 것이다. 말할 필요도 없이. 이 전략은 지속 가능한 전략이 아니다.

인터넷은 좋은 쇼핑 경험을 제공하기 때문에, "벽돌과 모르타르" 상점들은 판매 하락을 겪는 중이다.

벽돌과 모르타르 상점들은 판매 하락을 겪고 있기 때문에, 제품을 온라인으로 구입할까 봐 두려워서 잠재적 고객들을 내쫓는다.

잠재적 고객들을 내쫓기 때문에, 그들은 쇼핑 경험을 축소시킨다.

이 사례에서, 실제로 장은 상점 디자인에 최우선적인 영향을 미칠 것이기에 개발 프로젝트에서 십중팔구 접수해야 하는 훨씬 더 큰 질문을 낳는다. 즉 점증하는 인터넷 판매에 직면하여, 상점 경험의 위치를 재조정하기.

인터넷은 좋은 쇼핑 경험을 제공하기 때문에, 벽돌과 모르타르 상점들은 판매 하락을 겪는 중이다.

벽돌과 모르타르 상점들은 판매 하락을 겪고 있기 때문에, 쇼핑 경험을 이해할 필요가 있다.

이것은 (아직) 역설이 아니며, 열린 질문이다.

5. 주제들

장 안에서 확인할 수 있는 주제는 두 가지 넓은 범주로 나뉜다. 사적이지만 격리된 환경 안에서 이루어지는 사회적으로 예민한 의류 품목 선택에 집중하는 주제와 살아 있는 쇼핑 경험에서의 가치 창조라는 주제.

6. 프레임들

이 두 역설의 결합을 통해서 우리는 의복 선택의 사회적 측면을 뒷받침하는 방법을 찾는 것으로 문제를 프레임 잡게 되고, 이 사회적 측면을 탈의실 환경 안으로 가져오기에 이른다. 이 접근법은 온라인 판매 문제를 직접적으로 다룬다: 일반적으로, 의류 쇼핑에 관한 사회적 예민성은 인터넷이 잘 제공해준다. 인터넷은 이미지를 공유하고 구입 전에 친구와 품목에 대해 의논할 수 있는 가능성을 제공한다. 디자이너가 공을 들인 주요 프레임은 인터넷의 이 새로 발견된 힘을 다시 상점 환경으로 이전할 프레임이다. 이것은, 옷 입어보기가 상점이 제공할 수 있는 중심적인(그리고 유일무이하고 살아 있는) 요소가 되는 환경을 창조하기 위해, 말하자면 상점의 안팎을 뒤집는 것을 의미할 것이다. 그 결과, 제안은 탈의실을 숨기는 게 아니라 쇼핑 경험의 중심으로 만들고 쇼핑객의 더 넓은 사회적 네트워크와 연결하라는 것이다.

만약 백화점의 판매 하락이라는 문제 상황이 마치 좀 더 충족감을 주는 사회적 쇼핑 경험의 문제인 양 접근된다면, 그렇다면 탈의실은 … 패션쇼 무대가 되어야 할 것이다.

7. 미래들

예비적인 물리적 디자인 제안으로서, 패션쇼 무대 아이디어를 상점 중앙으로 가지고 가는 것을 생각해볼 수 있을 것이다. 그리고 고객이 사진들을 온라인으로 포스팅할 수 있도록 해줄 붙박이 카메라를 설치한다. 사진들은 친구들이 대안들 가운데 어떤 것을 구입하는 게 좋을지 투표할 수 있는 소셜미디어에 올릴 수 있을 것이다. 이 개념은 무수히 많은 방식으로 확장될 수 있다. 예를 들어, 탈의실에 들어가기 위해서 고객 카드를 인식기에 댈 수 있을 것이다(그렇게 되면 탈의실은 덜 익명적이지만 결코 덜 사적이지는 않은 공간이 될 것이다). 그리고 너의 신분 확인은 네가 고려하고 있는 품목이 네가 전에 상점에 와서 구입한 옷의 색깔과 어울릴지를 보여주는 데 이용될 수도 있을 것이다.

8. 변형

이 아이디어들은 작지도 쉽지도 않다. 이와 같이 프레임을 다시 잡은 상점 개념을 시행하는 것은 회사의 물류와 공급 체인을 완전히 재고하는 것을 의미할 것이다. 탈의실과 소통에 더 많은 공간을 주는 것은 진열대 공간의 축소로 귀결될 것이고, 그래서 백화점은 (현재처럼) 진열대에 모든 사이즈의 모든 옷을 전시하는 것을 재고해야 할 것이다. 그리하여

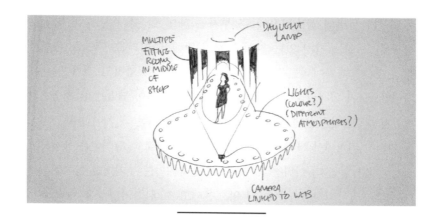

<그림 4.4>
소매 환경의 주안점으로 제안된 "패션쇼 무대". (DOC 직원의 스케치.)

상점들은 내놓는 의류 컬렉션을 줄이거나, 아니면 새로운 시스템을 고안해야 할 것이다. 예를 들어, 어떤 품목을 사이즈가 맞는지 입어보고, 그런 다음 색깔을 선택하고 상점을 통해 주문을 할 수 있을 것이다. 손님이 나중에 찾아가거나, 아니면 상점이 고객 집으로 배달을 하도록 말이다. 그렇다. 이런 변형들은 가능하다. 그리고 점증하는 온라인 경쟁에 직면하여, 소매 부분이 다른 모습을 보여주어야 한다는 압력은 이런 방향으로 나아가도록 할 만큼 강하다.

9. 통합

이 프레임을 통해 백화점은 전적으로 새로운 소매 경험의 질 개념으로 나아가는 여정에 오르게 된다. 어떤 면에서, 백화점은 매 고객을 개인적으로 고려하는 데서 벗어나서 바람직함과 만족에 대한 좀 더 사회적인 개념을 향해 나아가고 있는 중이다. 이를 제대로 하려면, 회사는 특정 목표 집단들과의 상호작용에 큰 투자를 해야 할 것이다. 다른 장들로 확장될 수 있는 가치 있는 지식을 쌓기 위해서. 그리고 끝으로, 온전성 점검: DOC 디자이너들은, 문제 장을 근본적으로 넓히고 추가 의제를 채택함으로써 실제로 원래 문제를 해결하는 데 도움이 되었는가? 지금까지 개별된 해결책들은 분명 훔치기 좋은 환경을 개선하는 데 기여한다. 탈의실을 가려진 위치에서 꺼내어 상점 중앙에 내놓음으로써, 탈의실은 통제하고 점검하기가 훨씬 더 쉬워진다. 전자카드 판독기라는 추가적인 아이디어는 고객의 프라이버시를 축소하지 않으면서도 고객의 익명성을 제거하며, 상습범을 막는 중요한 도구가 될 수 있을 것이다(<그림 4.4>).

사례 13
돌아다니는 딸들:
공적 영역에서 안전에 대한 지각에 대하여

이 프레임 창조 세션은 에인트호번 시의회의 요청에 대한 응답으로 에인트호번 기술대학교에서 수행되었다. 몇 달간의 준비로 얻은 정보는 내용 전문가 한 명과 경험 있는 디자이너 다섯 명이 참여한 두 시간 프레임 창조 워크숍에서 종합되었다.

1. 문제 상황의 고고학
에인트호번 중앙에는 스트라툼스에인트가 있다. 이곳은 젊은이들(특히, 십대들)을 위한 파티 장소로, 카페와 클럽이 있는 오래된 좁은 거리다. 스트라툼스에인트의 평판은 도시전설급이다. 비록 이 지역이 전통적으로 꽤 나쁘기는 했지만, 사실은 최근에 시의회, 경찰, 클럽 주인의 합동 노력을 통해 크게 향상되었다. 하지만 아직도 부모들은 스트라튬스에인트를 아이들이 가기에 위험한 곳으로 본다. 그리고 그곳의 위치 때문에, 이 젊은이들에게 저녁 외출은 일반적으로 교외에서 도심부로의 긴 자전거 타기와 더불어 시작하고 끝난다. 경찰 통계를 보면, 스트라튬스에인트에 가는 일은 기본적으로 안전하다는 결론을 내릴 수밖에 없다. 하지만 언론은 불가피한 사건들을 탐욕스럽게 찾아내어, 유해하고 위험한 장소라는 스트라튬스에인트의 옛 평판을 강화한다. 그래서 에인트호번의 선량한 부모들은 걱정이다 —— 정확히, 대부분 아버지들이 딸을 걱정하는 것이다(통계적으로, 남자아이들이 더 빈번히 표적이 되고 있지만).

2. 핵심 역설 정하기
이를 어려운 문제로 만드는 핵심 역설을 추출하자면:

> 여자아이들은 외출하는 걸 좋아하기 때문에, 스트라튬스에인트에서 파티를 하려 밤에 자전거를 타고 시내로 간다.

> 그들이 자전거를 타고 시내로 가기 때문에, 그들의 부모들은 걱정을 한다.

> 부모들이 걱정을 하기 (그리고 매체는 이 걱정을 알아차리기) 때문에, 시는 응답해야 한다.

역설은 "부모들의 걱정"이라는 중개 변수가 대부분 지각의 문제이기 때문에 생겨난다. 분명, (매체가 시끄럽게 떠들고 있는) 스트라튬스에인트의 상황을 향상시키는 것은 해결책이 되지 않을 것이다. 시의회가 단지 부모들에게 모든 게 안전하며 아무 일도 일어나지 않을 거라고 알리는 것도 현명하지 못할 것이다 —— 그렇게 했다가는, 만약 여자아이 중 한 명에게 무슨 일이 생기면, 그들은 비난을 받게 될 것이다.

3. 맥락

이 문제에 대한 맥락은 이렇다: 시는 책임을 다하고 있다고 보이기를 원하며, 경찰은 유능하며 상황을 통제하고 있다고 보이기를 원한다. 하지만 언론은 헤드라인을 선정적으로 만들고 싶어 하고, 그 극적인 보도로 인해 부모들은 아이들이 외출하는 것에 걱정이 깊어진다. 문제 상황의 또 다른 플레이어는 에인트호번의 물리적 배치다. 시는 1950년대와 1960년대에 자동차를 위해 건설된 도로 기반시설을 따라 급속하게 팽창했다. 젊은 가족들은 전형적으로 도심부에서 상당히 떨어진 교외에 산다. 시의 직통 도로들은 모두 속도 목적으로 건설되었으며, 교차로는 제멋대로 팔다리를 벌리고 있다. 이 간선도로에 직접 인접해 있는 집은 없다. 이 도로들을 따라서 자전거 전용도로와 자전거 길의 훌륭한 시스템이 있기는 하지만, 그것들은 운송 기반시설을 에워싸고 있는 대정원에 근접하는 경향이 있다.

4. 장

사회적 장 안에서, 우리는 바와 클럽의 주인들을 발견한다. 그들은 사람들에게 좋게 보기길 원하지만, 매출이 주는 방식으로 사업이 제한되는 걸 원하지는 않는다. 이는 균형을 잡기가 어려운 일이었는데, 왜냐하면 알코올 도수가 높은 달콤한 음료로 인해 음주가 청소년들에게 더 매력적이 되었기 때문이었다(법적 음주 연령은 18세다). 공공 운송 조직들(기차와 버스 회사들)은 흥미롭지만 문제가 있는 시장을 본다: 갑작스러운 최고치 이용은 물류 차원에서 조달이 어려우며, 또한 그들은 이 야간 노선을 괴롭힐 수 있는 주취와 기물 파손을 경계하고 있다. 택시 회사들은 아마 현 상태에서 이득을 얻는 유일한 파티일 것이다 —— 그들은 어떤 해결책이든 그들의 서비스 이용 증대가 포함되는 걸 보고 싶어 한다. 가장 중요한 것은 십대들과 그들이 성장하는 과정이다. 그들은, 그들 인생의 아주 신나지만 어렵기도 한 시기에, 자신의 정체성, 타인들, 그리고 세계를 탐사하고 있는 중이다. 그들 인생에서 열쇠 사회집단은 물론 그들이 다니는 학교, 그리고 그들이 참여할 수 있는 스포츠클럽과 여타 조직들이다. 십대들 사이에서의 비공식 조직은, 십대들의 사회적 감각과 또래압력이 그렇듯이, 강력하다. 그들은 또래들의 정체성을 타진하면서 자신의 정체성을 형성하는 과정에 있다. 부모에게서 더 독립적이 되어가면서, 그들은 권위에 대해 맹렬히 비판적일 수 있으며, 생색내는 듯 보이는 방식으로 취급당할 때 쉽게 화를 내고 감정적이 될 수 있다.

5. 주제들

이 문제는 주제에 있어 극히 풍요롭다. 배경에 있는 한 가지 주요 주제는 사회에서 위험을 어떻게 다룰 것인가라는 질문이다. 삶은 불가피하게도 위험하다. 하지만 통제를 강조하는 사회에서, 이 위험들은 쉽게 관용되지 않는다. 사람들은 국가가 위험을 "제거"하기를 원한다. 현실에서 위험은 다만 줄일 수 있을 뿐이지만. 둘째 주제는 책임이다. 이 십대들은 자신만의 삶에서 위험을 다루는 법을 배워야만 할 것이다. 부모들은 지나치게 걱정을 하거나 보호하려는 것일 수도 있고, 아니면 아이들이 이 책임을 어깨에 지기에는 너무 순진하다고 판단할 때 부모들이 옳은 것일 수도 있다. 부모들은 아이들에 대한 통제를 포기하는 과정에 있다(부모와 아이 사이에서 커가는 거리는 반 매넌이 해명한 주제 가운데 하나였다. 3장 참조).

어른의 감독 없이 친구들과 외출하는 것은 종종 이 어려운 과정에서 첫 주요 단계 중 하나다. 이는 부모들을 걱정스럽게 남겨놓는다. 그들이 걱정해야 할 타당한 이유가 있든 없든. 여기서 작동하는 셋째 주제는 교외와 시 사이의 거리라는 주제다. 물리적 거리만큼이나 정서적 거리를 낳는.

6. 프레임들
(위험, 책임, 교외와 시의 거리를 다루는) 이 주제들로부터, 많은 프레임이 생성되었다. 단지 두 가지만 거명하자면:

> 만약 클럽에 가는 딸들의 문제 상황이 마치 책임을 다루는 데 실패하는 문제인 양 접근된다면, 그렇다면 … 에인트호번 시는 …할 수 있을 것이다.

> 만약 클럽에 가는 문제 상황이 마치 교외와 시의 (정서적) 거리의 문제인 양 접근된다면, 그렇다면 … 에인트호번 시는 …할 수 있을 것이다.

7. 미래들
첫 프레임에 기반하여 개발된 아이디어 가운데 하나는 열쇠 클럽의 필요성이었다. 디자이너는 나이트클럽에 가는 여자아이들이 집 열쇠와 자전거 자물쇠 열쇠를 보관할 호주머니가 없다는 것을 알아차렸다. 열쇠는 결국 브래지어나 여타 몸에 조이는 의복 안쪽에 넣어 둔다. 그 디자이너는 열쇠들을 안전하게 보관할 수 있는 클립을 디자인했다. 그 클립은 또한 열쇠가 원래 자리에 놓여 있다는 것을 알 수 있도록 부모에게 신호를 보낼 수 있다. 그렇게 해서 딸이 자전거로 집에 돌아올 때 이를 절묘하게 알려주는 것이다. 열쇠 클럽의 가장 중요한 특징은 다양한 소통 세팅들이 있다는 것이다. 여자아이는 그중 어떤 것을 사용할지 부모와 논의하게 될 것이고, 그리하여 보여줄 수 있는 방식으로 자기 안전에 대한 책임을 질 수 있다. 이것을 도입하는 것은 안전과 책임에 대한 논의를 시작할 학교 프로그램의 일부가 될 수도 있을 것이다.

　두 번째 프레임, 즉 거리는 마찬가지로 풍요로운 가능한 해결책들의 영역을 각성시킨다. 교외의 상대적 고립을 극복할 많은 방법들이 있기는 하지만, 이를 어려운 문제로 만드는 것은 부모들이 일정한 생활양식을 선택했기 때문에 교외에 산다는 사실이다. 그들은 심지어 그곳이 아이를 키우기에 안전하고 건강한 환경이기 때문에 그곳으로 이사한 것일 수도 있다. 아이들이 시로 외출을 할 때, 이 멋진 고립은 깨지고, 시와 교외 사이의 담장에는 구멍이 생긴다. 대도시 문제들이 그들의 가정으로 들어오기 시작한다. 하지만 이제 아이들이 성장하고 있으므로, 부모들은 어느 정도 시와 맞물리는 법을 배워야 할 것이다. 에인트호번 시는 스트라툼스에인트 지역의 현재 모습을 둘러볼 수 있도록 부모들을 초대하고 시행되고 있는 모든 안전 조치들을 설명함으로써 이러한 맞물림을 성취할 수 있다. 의회는 또한 위험을 실제로 줄이는 몇몇 해결책을 도입해야 한다. 예를 들어, 증거가 보여주듯이, 사고 대부분은 아이들이 빨간불에서 자전거를 탈 때 발생하며, 자전거에 탄 사람들은 신호등 때문에 멈췄을 때 다른 충격에 가장 취약하다. 이러한 상황을 피하고 자전거 통행 흐름을 수월하게 하기 위해서, 교외에서 시로 가는 경로를 따라 있는 신호등은 자전거 도로 옆의 초록과 빨강 LED 발광체들을 통해 볼 수 있는 "초록 물결"로 프로그램될 수 있을 것이다. 한 명이 녹색 지역에서 자전거를 타고 있는 동안, 모든 신호등은 초록이 된다.

이 조치는 또한 사람들이 함께 더 가까이 자전거를 타도록 만드는 효과가 있으며, 따라서 사회적 안전을 높인다. 시는 또한 스트라튬스에인트에 특정 교외로 자전거를 타고 돌아가려는 아이들이 모여서 집단으로 출발할 수 있는 "자전거 정거장"을 개발할 수도 있을 것이다(친구들 사이는 스마트폰 앱으로 이를 지원할 수 있을 것이다). 시는 또한 스트라튬스에인트 주변에 상당히 맑은 정신이 필요한, 가령 도시 스포츠 같은 여타 활동들을 장려함으로써 알코올 섭취를 제한하는 정교한 조치를 취할 수도 있다. 행사 조직자들은 군중들을 관리하기 위해 이러한 영리한 수법을 이용한다. 그리고 이런 식으로 좋은 행동을 자극하는 것은 정말 효과가 있다.

8. 변형

이 해결책들의 중핵에는 에인트호번 시가 시민들의 사고방식, 이 사례에서는 십대 부모들의 사고방식에 영향을 미쳐야 할 필요가 놓여 있다. 하나의 조직으로서 에인트호번 시는, 단일 쟁점 홍보 활동을 제외하면, 그렇게 하는 일에 익숙하지 않다. 하지만 위험, 책임, 정서적 거리라는 주제들은 훨씬 더 열린 대화와 참여의 전략을 요구한다. 이 목표는 청소년들과 부모들 모두를 위한 교외의 학교와 여타 조직의 네트워크를 이용함으로써 성취될 수 있을 것이다. 이 네트워크는 위험과 책임이라는 주제를 중심으로 그들을 모이게 할 수 있을 것이다. 아마 지역 미디어는 접근하기 가장 어려운 열쇠 이해관계자들의 관심을 끌어냄으로써 결정적인 역할을 할 수 있을 것이다. … 결국, 부모의 두려움을 효과적으로 누그러뜨릴 수 있는 것은 오직 여자아이들 자신들이며, 시는 그렇게 하도록 그들을 뒷받침해줄 교묘한 방법을 찾아야 하는 것이다.

9. 통합

도시를 위험, 책임, 정서적 거리를 다루는 필터를 통해 바라보는 것은 결실 있는 연습이다. 일단 이 주제들이 분명하게 분절된다면, 우리는 시의 현 짜임새가 어떻게 이 지역들에서 쟁점들을 떠받치거나 악화시키는지를 곧바로 보기 시작한다 —— 그리고 어떻게 일이 다르게 이루어질 수 있을지에 대한 아이디어들이 곧바로 마음에 떠오른다. 전혀 다른 층위에서, 이 프로젝트를 통해서, 시는 십대의 정체성 형성에 대한 가치 있는 지식을 알아낼 수 있을 것이다 —— 쟁점이 생겨나거나 위기가 발생할 때 도움이 될 이해.

첫 논평

남아 있는 장들에서 프레임 창조 모형을 더 심도 있게 고찰하기 전에, 이 사례연구들의 본성과 관련해 다섯 가지 성찰을 제시한다.

우선, 디자인 기반 프레임 창조 과정은, 여기서 읽을 때 자명해 보이겠지만, 실은 꽤 혁명적이라는 것을 알아야 한다. 그것은 관례적 목표지향적 문제해결 과정을 전혀 닮지 않았다. 그것은 또한 조직 이론이나 혁신 경영에서 제안된 혁신 과정들과도 닮지 않았다. 핵심적 차이들은 5장과 6장에서 각각 탐사할 것이다.

둘째, 우리는 이 사례연구들의 결과가 관례적 문제해결을 통해 성취되었을 결과 유형과 닮지 않았다는 것을 알아야 한다. 관례적 문제해결이었다면, 시드니 오페라하우스 포디엄은 사람들을 차단하는 좀 잘 디자인된 장벽으로 귀결되었을 것이다. 백화점은 아마 절도범이 돌아다니는 걸 더 어렵게 할 새로운 태그와 안전문 시스템이 탈의실에 설치되었을 것이다. 아인트호번 시는 아마 스트라톰스에인트의 안전 주안점을 알리는 또 다른 홍보 활동을 시작했을 것이다. 사실 이런 해결책들 모두는 여전히 참신한 프레임들이 유발한 전략들의 일부가 될 수 있다. 하지만 쟁점들을 다시 프레임 잡음으로써 진짜 문제를 훨씬 더 잘 이해하게 되었으며, 해결 방향들의 훨씬 더 넓은 레퍼토리를 얻게 되었다.

셋째, 앞의 사례들은 실은 훨씬 더 긴 과정들의 일부인 핵심 워크숍의 스냅 사진이다. 5장에서 보겠지만, 그리고 8장에서 더 폭넓게 보겠지만, 이 두 시간 프레임 창조 세션을 준비하는 프로젝트 개시 및 연구조사의 과정이 있다. 세션의 결과물은 몇 가지 유용할 수 있는 프레임들이다. 이 프레임들은 최종 선택이 이루어지기 전에, 그리고 해결책 개발자들에게 브리핑하기 전에, 심도 있게 탐사될 필요가 있다.

넷째, 이 세 사례연구는 이 과정이 이례적으로 정교하고 복잡다단하다는 인상을 줄 수도 있겠지만, 독자는 그 과정이 아주 자연스럽게 느껴진다는 걸 믿어도 좋을 것이다. 아홉 단계 모두를 2시간 워크숍이라는 짧은 기간 안에 수행하는 경우라도 그렇다. 상이한 단계들을 특징짓는 우여곡절의 추리 패턴들은 정말 물 흐르듯 연결이 된다. 이 프레임 창조 과정은 지름길이 있을지도 모르는데 길게 우회한다는 느낌이 들 수도 있을 것이다. 하지만 그렇지 않다. 프레임 창조 모형은 문제 초점 디자인 실천으로부터 이끌어낸 다섯 교훈들을 단순하고 신중하고 철저한 과정 속에 효과적이고도 효율적으로 결합한다. 이 모형의 강점은 열린, 문제 상황의 복잡한, 역동적인, 네트워크된 본성이 부인되지 않고 포용된다는 사실에 있다. 문제의 열림, 복잡성, 역동성, 네트워크되어 있음 그 자체는 해결책의 창조를 향해 가는 도로로 이용된다.

끝으로 다섯째: 여기 제시된 세 가지 사례는 대부분 공적 영역의 문제에 초점을 맞추며, 따라서 공공 부문 쪽으로 이끌리는 경향이 있다. 이러한

경향은 공공 부문이 프레임 창조 모형의 잠재력을 처음 인지했다는 사실의 결과다. 모형이 자리를 잡은 지금, 의료, 제약, 식품, 수송을 포함해서 광범위한 부문들을 가로지르는 선도적인 영리 회사들이 각자의 영역에서 프레임 창조 접근법을 심화 적용하는 데 관심을 갖고 있다. 초기 결과들은 프레임 창조 접근법이 이 영역에서도 똑같이 흥미로운 결과를 낳는다는 것을 보여준다.

5장 프레임 창조의 원리들과 실천들

프레임 창조의 원리들

4장에서 묘사된 바로서의 프레임 창조 모형은 어떤 과정을, 즉 프레임 창조의 복잡한 실천을 통해 우리를 인도하는 일련의 아홉 단계를 개괄한다. 이 실천을 아홉 단계로 구분하는 것은 문제 해결자에게 도움이 된다. 이를 통해 상이한 종류의 활동들을 분리해내고, 그 활동들을 사고와 행동의 정합적 단위들로 분류할 수 있다. 그렇게 하여 그 단위들 각각은 과정이 진행되면서 그것들의 실행이 보여주는 철저함과 질을 평가할 수 있다. 이 과정 모형의 약점은 언뜻 선형적으로 보인다는 것이다. 프레임 창조 모형의 아홉 단계가 일반적이고 논리적인 진행처럼 보일 수 있겠지만, 실제로 그 단계들 안에 포착되어 있는 활동들은 모두가 상호작용한다 —— 프레임 창조 세션에서는, 단계들 사이에 끊임없는 왕래가 있으며, 이는 프레임 창조 과정에서 균형 잡힌 좋은 결과에 도달하기 위해 절대적으로 중요하다. 언뜻 선형적으로 보이는 아홉 단계의 진행은 또한 프레임 창조 프로젝트를 위한 출발점이 실제로 어느 단계건 발생할 수 있다는 사실을 흐려놓는다 ── 앞 장에서 제시된 세 프로젝트에서 그렇듯, 세계는 대응하면 되는 말끔한 "낡은" 문제를 제공하지 않는다. 이어지는 문단들에서, 우리는 흥미로운 주제를 탐사하여 나오는 순수한 영감만이 아니라 새로운 기술적 기회들과 기업가적 이니셔티브들 또한 프레임 창조 과정을 촉발할 수 있다는 것을 볼 것이다. 이 모든 사례에서, 프레임 창조를 위한 출발점은 상이하며, 과정은 아홉 단계의 진행을 아주 따르지는 않는다.

따라서 아홉 단계 모형은, 유용하기는 해도, 실천가에게 결코 구속복이 되어서는 안 된다. 프레임 창조에서 대단히 필요한 어떤 유연성을 창조하기 위해서, 이제 우리는 정해진 과정을 통해 그것을 묘사하는 것에서 벗어날 것이고, 문제해결에 대한 프레임 창조 접근법의 더 깊은 원리들을 묘사할 것이다. 이 더 깊은 원리들은 이 접근법의 핵심을 포착하며, 수많은 형태와 크기를 갖는 과정들에 적용될 수 있다. 사용의 용이함을 위해, 프레임 창조의 원리들을 열 개의 "황금률"로 표현했다(<그림 5.1>).

이 황금률의 첫 네 가지는 문제해결의 프레임 창조 접근법 기저에 놓인 일반 원리들을 다룬다. 그 다음 세 가지는 가장 중요한 프레임 창조 무대들에서 "질"이란 무엇인지를 묘사한다. 마지막 세 가지는 프레임 창조를 더 넓은 조직 변형 맥락에 적용하기 위한 전략들이다.

1. 맥락을 공략하라

프레임 창조의 열쇠 원리는 문제 상황에 대한 접근법에 있다. 전문가 디자이너들은 열린, 복잡한, 역동적인, 네트워크된 문제들이 종종, 적어도 그 문제들이 제시되고 있는 용어로는, 직접적으로 해결될 수 없다는 것을 보여주었다. 문제와 문제 정식화는 특수한 맥락 속에 뿌리를 두고 있으며, 이 맥락은 문제 그 자체를 공략하기 전에 비판적으로 평가되고 변경될

맥락을 공략하라

판단을 중지하라

복잡성을 포용하라

줌아웃하고, 확장하라, 그리고 집중하라

패턴을 찾아라

주제를 심화하라

프레임을 선명하게 하라

준비해라

계기를 만들어라

끝까지 마무리하라

.

<그림 5.1>
프레임 창조의 열 가지 원리.

필요가 있다. 정신장애인들의 독립적인 삶에 관한 사례 6에서 보았듯이, **젊은 디자이너들** 재단에 원래 제시된 바로서의 그 문제는 외로움과 고립이라는 용어로 묘사되었다. 디자이너들은 연속적인 두 단계로 이 주형鑄型을 깨뜨렸다. 첫째, 그들은 "정신적으로 장애가 있는" 사람들이 그들이 할 수 없는 것으로 정의되는 집단이라는 것을 깨달았다. 그러므로 그들은 무심코 그들의 새로운 이웃의 전적으로 수동적인 구성원으로 간주된다 —— 그 자체로 그들의 고립에 기여하는 위치. 디자이너들은 이 정신장애인들이 지역사회에 기여할 수 있는 가능한 방법을 살펴봄으로써, 가령 공동체 안에서 적합한 직업을 창조함으로써, 이 원래의 참조 프레임에서 벗어났다. 이는 인정받고 존중받는 길로 나아가는, 그리고 정신장애인들이 주변 사람들과 접촉하도록 하는 첫 단계가 될 것이다. 그 다음 단계로, 디자이너들은 문제가 잘못된 용어로 프레임 잡혔을 뿐 아니라 훨씬 더 깊은 쟁점이 그 아래 잠복하고 있다는 걸 깨달았다. 정신장애인들을 돌보는 조직들은, 장애인을 환경으로부터 격리해야지만 이 책임을 수용할 수 있다고 느꼈기 때문에, 뜻하지 않게 문제에 기여했다. 언뜻 단순해 보이는 이 통찰들이 문제 맥락에 대한 철저한 조사를 통해서만 성취될 수 있다는 걸 깨닫는 것이 중요하다. 디자이너들이 다만 문제가 제시되었던 용어로(정신장애인들은 외롭다) 문제를 떠맡았다면, 그들의 해결책은 십중팔구 이따금 사회적 이벤트를 조직하는 것 너머로 멀리 나아가지 못했을 것이다. 맥락을 공략하는 것은 증상을 넘어 뿌리 원인으로 나아갈 수 있게 해준다.

2. 판단을 중지하라

프레임 창조 과정은 아주 다루기 힘든 상황을 처리하기 위해 새로운 길과 기회를 열어놓고자 한다. 그것은 원래의 문제 정식화를 낳은 합리성들 배후에 있는 내력과 가정들을 우회하는데, 왜냐하면 이 합리성들의 문제해결 역량이 명백히 소진되었기 때문이다. 이는 비판적 과정이기는 해도, 통찰이 결핍되어 있다고 이해관계자들을 비판하거나 "나쁜" 행동을 처벌하려는 의도는 분명 아니다. 프레임 창조 과정에서, 문제 소유자와 다른 이해관계자들의 실천은 다만 주어진 것으로서 취해져야 하며, 함께 하지도 회피하지도 말아야 한다. 아리스토텔레스를 인용하자면: "생각하기는 일단 판단이 중지될 때만 시작될 수 있다." 판단의 연기와 애매성의 보존은 프레임 창조 과정의 귀중한 자질들이다(그리고 판단을 미루는 것은 의외로 어려운 일이다 —— 우리는 그만큼 비판하기에 익숙하다). 프레임 창조 과정의 마지막 국면에서야 다시 판단이 필요하다. 하지만 그때 판단은 새로 창조된 프레임, 해결방향, 가치명제를 겨냥한다. 앞의 예로 돌아가 보자. 시설 같은 통제된 환경에서 살 때 환자들의 필요와 도시 아파트에서 새로운 삶을 창조할 때의 필요가 다르다는 것을 돌보미들이 파악하지 못한다는 사실 때문에 사람들은 좌절감을 느낄 수 있을 것이다. 돌보미들이 이 가슴 아픈 외로움의 상황을 만드는 데 스스로 한 역할을 이해하지 못했다는 사실이 매우 중요하기는 하지만(이는 문제 상황의 일부이기 때문에, 다루어질 필요가 있을 것이다), 그들의 과잉보호에 대해 판단을 내리는 일은 해결에 전혀 도움이 되지 않는 방어적이거나 적대적인 반응을 불러일으킬 것이다. 프레임 창조에서 우리는 결코 희생양이 필요하지 않다. 실제로, 이 돌보미들이 그토록 강하게 그리고 암묵적으로 통제의 관점에서 생각한다는 사실은 더 깊은 성찰의 가치가 있는, 그 자체 흥미로운 관찰 결과다. 완벽한 통제만이 확실한 질을 보장할 수 있다는 이러한 생각은 건강관리 시스템 일반과 어쩌면 또한 우리 사회의 여타 중요한 시스템들을 개혁할 때 다루어져야 할 열쇠 장애물 중 하나일 것이다. 우리는 나중에 이 문제로 돌아올 것이다.

3. 복잡성을 포용하라

프레임 창조 과정의 또 다른 열쇠 특징은 관례적 문제해결의 기저에 종종 놓여 있는 단순화 너머로 나아가 세계의 복잡성을 있는 그대로 떠맡으려는 추동이다. 이는 아주 반직관적으로 느껴질 수 있다: 우리는 가정들을 도입하고 문제를 단순한 방법으로 프레임 잡아서 우리가 직면하는 문제의 범위를 줄이려는 경향이 있다. 프레임 창조 안에서, 통상 삶을 그토록 손쉽게 만드는 그러한 가정들은 의문시되며, 문제 해결자는 상황의 복잡성을 포용하고 싶어 한다. 프레임 창조 접근법에 관한 한 가지 주된 오해는 문제를 해결하기 더 쉽게 만드는 어떤 마법의 공식을 포함하고 있다는 오해다. 그 반대다. 그것의 주된 특징 중 하나는 단순화를 피한다는 것이다. 그것은 다만 맥락의 다양한 층들을 구분함으로써 발의자가 복잡성을 다루는 일을 도울 뿐인데, 이 구분은 그 어느 하나의 시간에 고려할 필요가 있는 요소와 관계의 수를 제한한다. 하지만 처음에 프레임 창조 접근법은 문제 상황을 훨씬 더 복잡하게 만든다. 그런 연후에야 우리는 마음 놓고 어떤 해결책으로 수렴해 갈 수가 있다. 가령 앞 장의 시드니 오페라하우스 사례(사례 11)를 생각해보자. 프레임 창조 과정 중에, 오페라하우스 조직은 쟁점을 (어렵기는 해도 범위가 제한된) 보안 문제로 보는 것에서 벗어나서, 도시의 다른 파티들과 맞물려 도시 생활 안에서 오페라하우스 포디엄의 역할을 변형하는 데 협력해야 한다는 도전을 떠안게 되었다. 어떤 의미에서, 그들의 문제는 줄어들지 않았다 — 그것은 엄청나게 커졌다. 이 문제 확장의 원리는, 프레임 창조 과정의 일부로서, "문제 소유자" 조직 구성원들을 몹시 불편하게 만들 수도 있다. 하지만 이 증대된 복잡성을 떠맡는 것은 새로운 프레임과 해결책의 창조로 나아가는 아주 중요한 단계다. 관심의 범위가 풍부하고 복잡한 장으로 넓혀질 수 없다면, 새로운 프레임은 창조될 수가 없다.

4. 줌아웃하고, 확장하라, 그리고 집중하라

프레임 창조 과정의 중핵에는 줌아웃과 줌인의 복잡한 운동이 있다. 우선,

문제 그 자체에 대한 고려로부터 범위를 넓히고 문제를 문제의 직접적 맥락, 즉 문제 소유자 안에 놓기. 그런 다음, 이전에 문제 상황에 연루되어 있었던 다른 플레이어들을 고려하면서, 더 넓은 맥락으로 나아가기. 이 첫 줌아웃 단계는 플레이어들과 그들이 문제 상황 안에서와 주변에서 취했던 행위들을 탐사한다(그리고 그들이 미래에 어떤 행위를 취할 준비가 되어 있을지 이해하려고 노력한다). 이것 너머로, 우리는 우리의 지평을 더 넓은 장으로 확장한다. 더 넓은 장을 향한 이 확장은 다소 특별한 국면이다. 왜냐하면 우리는 이해관계자들의 행동 패턴에 대한 연구로부터 (미래에 어떤 파티들이 연루될 것인지를 반성하고, 이 파티들이 그들의 현실을 이해하는 방식의 이미지를 구축하면서) 사변적 사유의 영역으로 도약하고 있기 때문이다. 그런 다음, 사변적 사유의 세계로의 이 도약은 공동 주제들의 창발에 의해 촉발된 가능성들을 숙고할 수 있도록 해준다. 이 "보편자들"로부터 우리는 문제 해결을 위한 새로운 프레임을 창조할 수 있으며, 이는 비판적으로 평가될 수 있는 행위들의 제안으로 이어진다. 그리하여, 아홉 단계 모형을 포개진 원들의 두 집합으로 제시하는 것이 더 좋을 수도 있다. 하나는 플레이어들과 활동들의 점점 더 넓어지는 맥락들의 집합이고, 다른 하나는 점점 더 행위를 향해 수렴하는 사유 패턴들의 집합이다. 포개진 원들의 이 두 집합은, 문제도 해결책도 아닌 의미 있는 주제들의 창발을 통해서, 가장 넓은 지점에서 연결된다(<그림 5.2> 참조). 그리고 종국에는, 그 둘은 또한 가장 구체적인 층위에서도 연결된다. 즉 이 반성의 시기에 태어난 해결책이 원래 문제를 효과적으로 다루어야 하는(그리하여 원래 역설을 제안된 변형 의제와 연결해야 하는) 곳에서. 사례연구 9에서, 서큘러 키에서 가능한 테러리스트 공격을 예방하는 문제는 인접한 광장들의 열린, 저개발된 성격을 고려하는 것으로 확장되었다. 고려 대상 지역을 물리적으로 확대함으로써, 디자이너들은 아주

문제

↓

역설

맥락

장

↓

주제

↓

프레임

미래들

변형

↓

통합

<그림 5.2>
줌아웃하기와 집중하기로서의 프레임 창조.

넓은 집단의 가능한 이해관계자들을 고려하게 되었다. 장 안의 이 파트너들에게, 저개발된 공간은 이 장소의 가능한 중요성을 표현할 기회다. "호주를 위한 쇼케이스"로서, 방문객들을 환영할 완벽한 행선지이자 호주가 무엇을 제공할 수 있는지를 보여줄 기회. 그리고 나서 이 아이디어들은 공적 공간에 설치될 대상들을 위한 디자인 브리프 안으로 번역될 수 있다.

5. 패턴을 찾아라

프레임 창조 과정의 시작은 처음의 문제 상황에 대한 깊고도 면밀한 질문하기로 간주될 수 있다. 하지만 이 탐구는, 문제의 숨겨진 심연을 이해하려고 노력하는 사회적 내지는 심리학적 탐구라기보다는, "무엇"에 초점을 맞추는 사실 찾기 활동이다. 프레임 창조 과정의 근거를 마련하기 위해서, 우리는 탐구 범위를 사람들이 수행해온 행위들의 패턴과 그들의 행위를 촉발한 직접적 기회원인을 이해하는 것으로 제한할 수 있다. 프레임 창조는 패턴 인지에 기반한 실천이며, 우리는 사람들이 세계에 대해 그리고 자신들에 대해 가지고 있을지도 모르는 의견이나 이론으로부터 멀어지도록 그 실천을 실용적으로 조타할 필요가 있다. 분석에서 그리고 프레임 창조의 창조적 단계들에서, 열쇠가 되는 것은 바로 행동 패턴이다. 중요한 것은 말이 아니라 행동이다. 사례연구 6으로 돌아가서, 정신장애인들의 사회 통합에 대해 생각할 때, 우리는 왜 사실과 행위에 집중하는 게 중요한지 알 수 있다: 무심코 자신들의 책무를 고립시킴으로써 문제를 만들어내는 돌보미들은 모두 최선의 의도를 가지고 행동하는 훌륭하고, 따뜻하고, 배려하는 사람들이다. 우리는 그들의 동기들의 절대적 진실성이 자동적으로 그들을 올바른 행동으로 이끌고 간다고 잘못 가정하고 있을 수도 있기에, 그들이 환자들을 다루는 방식에 의해 동요되지 않기는 힘들다. 이 사례에서, 문제는 정확히 거기에, 즉 "좋은 의도meaning well"와 "좋은 행동doing well" 사이의 갈라진 틈에 놓여 있다. 이 현상의 최고 사례는 아직 등장하지 않았다. 그것은 사례 16이다.

6. 주제를 심화하라

주제들의 창조는 프레임 창조 접근법에서 가장 추상적인 활동이며, 이 접근법을 모르는 사람들에게는 가장 파악하기 힘든 활동이다. 하지만 그것은 또한 다른 그 무엇보다도 최종 결과의 깊이와 질을 정의하는 단계다. 주제를 깊이 이해하는 것은 프레임 창조 과정의 그 다음 단계들을 순조롭게 진행하는 데 도움이 될 뿐 아니라, 그 자체로 그 과정의 핵심 이익이다── 이어지는 장들에서 우리는 심도 있게 이해된 주제는 조직의 핵심 철학과 정체성을 안정시키면서도 조직 환경의 유동성에 대처할 수 있는 커다란 유연성을 그 조직에 허용한다는 것을 볼 것이다. 이런 방식으로 프레임 창조는 무조건 반사적 반응들의 혼돈을 피하는 데 기여하며, 1장에서 본 "증후군"의 꼼짝 못 하게 하는 성질을 피하는 데 기여한다. 하지만 이는 실제로 무슨 뜻인가, 주제의 "깊이"? 사례연구들에서 보았듯이, 주제들은 확장된 문제 상황으로부터 주워 모은 값진 것들의 결합을 통해서 창발할 수 있다. 짧은 워크숍 세션에서도 그렇다. 하지만 그 특수한 주제들은 세션 이후에 진지하고도 길게 탐사될 필요가 있는 관심 영역을 가리키는 라벨 그 이상의 것으로 간주되지 말아야 한다. 그러한 체계적 검토는 디자인기반 실천들에 의해서 그리고 한 주제를 둘러싼 "관념들의 역사"의 분석에 의해서 해석학적 현상학 속에서 발견될 수 있는 확장적 방법론을 통해 뒷받침될 수 있다. 시드니 오페라하우스 사례연구(사례 11)에서 창발한 주제들은 실로 뿌리 깊은 것이다. 그 주제들은, 일상적 삶의 근심 너머로 우리를 상승시키는, (종교를 통해서건, 예술을 통해서건, 자연의 경험을 통해서건) 더 높은 차원의 실존을 염원하는 사람들의 필요에 내재한다. 일상적인 것을 벗어나 있는, 더 높은 의미를 상징하는, 저 경험을 ── 비록 일시적일지라도 ── 흡입할 수 있는 장소들에는 깊은 매력이 있다. 시드니 오페라하우스는 하나의 건물로서 이러한 주제들에 말을 건다. 이 본질적 의미들의 이해는 시드니 오페라하우스 운영진이 현장 개발에서 내리는 결정들에 영향을 준다. 오페라하우스의 형태를 단지

"박물관 진열물"로서 보존하는 것은 그곳의 진정한 의미를 간과하는 것이다.

7. 프레임을 선명하게 하라

프레임을 가능한 한 선명하고 정확하게 하는 것이 중요하다. 프레임은 마음속에 아주 분명한 그림이 떠오르게 할 때, 그리고 주요 이해관계자 모두에게 그렇게 할 때만 효과적이다. 종종, 그와 같은 예리한 그림을 전하기 위한 프레임을 연마하는 일은 주제들을 결합함으로써 혹은 몇 가지 프레임 아이디어들을 결합함으로써 성취될 수 있다. 프레임 창조에서 이를 과하게 하는 것은, 프레임들을 과하게 예리하게 만드는 것은 종종 이득이 된다. 예를 들어, 문제가 많은 위락지구 사례(사례 8)에서, 단지 한 특정 청소년 집단(가령, 함께 외출하는 젊은 남자들—— 8장 참조)만을 위한 좋은 늦은 밤 경험을 창조하는 데 (과하게) 초점을 맞출 수 있을 것이다. 매우 구체적이고 제한된 이와 같은 프레임들은 어떤 특정한 조치를 취해야 하는지를 좀 더 손쉽게 제시해줄 것이다. 이와 같은 초점 맞춘 프레임으로부터 흘러나오는 아이디어는 프로젝트에서 나중에 항상 훨씬 더 일반적으로 적용될 수 있다.

8. 준비하라

여타 문제해결 접근법보다는 프레임 창조를 이용할 때 득을 볼 "좋은" 문제 상황이란 실제로 어떻게 생겨나는가? 사례연구들을 통해 우리는 몇 가지 일반적 패턴을 주워 모을 수 있다. (1) 대립되는 견해들이나 충돌하는 목적들이 있다. (2) 분명한 해결책이 겉으로 보이지 않는다. (3) 문제를 확장된 맥락 안에 놓을 수 있다. (4) 해결책을 구하고 있는 "문제 소유자" 조직 안에 열린 마음의 챔피언이 있다. (5) 이전의 해결

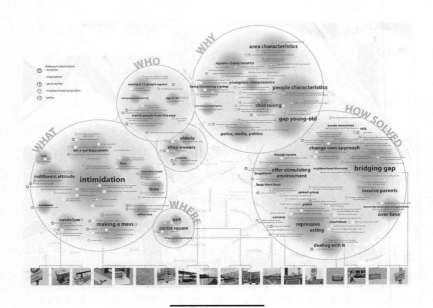

<그림 5.3>
문제 상황 지도의 예("배회하는 십대" 프로젝트를 위해, 에인트호번 기술대학교 학생 S. 데스터스가 제작함).

노력들은 ── 다른 접근법을 시도하려는 기꺼운 의향이 있는 정도로 ── 만족스러운 혁명으로 귀결되지 않았다. 이 조건들 대부분 내지는 전부가 충족되었을 때, 프레임 창조 접근법은 문제를 알아가고, 실제 이해관계자와 가능한 이해관계자에게 접근하고, 그들에게 참여하도록 동기를 부여하고, 유용할지도 모르는 외부 전문지식과 접촉을 하는 등등의 긴 과정을 여전히 요구한다. 문제 소유자와의 첫 논의들은 통상 브리프 "넓히기"를 포함한다. 이를 위해 종종 열쇠 의사결정자들만이 아니라 복잡한 문제 상황에 대해 좀 더 직접적이고 완전한 전체상을 실제로 가지고 있는 "현장에 있는"

조직 내 사람들 또한 포함시킨다. 이 과정은 급하게 서두를 수 있는 게 아니다: 문제 상황의 고고학의 본질적 부분인 역사 탐구와 더불어서, 이 사전–워크숍 국면은 첫 접촉에서 시작해 평균 두세 달 걸린다. 이 활동들은 현행적, 확장적 형태에서의 문제 상황 "지도 만들기"로 볼 수 있다. 경험이 보여준 바에 따르면, 이 지도들(<그림 5.3>)은 종종 프레임 창조 접근법의 열쇠 제공품이다. 즉 이 지도들은 조직으로 하여금 왜 그리고 어떻게 그 조직이 문제해결 과정에서 옴짝달싹 못 하는 상태가 되었는지를 이해할 수 있도록 도와주는 거울로 작용할 수 있다.

9. 계기를 만들어라

이 모든 준비 작업 후에, 팀은 프레임 창조 워크숍에 착수할 수 있다. 이는 통상 2시간에서 4시간 지속된다. 이 워크숍에서, 모든 정보는 한데 모이고, 팀은 퍼실리테이터의 도움을 받아 프레임 창조 단계들을 밟아 나아간다. 이 프레임 창조 세션의 팀 구성원들은 아주 다양한 색깔을 갖는 경향이 있다. 프레임 창조 과정에서 넓이와 깊이를 성취하기 위해서 참여자들은 그들이 테이블로 가져올 수 있는 상이한 기량, 경험, 접근법 등을 고려해서 전략적으로 선택된다. 이것은 중요하다. 프레임 창조 과정은 "창조적 분석"이니까. 과정은 철저하고 항상 사실에 기반하고 있는 반면에, 선택되는 방향들은 참여자들의 경험에 달려 있다. 상이한 집단은 상이한 행동 방침을 취할 것이다. 이와 같은 팀에는 문제 각축장에 대한 깊고 넓은 지식을 가지고 있고 새로운 질문이 생겨날 때 프레임 창조 과정의 모든 단계에 신선한 정보를 공급할 수 있는 콘텐츠 전문가가 포함된다. 다른 디자인 활동도 그렇듯, 프레임 창조 과정이 일어나는 환경은 영감에 있어 풍요롭고 성찰 전도성이 있을 필요가 있다(3장 참조).

10. 끝까지 마무리하라

프레임 창조는 여기서 끝나지 않는다. 프레임 창조 워크숍의 집중적인 고에너지 교환들 이후에, 여전히 할 일이 많다. 경험이 보여주었듯이, 세션을 좀 더 철저하게 재조정하려면 두 달 정도 걸린다. 토론에 끼어들었을 수 있는 일체의 가정들을 점검해야 하고, 주제들에서 깊이와 사려 깊음을 성취하기 위해 문학을 파고들어야 하고, 프레임을 선명하게 해야 하고, 가능한 해결책에 대한 훨씬 더 철저한 탐사를 해야 하고, 원래 문제에 맞대어 이것들의 지도를 작성해야 한다. 기타 등등. 이 끝까지 마무리하기의 결과물은 문제 소유자와 열쇠 이해관계자들을 위한 보고서다. 그것은 프레임 창조 워크숍 세션에서 생성되는 지식, 통찰, 아이디어보다 훨씬 더 방대하고 심도가 있다. 이 보고서가 전달된 이후, 종종 긴 협의 국면이 뒤따른다. 3장에서 보았듯이, 프레임을 수용하고 행동을 안내할 능동적 원리로 채택하는 일은 어렵다. 프레임을 채택하고 나서 행동으로 나아가는 길은 여전히 어렵고도 길 수 있다. 새로운 프레임들은 언제나 조직의 관례적 문제해결 접근법을 뒷받침하기 위해 세워진 조직의 문화, 과정, 구조를 건드린다. 더 나아가, 네트워크된 세계에서, 이 프레임들은 언제나 예기치 못한 방식으로 조직의 경계들을 가로지른다. 실세계 현장의 결과를 향해 행동으로 나아가는 길에서 끝까지 마무리하는 어려운 과제에서 문제 소유자를 지원하는 것은 아주 중요하다.

프레임 창조 실천들

지금까지는, 프레임 창조 과정은 특수한 종류의 문제의 맥락에서 도입되었다. 이 문제들은 문제 소유자와 다른 열쇠 이해관계자들이 문제 상황을 개선하기 위해 시간에 걸쳐 할 수 있는 것을 이미 했다는 의미에서 "오래된" 문제다. 이러한 종류의 상황에서 고고학 단계는 문제 소유자와 다른 이해관계자들이 손에 든 패를 이미 보여준 많은 이전 시나리오들을 캐낼 것이다. 이 단계는 기존 프레임들과 실천들에 대한 친밀한 그림을 제공하며, 또한 이 문제 상황에서 작동하지 않는 것을 상세하게 들여다볼 수 있게 한다. 하지만 이 장 서론에서 논의했듯이, 우리는 문제가 이보다 훨씬 더 열려 있는 상황들, 즉 문제라기보다는 오히려 프레임 창조를 통해 다룰 수 있는 기회라고 볼 수 있는 상황들과 조우할 수 있다. 혹은 역으로, 우리는 훨씬 더 제약되어 있으며 앞으로 나아갈 아무런 직접적인 방도도 제공하지 않는 — 심지어, 프레임 창조 같은 열린 문제–해결 접근법조차도 한 걸음 물러나서, 결실 있게 문제 상황에 접근할 수 있도록 그 전에 문제 상황을 개발할 방법을 조심스럽게 찾아야 하는 — 문제 상황에 직면해 있을 수도 있다. 이 두 극단적 상황 외에도, 프레임 창조 프로젝트는 또한 주제에 대한 심도 있는 조사를 통해 나오는 영감에서 생겨날 수도 있다. 이 절에서는 프레임 창조 접근법이 이 경우들 각각에서 어떻게 작용하는지를 탐사하기 위해 세 가지 프로젝트를 묘사할 것이다. 이 사례연구들은, 가능한 수많은 것들 가운데서, 상이한 프레임 창조 실천들의 표본으로 보면 좋을 것이다.

우선 우리는 사회의 필요와 새로운 기술적 가능성이 새로운 프레임의 창조를 요구하는 사례를 묘사할 것이다. 이 상황에서, 프레임 창조 접근법이 사용될 수 있다. 하지만 약간 다른 방식으로, 즉 기회기반 프로젝트들은, 정해진 역설이나 이해관계자 집단이 없기에, 다소간 "공중에서" 출발한다. 이는 프레임 창조 과정의 초기 단계들에서 분석 작업을 상당히 덜어줄 것이다. 그리고 나서 문제 소유자와 문제 상황의 동역학과 관련된 쟁점들은 프레임 창조 과정에서 나중에(8단계 "변형"에서) 평가되어야 할 것이다.

사례 14

스마트 작업 허브들:
지식 경제를 위한 기반시설을 형성하는 것에 대하여

전 세계적으로, 노동의 성격은 새로운 디지털 기술의 유입을 통해 변하고 있다. 디지털 시대의 도래는 고용인들이 출근하는 중심 "생산시설" 안에서의 결과물 창조라고 하는 노동에 대한 관례적인 견해에 도전을 제기한다. "지식노동"이 더 중요해지고 있는 사회에서, 전문 직업인들이 하는 일의 본성은 근본적으로 변하고 있다. 지식노동은 영감과 성찰을 수반한다 (Leadbeater, 2001). 이는 풍요롭고 활기 있는 (네트워크된) 환경에서 번창하는 고도로 연결된 활동이기가 쉽다. 호주에서 광대역 통신망의 도래는 소도시와 시골 지역 사람들이 지식노동에 참여할 수 있도록 용기를 주었다. 하지만 이 활동은 본성상 사람들로 하여금 새로운 네트워크에 함께 모일 것을 요구하는데, 이는 참신한 지원 기반기설을 필요로 한다. 호주의 주요 도시의 주요 환승역에 "스마트 작업 허브들"을 만든다는 아이디어는 광대역 기반시설에 걸맞은 핵심적인 물리적 기반시설로서 추진되고 있는 중이다. 프레임을 잡는 도전은 아직 이를 위한 모델이 전혀 없다는 사실에 집중된다. 다른 나라의 스마트 작업 허브들은, 외딴 지역에서의 지식노동을 지원하는 도전에 대한 해결책을 보여주기보다는, 기본적으로 책상을 빌려주는 포괄적 작업 공간인 경향이 있다. 최초의 프레임 창조 워크숍은 특별한 스마트 작업 허브 기반시설을 창조하기 위한 가능성들을 탐사했다. 다양한 정부 부처에서 온 어마어마한 이해관계자 집단이 프레임 창조 과정을 이용하여 지능적이고, 독창적이고, (정부 의제들을 결합하여 시행

중인) 호주 상황에 적합한, 그리고 또한 견본 작업을 위해 선정된 지역들에 —— 특히 시드니 서부 교외 가장자리 장소에 —— 적합한 방식으로 스마트 작업 허브 아이디어의 프레임을 잡아갔다.

1. 문제 상황의 고고학

이 도전의 참신함 때문에, 프레임 창조 모형의 고고학 단계는 문제 소유자의 이전 해결 시도들에 초점을 맞출 수 없다. 대신에 프로젝트의 처음 상황을 좀 더 중립적으로 조사할 수 있다. 이 사례에서, 워크숍은 제안된 한 지역에 초점을 맞추었으며, 그곳에 누가 사는지 혹은 누가 일하는지 지도를 만드는 작업으로 시작했다. 매우 다양한 그림으로부터 교외 공동체의 이미지가 출현했다. (주로 금융/미디어/커뮤니케이션/운송 산업에 종사하는) 노동 인구 70퍼센트는 1시간 50분 들여 시까지 통근한다. 지역 필요를 위한 한 작은 상업 및 제조업 지구도 있다. 그곳은 지역 의료 허브다. 이와 같은 일군의 활동들은 성장하고 있지만, 연구 부문은 부족하다. 그 상황에서 특별히 눈여겨볼 것은 (시드니 대도시 지역의 서쪽 한계를 형성하는) 블루마운틴스 마을들에서 출발해 이동을 하는 교육 수준이 높은 사람들과 창작자들이다. 지역 중심으로서 그곳은 다만 작은 사업 및 상점 구역이다. 도로건 열차건 전반적인 연결성은 양호하다. 그렇기에 그 중심 구역은 낮 동안은 비어 있다. 낮에는 전 인구 연령층이 일하러 떠나고 저녁때까지는 돌아오지 않는다.

2. 핵심 역설 정하기

스마트 작업 허브는 기존 문제 상황이라기보다는 참신한 아이디어이기 때문에, 조사할 역설은 없다. 하지만 해결책을 대립되는 방향으로 몰아붙일 수도 있는 세력들과 개발들을 감안해야 한다. 이 세력들에는 노동력의 임시직화, 공공 서비스의 광범위한 탈중심화, 공공 부문에서 민간 부문으로의 기능 위임 등이 포함된다. 창작자들creatives은 흥미로운 집단이다. 하지만 그들은 그들의 방향성에 따라 상충하는 요건을 갖는다. 지역에서 활동하는 회사들은 그들의 프로젝트를 발주할 때 ("창조 구역creative precinct" 안에서) 긴밀하게 협업할 필요가 있다. 반면에 국제적 전망을 가진 창작자들은 훨씬 더 광범위한 욕구를 갖는다.

3-4. 맥락과 장

이전 해결책에 관련된 가능한 이해관계자들은 전혀 없으며, 그래서 우리는 이러한 세력들을 고려하는 것에서 곧바로 벗어나 플레이어들의 넓은 장에 대한 탐사로 나아간다. 원격 작업을 둘러싼 문제들에는 도시의 주요 회사들의 경영문화와 지배구조가 포함되니까. 우리는 또한 블루마운틴스 너머에 있는 지역 중심지들을 다루게 될 수도 있다. 그 지역의 강력한 농업 부문은 정보 교환을 위한 새로운 장소의 창조로부터 이익을 볼 수도 있는 주요 플레이어가 될 수도 있을 것인데, 왜냐하면 그 부문은 국제적 경쟁에 직면하여 좀 더 정교해지고 기술에 밝아지려고 노력하기 때문이다. 지방 정부와 지역 공동체 이니셔티브들만이 아니라 주와 국가의 기반시설 파티들(철도, 도로)도 고려할 필요가 있다. 이 파티들은 스마트 작업 허브 설립으로 이익을 볼 수도 있을 것이다. 병원이나 다른 전문 의료 서비스 같은 기존의 주 고용주들은 활동을 확장할 수도 있을 것이다. 금융 산업은 흥미로운 역할을 할 수도 있을 것이다. 금융 산업은 현재 원격작업이나 재택근무에 대한 선도적 지지자다. 지역의 현재와 미래 거주자들의 필요는 여하한 새로운 개발을 위한 토대가 될 것이다.

5. 주제들

세 가지 최초 주제들이 워크숍에서 창발했다. (1) 상이한 규모들을 가로질러 복잡한 패턴으로 전개되는 공동체 감각. (2) 지역 수준을 넘어 확대되는 경제 발전의 필요, 그리고 이 야망을 성취하는 데 도움을 줄 협력과 학습을 지원함에 있어서의 도전. (3) 블루마운틴스 국립공원 가장자리의 강변에 위치한 공동체의 위치에서 오는 일과 삶의 균형감.

6. 프레임들

이것은 아주 넓은 문제 영역 안에서 첫 살펴보기 워크숍이었기 때문에, 프레임 창조 세션은 특정 프레임들의 창조보다는 하나의 개발 과정으로 이어졌다. 주제들은 그와 같은 과정을 위한 구조를 제공한다. 아이디어는 이런 것이었다. 즉 가능한 스마트 작업 허브 사용자들의 공동체를 그 지역으로 유인하고, 어떤 프로토타입 기반구조(가령, 큐레이션된 행사)를 통해 그들의 학습을 지원하고, 창발하는 새로운 공동 작업들을 모니터링하고, (일과 삶의 균형 같은 개인적 혜택들을 포함해서) 혜택들을 평가하고, 이러한 시도들을 좀 더 구조적인 기반 위에서 지원하는 데 필요한 기반구조의 유형들을 성찰한다 —— 그러면서도 이 기반구조가 공동체 안에 잘 정착되도록 확실히 한다(<그림 5.4>).

이제 이 단계 각각에 대해 프레임이 창조될 수 있다. 즉 과정의 각 단계를 형성하고 지원해줄 관계/활동 패턴이 창조될 수 있다. "유인" 단계를 위해서는 "건강 허브"라는 개념을 중심으로 프레임 아이디어들이 창발했다. 이는 연구 시설을 포함할 것이고, 또한 여기에는 같은 분야에서 작업하는 학생들과 전문직 종사자들을 한데 끌어 모을 교육과 작업 지대가 결합된다. 학생들은 실생활 작업 환경에 노출되는 것을 통해 학습할 수 있을 것이고, 사업은 준비가 잘 된 지역 대학 졸업자들에게서 혜택을 얻을

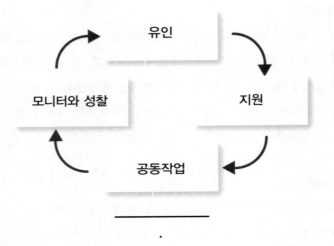

<그림 5.4>
스마트 작업 허브 개발 순환.

것이다. "지원" 단계를 위한 프레임 아이디어는 지역에 있는 산업들과 서비스들의 개발 필요에 기반하고 있었다: 허브는 지역 산업과 유관한 특정 쟁점들(가령, 첨단기술 농업 개발, 새로운 물 관리 방법, 등등)에 대한 학습과 의견교환을 호스팅하기 위해 일시적으로 주제가 주어지고 큐레이션될 수 있을 것이다. 종국에 이 과정은 다양하고 친숙한 모형들로 여전히 패턴화될 수 있는 물리적 허브의 프레임 잡기를 보정하는 데 도움이 될 것이다. 이것은 시장일까? 바자bazaar? 컨벤션 센터? 건물 내 구역precinct? 코트야드 빌리지courtyard village? 혹은 웹사이트일 수도 있을까, 그리고 결국은 가상공간으로 남아 있을 수 있을까? 이 논의에서는 선택된 은유가 튼튼하고 명시적인 장소–만들기를 지원해야 한다는 분명한 감각이 있었다. 즉 (보육, 드라이클리닝, 식료품 잡화점에서 체육관, 좋은 바/카페/식당, 사업지원서비스에 이르는) 지역 중심의 서비스들에 쉽게 접근할 수 있게 함으로써 사람들이 방문할 가치가 있는 이목을 끄는 바람직한 지역성을 지원해야 한다는.

현재로는 열쇠 메시지는 이렇다. 기회 중심의 프레임 창조 세션의 결과는 처음에 특정 프레임이라기보다는 과정일 것이다. 우리는 나중에 이 점으로 다시 돌아올 것이다. 스펙트럼의 반대편 끝에서 우리는 너무나도 믿기 힘들 정도로 닫혀 있고 과잉 결정되어 있어서 문제 소유자가 실제로 앞으로 나아갈 수 없는 문제 상황들과 조우한다. 이 경우 프레임 창조 과정은 여전히 도움이 될 수 있지만 이제 출발점은 고고학을 바라보기보다는 오히려 과정의 "장"과 "주제들" 단계에 초점을 맞추는 것이다. 그리고 프레임 창조 활동의 결과는 다시금 아마도 확실한 프레임과 해결 방향이라기보다는 과정일 것이다.

사례 15
세계의 무게:
정체성과 사회주택에 대하여

1. 고고학과 문제 상황
이 프로젝트의 맥락은 시드니의 한 지역이다. 지역 인구는 교육 수준이 낮고, 임금이 낮고, 실업률이 높은 경향이 있다. 그 인구는 다양한 종류의 불리함들이 집중되어 있는 걸 보여준다. 사회에서 문제를 가진 사람들이 이곳으로 모여드는데, 왜냐하면 아주 비싼 도시 안에서 이곳이 살기에 아주 싼 곳이기 때문이다. 방문객들에게, 울타리와 담장이 많은 이웃은 폐쇄적으로 보인다. 몇 안 되는 공적 공간들은 추레해 보이고, 하지만 실제로 부서진 것은 없다. 다만 방치된 것이다. 눈에 띄게 잘못된 건 없다. 하지만 권태와 낙담의 분위기가 압도한다. 이곳에 사는 많은 사람들은 그들의 다양한 문제와 다양한 형태의 불리함에 압도당한 것이라고 하는 깨달음으로부터 무기력감이 찾아온다. 이 문화는 그날그날의 생존에 초점을 맞추며, 새로운 정상 상태로서 대물림된다. 정부와 사적인 이니셔티브(자선사업)는 이 지역의 직접적 필요에 응해왔다. 하지만 그들의 수많은 프로젝트들은 전설적인 새발의 피였다. 이와 같은 복잡성에 직면하여, **범죄 예방 디자인** 센터는 지역 건물들을 보유하고 있는 사회주택 당국과 장기 동반자 관계를 확립했다. DOC 디자이너들은 이웃 주민들의 의견을 조사했다. 결실 있게 다루어질 수 있는 문제 상황에 대한 감을 얻고 주민들이 마음속에 그리고 있는 해결책을 알아보기 위해 사람들과 대화를 나누었다.

이 상황의 복잡성은 단일하고 유의미한 문제 정의 내지는 역설을 내놓으려는 일체의 시도를 좌절시킨다. 대안은 문제들의 과다를 무시하고는 해결의 새로운 중핵을 창조할 긍정적 과정들을 건설하기 위한 주제 분석을 목표로 한다. 거주민들에게 중요한 것이 무엇인지 그들과 이야기를 나눌 때, 건설된 환경의 현재의 황폐화된 상태는, 외부인들에게는 아주 상징적이지만, 그들에게 중요한 문제가 아니라는 걸 발견하고 우리는 놀랐다. 낮은 자존감과 자기존중의 결여는 삶의 과정을 바꾸지 못하는 그들의 겉보기의 무능력에 대한 뿌리 원인으로 반복해서 등장한다.

5. 주제들과 프레임들

의미와 가치에 대한 이 대화들로부터 정체성(나의 본질은 무엇인가?), 열망(나는 무엇의 성취를 희망할 수 있는가?), 역량 강화(나는 어떻게 자기가치를 늘릴 수 있는가?)라는 주제들이 창발했다. 하지만 이 풍요로운 주제에 기반한 단일 프레임들은 여전히 상황을 해결하기에는 모자란다는

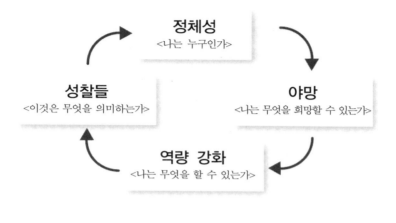

정체성
<나는 누구인가>

야망
<나는 무엇을 희망할 수 있는가>

성찰들
<이것은 무엇을 의미하는가>

역량 강화
<나는 무엇을 할 수 있는가>

<그림 5.5>
개인적, 사회적 변형의 단계들.

게 분명하다. 단일 프레임들은 충분히 많은 맥락이 있지 않기 때문에 아주 적은 효과만을 가질 것이다. 그것들은 프로젝트의 결과들이 앞으로 나아갈 수 있는 포괄적 구조를 필요로 한다. 그러한 구조 과정을 창조하기 위해, 디자이너들은 주제들을 결합할 필요가 있다는 것을 깨닫는다. 주제들을 결합하고, 거기 "성찰" 활동을 덧붙여, "고전적" 변형(학습) 사이클을 형성한다. 그렇게 되면, 이 사이클은 개인적, 사회적 변형의 단계들을 묘사하는 메타–프레임을 형성한다(<그림 5.5> 참조).

이 변형 과정은 복잡한 문제 상황에 접근하기 위한 중심 메타–프레임이 되었다. 앞으로 보겠지만, 이 단계들 각각은 전적으로 다른 방식으로 프레임 잡고 지원할 필요가 있다. 행동으로 이어질 수 있는 분명하고 선명한 프레임을 얻기 위해서는, 긍정적 영향을 잘 받아들인다고 보이는 인구의 한 부분에 우리의 노력을 집중할 필요가 있다. 많은 젊은(십대) 어머니들은 중요한 집단으로 선발되었다. 그들이 방과 후 아이들을 학교에서 데리고 오는 걸 볼 때 그들이 다음 세대에게 얼마나 많은 사랑과 희망을 투여하는지 분명했다(아이들은, 때로 어머니들과는 확연히 대조적으로, 모두 티 하나 없어 보였다). 아이들을 위해 잘 하기를 원하는 것은 너무나도 강력한 공유된 가치라서 (낮은 자존감의 덫을 우회하면서) 변화를 위한 확실한 운전자가 될 수도 있다. 이 집단의 정체성을 위한 자부심의 인정과 감각을 확립하기 위해, 그들의 생활양식을 표현하고 이를 그 사람들에게 다시 반사하는 연속극이 개발될 수 있을 것이다. 야망을 자극하기 위해, "지역 영웅들"(성공적인 삶을 창조했지만 종종 그 지역을 떠난 사람들)에게 돌아와서 사람들이 무엇을 어떻게 성취할 수 있는지를 볼 수 있도록 도와달라고 설득하는 게 좋을 것이다. 이 젊은 여자들의 관점을 고양시키는 데 도움이 될 수도 있는 작은 통찰들이 있을 수 있다——그들에게 중퇴 전에 2년만 교육 시스템 안에 머물라고 설득할 수 있다면, 전적으로 달라질 수 있을 것이다. 이 젊은 여자들의 역량 강화를 위해서는 보육 시설이 절대적으로 중요하다. 성찰에 대해 말하자면, 방과 후 아이를 데리러 올 때 어머니들이 앉아서 대화를 나눌 수 있는 공원의 의자 몇 개만으로도 효과가 있을 수 있다. 아이들을 위한 얕은 놀이 분수만 있어도 믿기 힘들 정도로 유익할 것이다. 어른들이 가장자리에 앉아 만날 수 있도록 디자인된다면 말이다. 사람들이 상호작용하면서 서로를 가치 있게 여길 수 있는 사회적 공간들이 필요하다. 인구의 다른 집단들을 중심으로 지어낸 더 많은 프레임들과 아이디어들이 있었다. 가령 외부 방문객들에게 그 지역을 좀 더 매력적으로 만들기 위해, (지금은 추한 콘크리트 빗물 배수구인) 개울이나 습지의 자연적 흐름을 복원하기.

이처럼 문제 패턴들이 맞물려 있는 어려운 지역에서 프레임 창조 접근법의 힘은 (연루된 사람들의 문제에 정말로 귀를 기울임으로써) 문제 상황의 상세한 탐사에 착수하고, 그런 다음 한 단계 물러선다는 것이다. 쟁점들을 정식화하는 용어들이 문제 상황의 일부이며, 그래서 그 다음 단계는 명시적으로 대안을 창조하는 것이어야 한다. 이 진지한 사례들에서, 해결책은 단일 개입에 놓여 있는 게 아니라 주제들이 함께 작용하는 더 큰 과정을 창조하는 데 놓여 있다. 복잡한 상황의 변형은 이러한 종류의 섬세하고 조화로운 노력을 요구한다. 이런 방식으로 우리는 또한, 모든 프레임 창조 프로젝트에서 그렇듯, 인간적 측면이 해결책의 개발로 이어질 거라는 걸 확실히 할 수 있다. 그렇다, 이 사례에서, 건설된 환경 안에는 개선해야 할 분명한 것들이 있다, 하지만 그러한 개선들은 더 깊은 변형 과정의 맥락에서만 의미가 있다. <그림 5.5>의 학습에서 모든 단계들이 결과 성취를 위해 필요하다. 이 단계들 중 단지 한두 가지에만 집중하는 단일 프로젝트들은 지속적인 효과를 갖지 않을 것이다.

프레임 창조 프로젝트의 다양성을 예시할 세 번째 사례로, 우리는 **젊은 디자이너들** 재단으로 돌아가, 실제로 한 가지 주제 탐구에서 출발한 프로젝트를 소개한다.

사례 16

외로움:

사회적 쟁점을 이해하기 위해 프레임 창조를 이용하는 것에 대하여

도시 환경에서 정신장애인들이 겪는 참담한 외로움으로 인해 촉발된

YD/ 프로젝트(이 책의 사례 6)는 수년 뒤 흥미로운 속편으로 이어졌다. 이 프로젝트에서, 외로움이라는 주제 자체가 많은 이들의 불행과 고통을 낳는 동시대 문제 중 하나로 중심 무대를 차지했다. 이는 또한 정부기관, 보건당국, NGO가 씨름하고 있는 문제이기도 하다. YD/의 출발점은 "외로움"이라는 단일 단어의 사용이 실제로 그 단어의 수많은 의미를 감춘다는 것이었다. 그리고 그 단어는 편향적이고 수치심과 결부되어 있기에 문제적이다 — 사람들이 이야기하고 싶어 하지 않는 진짜 터부. 외로움에는 오명이 따라다닌다. 외롭다면 당신은 패배자다. 이로 인해 그 느낌과 상황은 더더욱 고통스러워진다.

5. 주제 분석

YD/ 예술가들과 디자이너들은 샌드위치 보드를 들고 길거리로 나가 이 문제와 정면으로 부딪쳤다. 그들은 보드 위에 외로움에 대한 그들 자신의 개인적 질문들을 담은 진술들을 썼다. 이 무장해제 접근법은 그 주제에 대한 수많은 좋은 대화들로 이어졌다. 비오는 날 길거리에서 무작위로 인터뷰한 이 사람들이 실은 매우 사려가 깊고, 열려 있으며, 쟁점에 아주 섬세하게 접근한다는 것을 보여주는 작은 다큐멘터리가 제작되었다. 그들은 외로움을 인간 실존의 정상적 부분으로 보았으며, 외로움을 그 자체로 받아들였다. 어쩌면 놀랍게도, 외로움은 심지어 꺼안고 소중히 여길 수 있는 상황으로 간주되었다. 한 여자는 자연 속을 거닐 때의 전적인 외로움이 어떻게 그녀의 지각에 변화를 낳았으며 더없이 행복한 연결됨의 느낌을 낳았는지 설명했다. 외로움이 긍정적인 것이라는 생각, 외로움이 성찰과 통찰에 이르는 입구일 수 있다는 생각은 여러 차례 나왔다. 분명 외로움에는 보이는 것 이상의 것이 있다. 한 연구기관과 한 자선단체와 함께 **젊은 디자이너들** 재단은 예술적이고 디자인적인 개입들을 통해 이 주제를 탐사하는 일에 착수했다. 이 개입들은 몇 년의 기간에 걸쳐 발생했으며, 수많은 형태를 띠었다. 네 가지 사례. (1) 한 상호작용 디자이너는 사람들이 인생의 다양한 순간에 경험한 다양한 유형의 외로움을 설명할 수 있도록 유도하는 워크숍을 창조했다. 이 아이디어를 위한 방아쇠는 "눈"을 수식하는 21개의 이누이트어 형용사 사용이었다. 디자이너는 이 형용사를 사용하여 외로움의 유형 분류 체계를 만들었다. 이누이트 어구에서 "눈"을 "외로움"으로 대체함으로써, "모래가 든 외로움", "떠다니는 외로움", "녹는 외로움", "위로 걸어도 좋을 만큼 단단한 가벼운 외로움" 등등을 얻는다. 인지 가능한 외로움 유형의 이미지를 실제로 창조하는 아름답게 시적인 프레임들. 이 어구들은 사람들로 하여금 외로움과 연결된 오명 너머로 나아가도록 도와주었다. 그것들은 워크숍에서 이루어지는 섬세한 토론을 위한 풍요로운 기반이었다. (2) 또 다른 개입에서, 한 예술가는 인터뷰 대상자가 외로움에 대한 일련의 질문들을 거치게 되는 어떤 복잡한 형식을 만들었다. 질문들을 거치면서 사람들은 자기 경험을 정교한 방식으로 정의할 수 있었고, 또한 가능한 외로움 유형들의 그 넓은 범위에 경이로움을 느낄 수도 있었다. (3) 한 사진작가는 체험으로서의 외로움의 어떤 다른 측면에 초점을 맞추었다. 그녀의 개입에서, "외로움의 아름다움", 전적으로 홀로임의 깊은 느낌은 특별한 섬세함과 자질을 지닌 지각과 연결된다. 그녀는 그런 순간에 찍은 감동적인 사진 시리즈를 창조했다. (4) 넷째 개입에서, 예술가들은 사람들과 같이 앉아서 꽃을 그린다. 꽃 그리기는 열린 대화를 할 수 있게 해주는 손쉬운 표현 활동이다. 꽃이라는 아이디어와 관계하는 일은 꽤 실존적이다. 꽃이란 생명력의 왕성한 표현이며, 동시에 시들고 쇠락하기에 삶의 한시성의 표현이니까. 꽃을 그리면서 나란히 앉아 있으면, 깊은 인간적 대화 과정에서 생겨나는 감정들을 안전하고 간접적인 방식으로 표현할 수 있다.

외로움이라는 주제가 이처럼 탐사되고 나서, 예술가들과 디자이너들은 함께 모여 그들의 경험들을 담아내기 위해 "법칙적 관계망nomological net-work"을 만들었다(<그림 8.3> 참조). 이 관계망은 수많은 모습으로 오는 인간적 체험으로서의 외로움의 실제적이고 복잡한 개념에 대한 풍요로운 개관을 제공했다. 조사 과정에서 외로움이라는 개념은 순전히 부정적인 내포를 점차 잃어갔다. 사실 "고독을 이용하고 즐길" 능력은 영국 자선단체 **정신건강재단**이 좋은 정신건강의 특징으로 꼽는 여덟 가지 요소 중 하나다. 동양의 정신적 전통에서 이는 "獨독"이라고 불리며, 홀로 있으면서 조화로운 상태에 있을 수 있는 능력은 위대한 성취로 간주된다.

6. 프레임들

예술가들의 개입들에 대한 섬세한 성찰은 프로젝트 방향을 완전히 바꾸어 놓았고, 외로움을 개입을 통해 어떻게든 "해결"해야 할 문제로 보는 것에서 멀어지게 되었다. 프로젝트 후반에 채택된 가장 결실 있는 프레임 중 하나는 "고독" 프로젝트였다. 혹은 좀 더 행동주의적인 언어로 표현하자면, "외로움을 위하여". 이를 통해 외로움을 사람들의 내적인 힘이라는 관점에서 생각하게 되며, 사람들이 그 힘을 모으고 발휘할 수 있는 가능한 방법들에 대해 생각하게 된다.

7. 미래들

이 프레임은 자신들이 놓인 처지의 외로움 때문에 고통당하는 것으로 알려진 한 집단의 역경을 위한 처방으로 적용되었다. 아픈 가족 구성원의 돌보미 역할을 하는 사람들. 돌봄 과정의 상이한 단계마다 그들의 필요를 다루기 위한 프레임들이 창조되었다(각 단계는 저마다 고유한 유형의 고립과 외로움이 동반한다). 자기표현(항상적 돌봄의 압력으로 인해 쭈그러들 수도 있는 정체성의 표현)의 가능성, 그러한 돌봄 상황에서 있을 수 있는 죄책감(돌보미들은 종종 자신을 위한 일을 할 때 이기적이라고 느낀다), 해결책에는 아무런 의무감도 달라붙지 않아야 한다는 깨달음 같은 세심한 쟁점들에 초점을 맞추면서. 그렇게 해서 디자인된 구체적 개입들은 외로운 사람들에게 위락과 재미를 주는 행사를 조직한다거나 외롭지 않도록 함께 모여 대화를 나누게 하는 등의 관례적 해결책에서 벗어나는 방향으로 조타되었다. 이러한 해결책들이 모두 유용하고 훌륭한 것이기는 하지만, **젊은 디자이너들** 프로젝트는 이 돌보미들이 그들 자신의 정신적 힘을 쌓아갈 수 있도록 도와주는 것을 목표로 하는 훨씬 더 섬세한 접근법을 향해 나아갔다.

8. 변형
젊은 디자이너들 재단과 프로젝트 파트너들(벌베이—용커 연구소와 DOEN 재단)은 이 접근법이 새로운 유형의 조직을 요구한다는 걸 깨닫는다. 외로움이 발생하는 상황들에 개입하여 외로움을 "고치려고" 노력하지 않는, 그 대신 오히려 사람들을 배움과 성장의 중요한 여정으로 데려가는 조직. 이 풋내기 이니셔티브의 가제는 "외로움을 위한 학교"다.

이처럼 아주 상이한 프레임 창조 프로젝트들 안에서도 균형 잡힌 결과를 보장하기 위해서는 프레임 창조 과정 모형의 전부 아홉 개인 단계들(<그림 4.1>)을 어떤 지점에선가 다루어야 한다는 데 유의하자. 하지만 이 다양한 프레임 창조 프로젝트들은 또한 프레임 창조 접근법에 내적인 힘과 논리, 수많은 형태와 크기를 갖는 프로젝트들 안에서 성취될 수 있는 일관된 질이 있다는 것을 보여준다. 7장에서 우리는 생각하기와 행동하기의 방법으로서 프레임 창조의 본성을 더 깊게 파고들 것이다. 왜냐하면 프레임

창조의 핵심 성질들을 더 잘 이해할수록 그것을 적용할 때 더 유연해질
수 있기 때문이다.

6장 열린, 복잡한, 역동적인, 네트워크된 조직

혁신의 추동

"디자인 사고"에 대한 현 관심은 오늘날의 열린, 복잡한, 역동적인, 네트워크된 문제 상황을 다루면서 조직들이 겪는 곤란에 의해 촉발되었다. 문제적 상황은 조직의 관례적 문제해결 정례들이 실패할 때 생겨난다. 즉 다음 등식 하에 작동해온 조직에서 등식이 무너질 때.

이 상황에서 뭐가 잘못인지 헤아리는 건 어려울 수 있다. "무엇"이 바뀌어야 하는가? 하지만 어쩌면 "어떻게" 또한 부적합할지 모른다. 혹은 어떤 관계 패턴이 바라는 결과를 낳을 것이라고 하는 함축을 이끌고 가는 프레임이 잘못일 수도 있다. 조직은 사회적 맥락이나 "시장"의 발전을 오독해왔으니, 어쩌면 결과 그 자체, 바라는 가치가 시대에 뒤떨어진 것일까?

사례연구 2에서 소개된 오디오 장비 제조사 뱅앤올룹슨은 이러한 곤경을 보여주는 완벽한 사례다. 이 질문들 모두를 단기간에 연달아 경험했으니까. 그들의 혁신 역량은 새로운 오디오 시스템을 주기적으로 창조할 수 있도록 연마되었다("무엇"). 때로는 디지털화된 음악의 운반자인 CD 같은 신기술의 도래로 인한 압력 하에("어떻게"). 그런 다음, 기존 프레임, 즉 뛰어난 음향과 모더니즘 미학이 고급 고객층을 만족시킬 것이라는 명제는 붙박이 오디오 시스템 추세로 인한 압력을 받게 되었다. 이어서 그들은 프레임을 다시 잡았고, 고객과 (비가시적) 음원의 상호작용을 통해 세련된 미학을 전달하는 방법들을 추구했다("프레임"). 그러나 이 새로운 프레임 안에서 어떻게 내놓을지 아직 실험하고 있는 동안, 사람들이 바라는 기능성과 가치명제가 바뀌었다. 음악은 이동식 소셜 미디어가 되었고, 고음질 오디오에 대한 순수주의적 욕구는 시들해졌다(새로운 "결과"를 요구하는 욕구 변동). 이러한 변동은 뱅앤올룹슨이 프레임을 다시 잡아야 한다는 걸 의미했다. 그들은 그들의 고품질 브랜드가 상호작용에서 벗어나도록 했으며, 그렇게 하여 새로운 음악 산업 네트워크의 서비스 제공자가 되었다(다시금, 새로운 "프레임"). 이 모든 문제를 그렇게 단기간에 극복한 뱅앤올룹슨은 예외적이다. 더 작은 회사라면 오래전에 포기했을 것이다. 뱅앤올룹슨의 경험은 혁신의 추동에 프레임 창조를 동원할 수 있는 다섯 가지 상이한 층위가 있다는 것을 예증한다(또한 Dorst, 2011과 <그림 6.1> 참조).

1. 정례적 반응

조직들은 종종 처음에는 조직의 맥락 안에서 생겨난 변화에 최소의 노력과

정례적 반응

관례적 실천

프레임 채택

프레임 창조 프로젝트

지속적 과정으로서의 프레임 창조

.

<그림 6.1>
프레임기반 혁신의 다섯 층위.

자원을 요구하는 방식으로 반응한다. 그들은 관례적 문제해결 방식으로(3
장에서 말한 통상적 귀추를 통해), "어떻게", 프레임, "결과"를 그대로
유지하면서 곤경을 면하게 해줄 새로운 "무엇"을 창조하는 일에 착수한다.
이전의 사례들에서 우리는 이것이 또한 종종 문제 상황이 클라이언트
조직에 의해 암묵적으로 프레임 잡힌 채 디자이너에게 처음 제시될 때
그 문제 상황의 얼굴이라는 것을 보았다(Paton and Dorst, 2011). 이 "프레임
안에 머물기"는 저위험의 좋은 전략으로 간주된다. 그것은 수많은 조직들
에게 후방 진지다. 하지만 이러한 노선을 취하는 것은, 다른 모든 것이
그렇듯, 전략적 선택이다. 그것은 ─ 문제 상황 및 시간 경과에 따른
문제 상황의 가능한 동역학을 철저히 분석한 이후에 ─ 신중하고 사려

깊게 이루어져야 한다. 이 디폴트 전략을 그저 순진하게 고수하는 것은 엄청난 위험들을 내포한다. 그중 첫째 위험은 프레임들이 세계가 작동하는 방식에 대한 가정들로 가득하다는 사실에 있다. 이 가정들은 프레임 배후에 있는 담화 속 깊숙이 은폐되어 있을 수 있으며, 따라서 쟁점을 생각하기 위해 사용되는 바로 그 용어들 안에 스며들어 있다. 이는 문제 상황을 미리 구조화한다 —— 의문시되지 않는 프레임은 자기만의 합리성 감각 및 강력한 내적 정당화 산출 능력을 지닌 완벽한 사유 세계일 수 있다. 해결책들은 겉보기에 객관적인 단계들의 과정을 거치면서 프레임 안에서 합리적으로 구상되기 때문에 "올바른" 것으로 간주된다. 하지만 어떤 해결책이 프레임의 내적 합리성 안에서 "올바른" 것이라고 해도, 이는 그것이 외부 세계와의 관계에서 "올바른" 것임을 의미하지 않는다. 이 전략의 둘째 주된 위험은 정례적 반응을 고수하는 것이 언제나 문제 상황을 다룰 가장 효율적인 방법일 것이라는 믿음이다. 아무도 효율성에 반대하지 않기에, 이는 진정한 토론 종결자다. 하지만 효율성은 기만적일 수 있는데, 왜냐하면 이 전략을 따르게 되면 비효율적인 조치들이 아주 효율적으로 수행될 수 있기 때문이다. 자동반사적 문제해결의 셋째 위험은 조직이 자신의 프레임을 재평가하지 않음으로써 또한 장 안에서 경쟁하는 플레이어들의 프레임을 면밀히 검토하지 않는다는 것이다. 이처럼 눈을 가린 상태에서 조직은 다른 접근법을 채택한 경쟁자에게 추월당할 수도 있다. 정례적 문제해결 전략은 오로지 안정된 맥락 안에서, 우리가 기존 프레임들을 믿을 수 있으며 그 프레임들에 수반하는 시나리오들이 여전히 유효할 때, 잘 작동한다.

2. 관례적 실천

"무엇"을 창조하는 통상적 귀추 접근법이 도움이 되지 않을 때, 조직은

"디자인 귀추" 모드로 들어갈 필요가 있을 것인데, 이는 새로운 "어떻게" 또한 창조할 것을 요구한다. 조직은 단순히 레퍼토리 안에, 내부 "담화" 안에 이미 지니고 있는 다른 프레임 중 하나를 사용할 수도 있을 것이다. 그렇게 하면서 조직은 대체로 안락지대 안에 머물면서 다만 어떤 특정 사례에 기존의 다른 실천을 적용할 뿐이다. 끌어낼 게 풍부한 전문 직업적 담화를 구축할 필요 때문에 디자이너들은 종종 옛 프로젝트에서 가져온 자료를 사무실 벽에 핀으로 꽂아 놓는다. 미래 프로젝트에서 기반으로 삼고 싶을 수도 있는 프레임과 해결책에 대한 항상적인 주변 시야 상기물로서 말이다. 디자이너들은 종종 프레임들을 한 프로젝트에서 그 다음 프로젝트로 이전할 수 있도록 꽤 거리가 먼 연상들과 은유들에 의지한다. 그것들은 옛 자료를 새로운 맥락 안에서 재사용할 수 있도록 해주는 창의적인 상상의 다리다. 3장에서 논의했듯이, 디자인 에이전시의 리더들은 그들의 프레임 레퍼토리를 전략적으로 세공하는 데 가장 많은 노력과 시간을 들인다. 그러면서 그들은 이 프레임들이 회사의 실천 속에서 표현되고 현존하도록, 그것들이 담화의 지속적 진화 속에서 개발되도록 확실히 한다. 이 프레임 더미를 주기적으로 흔들어 놓지 않는다면, 조직의 관례적 실천은 변화가 어려워질 수도 있다.

3. 프레임 채택

그러는 대신에 조직은 외부 파티를 고용할 수도 있다. 외부 파티는 자신의 경험을 이용하여 문제 상황에 새로운 프레임을 가져온다. 그 프레임은 조직에 의해 이 특정 프로젝트를 위해 일회성 적용으로 이용될 수도 있고, 중요한 가치를 지닌다는 게 증명되어 조직의 문제해결 역량의 필수적 부분으로 조직 고유의 담화 안으로 들어갈 수도 있다. 프레임이 이런 식으로 통합될 때, 그 프레임은 조직의 문제해결 레퍼토리를 확장하며,

나중에 재적용될 수도 있다. 이는 종종 디자이너나 여타 외부 상담가들이 희망하는 바인데, 왜냐하면 일단 새로운 프레임이 성공적으로 채택되어 통합되면, 그 프레임은 조직과의 대화를 전략적 수준으로 확장할 수 있는 진입로가 되기 때문이다. 프레임을 외부 파티로부터 채택하는 것은 조직을 위한 열쇠 갱신 전략이다. 새롭고 다른 프레임의 적용은 새로운 경험들로 이어질 것이고, 성찰할 경우, 학습될 수 있는 새로운 교훈들로 이어질 것이다. 이는 수많은 조직에게 (종종 암묵적이기는 해도) 중요한 학습 메커니즘이다. 하지만 이와 마찬가지로, 외부에서 제안된 프레임의 피상적 채택은 진짜 변화를 가로막는 전략일 수 있다. 조직은 조직 자체의 담화를 갱신할 필요 없이 새로운 접근법의 일회성 적용에서 오는 이득을 수확하는 것이다. 이 회피 행동은 믿기 힘들 정도로 효과적이다. 실무 디자이너로서 때때로 나는 잠재적으로 획기적인 프로젝트였을 수도 있는 것에서 사람들이 거의 배우는 게 없다는 데 놀라곤 한다. 한 가지만 잘한다는 인상을 주지 않기 위해서, **범죄 예방 디자인** 센터는 한 파트너 조직과 언제나 다수의 프로젝트를 하고자 추구한다. 이 프로젝트들은, 모두가 표면상 직접적인 현장에서의 결과를 목표로 삼으면서도, 파트너 조직의 "낡은 사고"와 관행 의존을 조금씩 제거하는 흥미로운 새로운 경험들을 창조한다.

4. 프레임 창조 프로젝트들

이 책은 프레임 창조 과정을 통과하면서 상처 자국에서 어떤 새로운 프레임이 창조될 수도 있다는 걸 보여주었다. 그러한 과정이 조직 그 자체에서 발생할 때, 새로운 프레임은 자연스럽게 조직 담화의 필수적인 일부가 된다. 이 무의식적 수용이야말로 프레임 창조 과정을 가능한 한 조직 내부에 배치하는 것의 진짜 이점이다. 디자인 연구가 보여주었듯이,

조직 외부로부터 프레임을 채택하는 것은 까다로운 일이다. 프레임은, 소통될 필요가 있을 뿐 아니라 실행 가능한 방식으로 흡수될 필요가 있기에, 손쉽게 이전될 수 없다. 실천적 용어로 말해보자면, 이런 종류의 능동적 관여는 수용하는 조직이 프레임을 재발명해야 하고 조직 자체의 아이디어로 전유해야 한다는 걸 의미한다. "프레임 채택"의 수준과 비교했을 때, 이는 조직의 실천들에 직접적인 충격을 가하는 훨씬 더 심도 있는 과정이며, 잠재적으로는 혁신을 위한 중요한 동인이다. 이러한 이유에서, **젊은 디자이너**와 **범죄 예방 디자인** 양쪽 모두 아주 참여적인 방식으로 일한다. 조직이 프레임 창조 프로젝트에서 동등한 파트너와 학습자로서 탑승할 수 있다면, 이는 진정한 프레임 혁신 — 즉 바로 그 파트너 조직 안에서의 프레임 창조 실천들의 채택 — 으로 이어질 수 있다.

5. 지속적 과정으로서의 프레임 창조

프레임 창조의 성배, 그것은 주제를 조사하고 새로운 프레임을 창조할 디자인적 능력이 핵심 기량으로서 그리고 거의 지속적인 과정으로서 조직 안에 심어진다는 것이다. 이 핵심 단계를 거치게 되면, 조직은 미래에 직면할 그 어떤 열린, 복잡한 도전도 더 잘 다룰 수 있을 것이다. 이 프레임 혁신 역량은 주제를 찾기 위해 장을 모니터링하고 창발하는 새로운 주제들을 탐사하는 계속되는 활동을 내포하며, 또한 필요가 생겼을 때 프레임 창조 프로젝트의 개시를 내포한다. 시간이 지나면서, 반복되는 프레임 창조는 일정한 주제들에 전문화된 조직을 낳는다. 이 주제들로부터 비롯되는 프레임들을 창조할 능력은 조직의 정체성을 위한 아주 유연한 토대가 된다.

프레임 혁신을 향하여

기업들도 정부기관들도 똑같이 열린, 복잡한, 역동적인, 네트워크된 문제들에 직면한다. 하지만 그들은 보통 이를 깨닫지 못한다. 처음에 이러한 문제들은 일어날 수도 있는 그 어떤 다른 쟁점들과도 딱히 달라 보이지 않는다. 하지만 어떤 조직이 유사한 사태들의 끝없는 행진에 직면할 때, 더 근본적인 무언가가 바뀌었으며 조직의 현 프레임이 더 이상 적합하지 않다는 걸 알리는 경종이 울려야 한다.

예를 들어, 경찰은 (가령 소동을 끝내려고) 공적 공간에 개입하는 순간 적어도 열 사람은 스마트폰을 꺼내어 그 장면을 동영상으로 촬영할 것이라서 압박감을 느낀다. 그렇다면 경찰은 열린, 복잡한, 역동적인, 네트워크된 문제 상황 가운데서 일하고 있는 것이다. 문제 상황이 열린, 네트워크된 본성을 갖는다는 말은 실수의 여지가 전혀 없다는 말이다. 상황이 통제에서 벗어날 때 경찰은 비난을 받게 될 것이다. 경찰은 이제 스포트라이트를 받으면서 살아가고 있다는 것을 너무나도 잘 알고 있다. 무언가가 잘못되면, 웹에는 온통 비디오 클립들이 올라올 것이고, 미디어의 불가피한 아우성을 점화할 것이다. 이에 대한 반응으로, 당국은 자동반사적으로 이 특정 유형의 불운한 사건이 재발하는 것을 방지할 더 많은 규정을 만든다. 그 결과 경찰관이 지켜야 하는 직무 규정의 순전한 숫자는 현실성 있는 수준을 훨씬 넘어서며, 한 경찰관이 —— 위기 상황에서 규정에 따라 신속하게 행동하는 것은 고사하고 —— 잊지 않고 명심할 수 있는 수준을 훨씬 넘어선다. 그렇지만 경찰은 불만을 품은 사람들이 사후에 이 규정들을 이용해 그들을 집요하게 괴롭힐 거라는 걸 확실히 알고 있다. 따라서 이 모든 규정들을 만드는 일은 말이 되지 않을 뿐더러(우리는 결코 일어날 수도 있는 모든 문제적 상황의 모든 세부를 예견하고 방지할 수 없다), 적극적으로 해를 끼친다: 경찰관들은, 그들의 역할과 그들이 달성해야 하는 결과에 대한 빈틈없는 이해에 기초하여, 즉석에서 조치할 자유가 있어야 한다. 이는 흥미로운 현상을 예증한다. 세계는 점점 더 **역동적**이 되어가고 있는데, 대다수 조직들의 직접적 반응은 멈춰서는 것이고, 상황을 통제하려는 노력에서 더 **정적**이 되는 것이라는 흥미로운 현상. 악순환이 시작된다. 이 악순환은 자폐증으로 이어지며, 또한 규칙 의존 문제해결 중독의 심화로 이어진다. 이러한 전개로 인해 조직은 원래의 핵심 문제(세계가 점점 더 열린, 복잡한, 역동적인, 네트워크된 세계가 되어가고 있다는 사실)와는 정반대 방향으로 나아가게 된다. 이는 재앙적이다. 우리는 각계각층에서 내내 이를 목격한다. 조직들은 자기가 이해하지 못하는 문제들에 직면하여 아주 수세적이고 방어적이 되며, 낡은 프레임과 합리성을 고수하면서 건건이 발을 헛디딘다(Boutellier, 2013). 하지만 자동반사적 반응이 꽤나 이해가 가고 처음에는 이성적인 조치로 보이는 상황에서 어떻게 그와 같은 반응을 피할 수 있는가? 그 답은 바로 구조적 층위에 놓여 있다. 열린, 복잡한, 역동적인, 네트워크된 문제들을 다룰 필요가 있는 조직은—— 조직 자체의 과정, 구조, 조직문화에 있어서 —— 사실상 열린, 복잡한, 역동적인 네트워크된 조직이 되어야만 한다. 이는 어마어마한 도전이다. 조직이란 정의상 질서를 창조하기 위해 설립되고, 정체되는 경향이 있으니까. 백만 달러짜리 질문은 이렇다. "조직은 혼돈에 빠져들지 않으면서 어떻게 더 열린, 복잡한, 역동적인, 네트워크된 조직이 될 수 있는가?"

통제를 잃는 두려움은 아주 깊다(1장에 나오는 "합리적 우위" 증후군을 기억하자). 프레임 창조 접근법은 복잡한 현실들을 층층이 다룰 수 있도록 해주는, 그리고 가장 깊은 층위, 주제들의 층위에서 한숨 돌릴 수 있게 해주는, 대안적 실천을 낳는다. 이 주제들은 안정적이다. 주제들을 깊이 이해함으로써 조직은, 혼돈스럽고 어지러운 일상의 사태들을, 안정적 중심으로부터 철저하게 다룰 수 있게 된다. 일상적 행위에서 유연한 동시에 뿌리에서 토대가 건실하다고 하는 가능성은 프레임 혁신이 조직들에게 제공할 수 있는 열쇠 품질이다. 프레임 혁신을 채택한 조직은 도전들을 다룰 때 민첩하고 탄력이 있을 뿐 아니라, 현실이 토해놓는 문제들 밑에 놓인 주제들에 대한 이해를 형성함에 있어 선조치적이 될 수 있다. 조직의 환경 안에 있는 주제들을 모니터링하는 조직은 프레임을 창조할 준비가 되어 있고, 필요할 때 행동으로 나아갈 준비가 되어 있다. 예를 들어, 십대들의 정체성 형성 과정을 깊은 주제 층위에서 이해하는 주택 당국은 문제가 생겨날 때(가령, 배회하는 십대 집단이 이웃에서 문제를 야기할 때) 좀 더 유연하게 대응할 것이다.

이런 친숙함은 그 어떤 문제가 발생해도 조직이 문제를 다룰 수 있다고 하는 근본적 확신을 낳을 수 있다. 프레임 혁신을 하는 조직은 조직의 활동에 닿아 있는 넓은 영역에서 항상적으로 주제들을 조사해야 한다. 새로운 문제나 가능성을 낳을지도 모르는 전개들을 정찰하면서. 이는 정곡을 찌른다. 즉 관례적 문제해결 방법들에서 기본 쟁점은 그 방법들이 우선은 문제를 요구한다는 것이다. 능동적이고 정말로 선조치적인 조직은 문제가 생겨나기도 전에 혹은 문제가 전면적인 위기로 발달할 기회를 얻기 전에 새로운 "해결"을 개발할 수 있어야 한다. 이것이 프레임 혁신가가 된다는 것의 더욱 심오한 약속이다. 즉 이런 방식으로 세계 안에 실존하기, 이런 방식으로 세계에 관계하기는 덜 신경과민적이고 문제에 덜 시달리는 실존을 육성한다. 이와 같은 두려움 없음과 확신과 더불어, 진정으로 장기적인 관점을 채택하고 단기적 쟁점들, 사건들, 오늘의 위기들에 건강한 상대성을 부여할 가능성이 온다. 바로 이 확신이 여유로운 공간을 창조하며, 이로써 조직은 1장에서 논의된 해묵은 증후군들을 일거에 완전히 건너뛸 수 있게 된다. 확신 있는 조직은 공동 작업에 더 열려 있을 것이고, 문제를 과잉단순화하거나 과잉합리화하려는 경향이 덜할 것이고, 문제 접근법이 더 유연할 것이고, 변화하는 환경에 더 신속히 적응할 것이고, 과거의 성과에 정박된 귀중한 정체성을 보존하는 일에 덜 집착할 것이다. 증후군들 일체는 단기 방어 메커니즘으로, 결국은 두려움에 의해 추동되며, 유동적이고 변화하는 세계 안에서 통제감을 고수해야 할 필요에 의해 추동된다.

조직 안에 있는 많은 사람들이 이를 이해할 것이고, 프레임 창조 접근법이 완전히 말이 된다는 데 동의할 것이다. 하지만 그들이 자기 조직 안에서 프레임 혁신가가 되는 일이 그런 깨달음 덕분에 쉬워지는 것은 아니다. 하나의 과정, 기량 집합, 사고방식으로서 프레임 혁신은 관례적인 조직의 과정들, 구조들과는 전적으로 양립 불가능하다. **젊은 디자이너들** 재단과 **범죄 예방 디자인** 센터는 자신들의 실천이 파트너 조직들의 실천과 쉽게 통합되지 않는다는 사실을 다루어야만 한다. 1장에서 열거된 낡은 사고와 증후군들은 뿌리 깊은 것일 수 있다. 낡은 습관은, 더 좋은 대안이 눈앞에 있어도, 쉽게 죽지 않는다. YD/과 DOC는 자신들을 근본적 혁신을 위한 촉매로 보고 싶어 한다. 하지만 그들은 자신들이 낡은 구조를 허물기 위해 게릴라 전술을 사용하는 본의 아닌 혁명가라는 것을 발견한다. 프레임 혁신을 위한 조직적 맥락을 창조하는 것은 엄청난 도전이다. 어느 전략이 어느 상황에서 성공적인지를 판단하는 배심원단은 아직 바깥에 있다. 하지만 사례들은 안으로 서서히 흘러들어오고 있다.

사례 17

야간 도시 프레임 다시 잡기:
공적 공간의 새로운 이해에 대하여

시드니 시는 킹스 크로스 위락지구 프로젝트(사례 8) 후속 조치에 선조치적으로 관여하고 있었다. 그 경험 이후 시 의회는 야간의 도시 역동성을 긍정적 방식으로 바꾸는 게 가능하다는 깨달음으로 고무되어 있었다. 킹스 크로스만이 아니었다. 그들은 도시 전역에 걸쳐 야간생활에 대한 대규모 연구에 착수했다. 그 결과 (보행자 수를 세는 등 다양한 방법을 통해) 밤에 어떤 시간에 어디에 누가 있는지를 보여주는 아주 상세한 지도를 만들 수 있었다. 다른 도시들로부터 생기 있고 활발한 야간 경제를 위한 전략에 대한 조언을 구했다. 긴 아이디어 형성 및 상의 과정 이후에, 다양한 프레임들이 창조되었으며, 200개에 달하는 구체적 조치들이 제안되었다. 열쇠 프레임 중 하나를 촉발한 것은 오후 11시에 중심 상업 지역의 거리에 나와 있는 사람들 중 현재 6퍼센트만 40세 이상이라는 깨달음이었다. 사무직 노동자들은 일이 끝나면 그 도시 지역을 떠나고 있었다. 그러면 그 지역은 대규모 젊은이들이 접수했다. 이는 공공질서 문제와 음주 관련 사고를 낳았다. 이제 전략 중 일부는 야간에 시에서 훨씬 더 다양한 인구를 유지하는 것이다. 제안된 조치들에는 이런 것들이 포함된다. (퇴근 후 쇼핑을 할 수 있도록) 쇼핑 마감 시간 연장, (쇼핑 후 좋은 식사를 할 수 있도록) 식당 마감 시간 연장, (특히 콘서트와 극장에 가는 사람들을 위해) 고품질 포장마차 도입, 고용주들에게 유연한 노동시간을 허용하도록 격려하기.

이 사례에서 프레임 창조 프로젝트는 조직의 구조와 과정에 대한 영향력을 확장하기 위해 규모가 확대되었다. 이제 우리는, 참조할 수 있는 이전의 프레임 창조 프로젝트 없이, 고유한 프레임들을 확립할 수 있는 조직을 창조할 필요에 정면으로 맞선 사례연구를 검토할 것이다.

사례 18
디자인학교 다시 프레임 잡기:
변화하는 전문 직업을 위한 교육

이 디자인학교에서 변형 과정의 출발점은 특별한 쟁점이나 비상사태가 아니었다. 그 학교는 현장에서 존경을 받고 있으며, 학생들에게 철저하고 견고한 디자인 기초 교육을 제공한다. 변화에 불을 붙인 불꽃은 디자인이 학계로 들어가는 전 세계적인 움직임이었다. 이는 "학계 수준에서의 디자인"의 의미와 내용에 대한 치열한 자기탐구로 이어졌다(Dorst, 2013a). 새로운 학계 디자이너는 전통적인 기량 기반 디자인 패러다임이 허용하는 것보다 더 복잡한 문제들을 다룰 수 있다. 그 결과 학계 디자인은 기량 기반을 가르치는 것(전형적인 "디자인 능력"[Cross, 1990] 접근법)에서 벗어나 지식 기반으로 이동하면서, 그 영역과 적용 폭과 지적인 깊이를 확장하고 있다. 선구적인 디자인학교들은 이와 같은 학계 디자인 프로필을 채택했으며, 졸업생들은 지금까지 디자이너들이 접근할 수 없었던 자리에서 성공적으로 일하고 있다. 하지만 가르치고 있는 전문 직업의 바로 그 본성을 바꾸는 일에 착수하는 것은 학교에게는 크나큰 발걸음이고, 교직원들에게도 학생들에게도 가공할 도전이다. 심지어 디자인에서의 "질"을 의미하는 것에 대한 지각조차 바뀌어야 할 것이다. 교육 기관처럼 복잡한 조직의 실천을 근본적으로 변형하기 위해서는, 수많은 전선에서 능동적일 필요가 있다. 3장 끝에서 소개된 선도적 디자이너들이 그랬던 것과 흡사하게 담화를 변화시키면서 말이다. 학계 디자인의 다양한 측면들을 체화한 새로운 직원들이 채용되었다. 그들 중 일부는 좀 더 연구 지향적이고, 다른 이들은 분과들 사이의 경계를 넘나든다. 새로운 실천들을 가져오는 이러한 사람들과 더불어서, 이 새로운 개발들을 성찰하고 그것들의 모양을 잡는 데 도움이 될 비판적 틀을 창조하는 사람들(비판 이론, 역사, 사회과학의 학자들)이 채용되었다. 논쟁을 자극하기 위해 좌담과 전시가 조직되었다. 내부에서 진행되는 연구 활동을 부각시키기 위해 눈에 잘 띄는 장소에 새로운 연구실들이 마련되었다. 이론기반 연구 프로젝트와 실천주도 연구 프로젝트 양쪽 모두의 결과물을 보여주는 연구 갤러리가 열렸다. 교육과정 안에는 학생들이 자기 학과의 안락지대 바깥에서 열린 결말의 도전들을 다루는 법을 배우는 학제적 디자인 실습실이 설치되었다. 전시는 다양한 과목의 정규적 특색이 되면서, 학생들의 발전을 보여주고, 교직원과 학생들을 토론과 논쟁이 있는 환경에 노출시킨다.

이 사례들에서 무엇을 배울 수 있는가? 우선, 조직의 실천을 바꾸는 것은 신기하게도 간접적인 과정이라는 게 분명하다. 실천은 지각, 사고, 행동의 복잡한 결합인데, 이것들은 불가분하게 연결되어 있다(Bower, Crabtree, and Keogh, 1996). 실천은 조직의 모든 측면을 건드리기 때문에, 실천의 변화는 —— 광대한 비전을 표현한다거나 사람들이 비전을 가진 리더 뒤에서 협조하는 것이라기보다는 —— 수많은 작은 이니셔티브를 포함한다. 디자인학교의 경우, 이 이니셔티브들에는 인적 자원, 시범 프로젝트 실행, (건물의 물리적 변화를 통한) 이 새로운 개발들의 가시화 등이 포함되었다. 새로운 실천의 세 요소(보기, 생각하기, 하기)가 시행되고, (새로운 하기가 새로운 보기와 생각하기로 이어지면서) 피드백 메커니즘이 작동하기 시작하고, 실천이 스스로를 강화할 때, 우리는 비로소 새로운 실천이 뿌리를 내렸다는 것을 확신할 수 있다.

프레임 창조가 조직 안에서 영향력 있는 새로운 실천이 되는 것이 우리의 목적이므로, 프레임 혁신과 조직의 통상적 작업 방식 간의 "부조화"를 정면으로 대면해야만 한다. 다음 장에서 그렇게 할 것이다.

7장 프레임 혁신의 세 가지 도전

프레임 창조는, 문제를 다루고 기회를 포착하는 완전히 새로운 방법을 창조하기에, 우리에게 이용 가능한 문제해결 접근법 레퍼토리의 긴요한 확장이라는 것을 이제 여러분이 납득했을 거라고 희망한다. 하지만 그 명백한 우수성에도 불구하고, 프레임 창조를 채택하는 일, 프레임 혁신 실천으로서 그것을 조직 안에 이식하는 일이 언제나 쉽지만은 않다. 프레임 창조를 그토록 가치 있는 새로운 실천으로 만드는 바로 그 특징들로 인해 또한 개인들과 조직들이 프레임 창조를 채택하기 어려운 것이다. 프레임 혁신은 현재의 문제해결 및 혁신 관행들과는 직각으로 놓여 있다. 프레임 혁신은 사람들과 조직들이 문제를 보는 방식, 그들이 문제를 사고하는 방식, 그들이 문제를 다루기 위해 행하는 것에서 거대하고 근본적인 전환을 함축한다.

프레임 창조와 현재의 관행 사이의 이 균열은 프레임 창조의 채택과 프레임 혁신 실천의 확립에서 수많은 실천적 문제들을 낳는다. 이 문제들은 다음 장에서 몇 마디 마지막 말을 하면서 다룰 것이다. 이 쟁점들 중 다수에 대한 해결책들은 이미 프레임 창조 접근법 안에 장착되어 있는데,

그 해결책들은 10년 이상의 실험적 프로젝트들을 통해 모인 풍요로운 경험에 기반하고 있다. 하지만 프레임 창조의 장벽이 실천적인 실행 문제에 불과하다고 가정하면 잘못일 것이다. 그것은 결코 사라지지 않을 훨씬 더 근본적인 차이들의 결과다. 이 근본적 쟁점들은 인정될 필요가 있고, 잘 이해될 필요가 있다. 적어도, 있을 수 있는 오해를 이해하는 것이 그것들을 다루는 길을 찾기 위한 첫 단계다. 프레임 창조는 관례적 접근법들과 어떻게 다른가? 프레임 창조 접근법의 핵심에는 프레임 창조 실천이 사람들의 익숙함이나 예상에서 벗어나는 세 가지 방식이 있다. 즉 프레임 창조가 현행 실천들과 충돌하는 세 가지 방식이 있다. 이 도전들은 다음의 세 영역에 위치하고 있다. "보기"(우리의 세계 지각은 문제보다는 해결에 의해 조직화된다), "생각하기"(세계는 "합리성"의 정적인 개념에 익숙해 있다), "하기"(세계는 참신함과 혁신을 다루는 정해진 방식을 가지고 있다). 프레임 창조는 이전과는 다르게 보고, 생각하고, 행하는 것이다. 이제 이 차이들을 성찰하기로 하자. 그리고 프레임 창조 접근법을 실행하고 그것을 — 프레임 혁신으로서 — 조직의 작업 방식 안으로 내재화하는 행로에 오를 때 우리 앞에 놓인 도전들을 지도에 그려보자.

다르게 보기

프레임 창조는 지각에서의 전환을 함축하며, 문제 상황을 이전과는 다르게 본다. 이것이 문제가 되는 것은 우리 사회의 문제해결 역량이 암묵적으로 문제유형이 아니라 해결유형에 의해 조직화되기 때문이다. 우리가 속해 있는 전문 직업들, 그리고 우리가 조직 안에서 정의하는 역할들은 우리를 무심코 예정된 해결 방향으로 떠미는 어떤 담화, 어떤 세계관에 의해 정의된다. 속담에도 있듯, 망치를 들고 있으면 모든 게 못처럼 보인다. 따라서 복잡하고 뒤범벅된 문제 상황에 직면하여, 우리 모두는 그 상황을 우리가 어디에서 오는가에 따라 상이한 각도에서 본다. 우리는 이 책 도처에 나오는 사례연구들에서 복잡한 문제들이 수많은 상이한 방식으로 묘사될 수 있으며, 그 각각의 묘사들이 어떤 해결책을 함축하고 있다는 것을 몇 번이고 보았다. 예를 들어, 물론 경찰은 킹스 크로스 위락지구의 문제들을 범죄 쟁점으로 보려고 한다. 물론 시드니는 동일한 킹스 크로스 상황을 공적 공간 디자인 문제로 보려고 한다. 기타 등등. 그리고 이 모두는 문제의 여러 측면들에 대한 타당한 분석일 수 있을 것이다. 하지만 이 관점들 모두는 자체의 해결책과 함께 오며, 별도로 취했을 경우 성공에 이르는 열쇠의 일부만을 지니고 있을 것이다. 그렇기에 이 조직들은 한자리에 앉아서 다분과 팀으로 작업해야 한다. 다수의 상이한 (전문 직업적) 세계관들을 한자리에 놓음으로써, 조직들은 그들의 모든 통찰들과 질들이 결합되는 해결책의 창조를 희망할 수 있을 것이다.

반면에, 프레임 창조는 해결 방향들을 이런 식으로 결합하는 데 초점을 맞추지 않는다. 대신에 프레임 창조는 이 전문 직업적 관점들로부터 오는 단순화에서 한 발 물러선다. 그러고는 문제 장의 복잡성을 깊게 파고들며, (쟁점을 해결할 하나의 분과를 전제하지 않는다는 의미에서) "중립적"인 주제들을 창조한다. 프레임 창조 모형의 첫 다섯 국면에서, 프레임 창조는 충실하게 문제에 초점을 맞추고 있으며, 해결의 본성이나 유형에 대한 아무 가정도 하지 않는 방향으로 조타를 한다. 해결의 유형은 그 다음 단계에 표면화되기 시작한다. 해결에 이를 경로로서 프레임들이 제안될 때. 이 단계는 또한 분과적 접근법이 다시금 문제가 되는 때다. 프레임 창조 과정에 포함된 사람들과 파티들 중 일부는 이 접근법을 파악하는 데 어려움을 겪을 수 있다. 그들은 분과적 사고로 되돌아가 결론으로 도약하려는 강한 무의식적인 경향을 내보일 것이다. 다음 장에서 보겠지만, 이는 프레임 창조 과정을 탈선시킬 수 있으며, 흥미롭지 못한 결과를 낳을 수 있다. 프레임 창조 프로젝트의 모든 이해관계자들과 참여자들은 불가피하게도 자신들의 접근법과 붙박이 해결책을 가지고서 과정에 참여한다. 그들은 안락지대 바깥으로 끌어내어 새로운 개방성을 향하도록 강제할 필요가 있다. 프레임 창조 과정을 "직업 중립적" 방식으로 관리하기 위해서는 프로젝트 리더에게 고도의 기량이 요구된다.

다르게 생각하기

프레임 창조는 단지 다르게 보는 것만이 아니다. 프레임 창조는 또한 다르게 생각하는 것이다. 프레임 창조 배후에는 어떤 논리가 있다. 하지만 그것은 사람들과 조직들에게 익숙한 논리와는 다른 종류의 논리다. 프레임 창조 접근법의 기저에 놓인 논리를 이해하는 일은 "프레임"이라는 중심 개념을 이해하는 것에서 출발한다. 우리는 프레임이 이중의 본성을 갖는다는 것을 보았다. 프레임은 문제 상황 접근법과 해결 방향 제안 양쪽 모두를 포함한다. 바로 이 이중성을 통해서 프레임은 가치와 욕구의 세계와 실제 행위의 세계를 잇는 다리로 작용할 수 있다. 사례연구 8을 예로 들어보자. **범죄 예방 디자인** 팀은 시드니의 킹스 크로스를 마치 범죄 문제가 아니라 위락entertainment 문제인 양 바라보았다(따라서, 새로운 접근법을 제안했다). 그런 다음 음악 페스티벌이라는 중심 프레임은 해결책 창조를 위한 수많은 진입로를 지시했다. 만약 이것이 음악 페스티벌이라면, 그렇다면 사람들이 오고 갈 수 있어야 한다. 만약 이것이 음악 페스티벌이라면, 그렇다면 사람들에게 그들이 선호하는 위락 선택지를 찾도록 도와줄 정보가 제공되어야 한다. 기타 등등. 프레임의 이중적 본성은 프레임 창조 모형의 논리와 구조에 영향을 미친다. 즉 과정 가운데서 "문제에 접근하기"(1-4 단계)로부터 가능한 해결 방향에 대한 비판적 조사(6, 7, 8 단계)로 역점이 이동한다.

제시된 그대로의 문제에 집중하는 프레임 창조 과정 첫 두 단계가 필요한 이유는 프레임이 내재적이기 때문이다. 우리는 문제를 프레임 잡지 않은 채로 문제를 정식화하거나 접근할 수가 없다. 우리는 프레임을 갖지 않을 수가 없다. 문제 상황의 암묵적 프레임을 조사할 필요가 있다. 우선은 문제 상황의 발생으로 이어진 프레임을 이해하는 것이 지극히 중요하다. 처음의 프레임 잡기는 문제의 역사에서 기원할 수도 있고, 일반적인 문화적 관례일 수도 있고(예를 들어, 보건 시스템에서 "돌봄"과 "통제"의 밀접한 연결[사례 6]), 또는 문제 소유자와 이해관계자 내부집단 간의 상호작용에서 유래할 수도 있다. 이 핵심 집단 너머에는 더 넓은 장이 있다. 즉 이전에는 문제 상황에 참여하지 않았지만 잠재적 영향력을 갖는, 문제가 다른 방식으로 프레임 잡힐 경우 문제에 대한 직접적 관심을 내보일 수도 있는 파티들의 장이 있다. 프레임 창조 접근법에서, 새로운 프레임에 대한 탐색은 기존 프레임의 선입견을 벗어버릴 필요에 의해 형성된다. 장의 바깥 테두리로 나아가 더 넓은 문제 각축장의 공유된 주제들을 분석함으로써, 그러한 새로운 접근법들의 창발이 가능해진다. 그 순간부터 과정은 프레임의 두 번째 본성[13]에 집중하는 쪽으로 선회하며, 여러 가능성들에 대한 비판적 창조적 탐사가 된다 —— 가능성들을 찾아내기 위해 창조적인 앞으로 생각하기forward-thinking를 적용하면서, 그러면서도 반복되는 현실 점검의 수행 속에서 예리한 비판적 판단을 행사하면서.

13. 앞서 저자는 프레임은 문제 상황 접근법과 해결 방향 제안이라는 이중의 본성을 갖는다고 말했다.

그러고 나서 우리는 이해관계자들과 문제 소유자의 내부집단을 다시 만나 원래의 문제 상황을 해결하기 위한 가능한 미래 시나리오들을 제시할 수 있다. 원래 문제 상황의 모든 요소들이 우선 질문되며, 그런 다음 그것들은 프레임 창조 과정에서 단계별로 재정의된다. <그림 7.1>의 포개진 원 모형은 이를 표현하고 있다.

이 모형은 프레임 창조 접근법의 내적 논리를 정의한다. 이 모형은 또한 프레임 창조 과정 모형의 연속적 단계들에 대한 신뢰를 낳아야 한다. 프레임 창조 접근법은 일관적이고 정합적이다. 그것은 디자이너들이 공상해낸 몇몇 얄팍한 기술들에 기반한 값싼 묘책이 아니라 관례적 문제해결의 흥미로운 대안을 제공하는 진지한 문제해결 접근법이다.

그렇지만, 프레임 창조와 관례적 문제해결의 차이를 정말로 이해하려면, 관계적 문제해결 기저에 놓인 가정들을, 특히 "합리성"이라는 열쇠 개념을 좀 더 깊게 파고들 필요가 있다. 합리성은 비판적 토론과 성공적 행위의 기반으로 간주된다. 이는 우리의 혈관 속 아주 깊은 곳을 흐르는 문화적 "소여"다. 우리는 합리적 논변을 사용하여 우리의 생각과 행위를 설명할 수 있어야 한다는 관례에 익숙하다. 우리는 "이성적인" 사람으로 간주되기를 열망한다. 합리성의 좁은 길에서 벗어나는 것은 "비정상적"이다. (예술가 같은) 일부 집단은 어느 정도까지는 (문화적 궁정 광대로서) 그렇게 해도 괜찮을 수 있지만, 합리성의 지각된 결핍은 사람을 예의 바른 사회에서 분리시킨다. 비합리적인 사람들은 관용될 수 없는 추방자들이다. 조지 레이코프와 마크 존슨은 획기적인 책『몸의 철학』(Lakoff and Johnson 1999)에서 우리의 세계관을 뒷받침하는 합리성 숭배를 비판적으로 조사했다. 그들은 "합리적 행위 이론"이라고 불리는 것 배후에 있는 다섯 가지 열쇠 가정들을 열거한다. (1) 합리적 사고는 문자적이다. (2) 합리적 사고는 논리적이다. (3) 합리적 사고는 의식적이다. (4) 합리적 사고는 탈신체적이

문제

↓

역설

맥락

장

↓

주제

↓

프레임

미래들

변형

↓

통합

<그림 7.1>
줌아웃하기와 집중하기로서의 프레임 창조.

다. (5) 합리적 사고는 비감정적이다. 그런 다음 그들은 한 가지를 추가했다. (6) (합리적 행위는 실천이성보다는 이론이성의 결과에 확고히 기반해야만 한다고 우리가 주장하는 곳에서) 통상적으로 실천이성과 이론이성을 구분 짓는다.[14] 드레이퍼스는, 인공지능 영역에서 합리주의 패러다임을 비판하면서(Dreyfus, 1992), 한 가지 추가적 가정을 지적했다: (7) 합리적 사고와 행위는 "닫힌 세계" 안에서 발생한다. 합리적 사고는, 일단 문제해결이 시작되고 나면, 새로운 정보를 허용할 역량이 없다는 뜻이다(부록 2와 Simon, 1973 참조). 즉 문제를 해결하는 데 필요한 모든 것은 문제해결 과정이 시작되기 전에 인식할 수 있어야 한다(<그림 7.2> 참조).

우리 사회에서 우리는 이 합리성 이상을 실현하기 위해 분투하라는 부추김을 받는다. 하지만 우리는 항상 실패한다. 실생활에서 이 일곱 가지 가정이 충족되는 경우는 거의 없으니까. 이를 예증하기 위해서, 다만 고속열차 연결을 설계하는 실생활 과정(사례 1)을 "합리적 행위 이론"의 가정들과 하나하나 대조해보자.

합리적 사고는 **문자적**이다
합리적 사고는 **논리적**이다
합리적 사고는 **의식적**이다
합리적 사고는 **탈신체적**이다
합리적 사고는 **비감정적**이다
이론이 실천을 이끈다
합리적 **행위는 닫힌 세계** 안에서 발생한다

.

<그림 7.2>
합리적 사고 배후의 가정들.

• •
14.   조지 레이코프 · 마크 존슨, 『몸의 철학』, 임지룡 외 옮김, 박이정, 2002, 743쪽.

(1) 합리적 사고는 문자적이다 —— 하지만, 고속열차 설계의 맥락 안에서, 동일한 말이 상이한 사람들에게 상이한 것을 의미한다는 게 분명하다. 한 시골 지역을 (설계자 중 한 명이) "흥미롭지 않은" 곳으로 묘사한 것과 지역민 중 한 명이 "우리가 속한 곳"이라고 묘사한 것 사이의 대조보다 더 큰 대조도 없을 것이다. 이 문제해결 과정이 문자적 개념들의 공통 기반 위에 건설될 수 있는 방법은 없다. (2) 합리적 사고는 논리적이다 —— 하지만 다양한 이해관계자들의 가정들, 그들 자신의 "논리"의 기초를 형성하는 가정들이 아주 다르다는 것은 분명하다. 이 문제 각축장 안에는 아무런 지배적인 논리도 없으며, 그래서 사람들은 자신의 판본을 타인들에게 부과하려고 노력할 것이다. 이는 권력 놀음이다. 토론을 이끄는 용어들과 은유들을 부과할 수 있는 사람들이 자기 뜻을 이룰 게 확실하다. (3) 합리적 사고는 의식적이다 —— 하지만 고려될 필요가 있는 많은 이해관계자들은 자신들의 관점, 가정, 선입견을 실제로 의식하지 못할 것이다. 합리성을 자부하는 경향이 있는 정부 같은 전문적 조직조차도 자신의 동기와 선입견을 좀처럼 알지 못한다. (4) 합리적 사고는 탈신체적이다 —— 이 가정 역시 유효하지 않다. 프로젝트 노선 주변에 사는 사람들은 처음에 충격에 빠졌고, 신경이 예민해졌고, 속이 뒤집혔다. 협의 과정이 진행되면서 그들의 분노는 상승했고 무시당한다는 느낌이 들었다. 그 결과 그들은 다른 이해관계자들에게 공감하거나 문제해결에 기여할 수 있는 역량이 없었다. (5) 합리적 사고는 비감정적이다 —— 문제 각축장의 그 어떤 파티들도 비감정적이라고 불릴 수 없다. 쟁점들과의 개인적 거리가 아마 모든 이해관계자들 중 가장 컸던 공무원들조차 그 과정과 집단사고 groupthink의 감정적, 개인적 충격에 사로잡혔다. 그들의 가정과 권력 구조는 도전받았으며, 그들은 위협당한다고 느꼈다. (6) 이론이 실천을 이끈다 —— 처음에는(소수만의 설계 단계에서는, 토론이 시작되기 전에는) 그랬

을 수도 있다. 하지만 곧 문제의 바로 그 실천적 본성이 장악을 했다. 그 순간부터 모든 이해관계자들은 상황 안으로 내던져졌다. 개별 파티들은 전체상을 시야에서 잃었을 뿐 아니라, 더 넓은 상황에 대한 제한된 이해를 통해 작업하는 쪽을 적극적으로 선택했다. (7) 합리적 행위는 닫힌 세계 안에서 발생한다 —— 이것은 결코 닫혀 있거나 봉쇄된 문제 각축장인 적이 없었다. 시스템 경계는 변했으며, 늘 새로운 정보가 들어왔고, 모든 다양한 파티들의 학습 과정은 새로운 관점의 개발을 추동했으며, 이해관계자들 사이에서 편의상의 연합들이 생겨나고 소멸되었다. 기타 등등.

이 분석에서 알 수 있듯이, 문제 상황은 합리주의적 접근법에 필요한 모든 가정들을 완전히 저버린다. 그럼에도 불구하고 이 접근법을 따른 것은 문제 소유자가 아무런 다른 선택지도 없다고 느꼈기 때문이다. 뒤이은 문제해결 과정의 균열들은 무능 때문도 어떤 이해관계자들이 "어렵기" 때문도 아니었다. 그 균열들은 그보다 훨씬 더 깊숙한 것이다. 즉 문제해결 과정 그 자체에 근본적인 결함이 있었다(이 사례는 8장에서 계속될 것이다). 합리적 행위를 위한 이 일곱 전제조건이 모든 실생활 문제 상황은 아니더라도 대부분의 실생활 문제 상황에서 명백히 비현실적이라는 깨달음은 "이론적 추리"와 "실천적 추리"의 구분을 낳게 되었다. "이론적 추리"는 일곱 가정을 엄격히 고수하는 반면에, "실천적 추리"는 우리가 의사결정을 할 때 —— "7 더하기나 빼기 2"보다 많은 정보 덩어리들을 머리에서 동시에 붙잡고 있어야 할 때 우리의 빈곤한 두뇌는 정보처리 역량이 바닥난다는 단순한 이유에서 —— "한계가 있는 합리성"에 의해 제한된다는 것을 인정한다는 점에서 좀 더 너그럽다(Newell and Simon, 1972). 그렇지만 이 사실은 우리의 사유에 있어서 문자적이고, 논리적이고, 의식적이고, 탈신체화되어 있고, 비감정적이 되는 것의 짐을 덜어주지 않는다.

어쩌면 우리는 합리성에 대한 이러한 견해를 하나의 이상으로 보고 이를 등불beacon로 사용하는 게 좋을 것이다. 그곳에 도달하기는 힘들 거라는 걸 알면서 말이다. 그리고 어쩌면 우리는 우리 행위를 (전략적이려는 노력에서) 사전에 합리화하려는 불완전한 시도에 만족하고, 다른 수단을 통해 도달한 결정을 사후에 정당화하는 데 합리성을 사용하는 것(사후 합리화)에 만족하는 게 좋을 것이다. 하지만 그 "다른 수단"이란 도대체 무엇일까? 합리적 추리를 통해서가 아니라면 어떻게 결정을 생각하고 내릴 수 있는가? 네덜란드 작가 반 조메렌은 자신의 사고 과정을 얼룩다람쥐 군집에 비유했다: 생각은 예기치 못한 장소들에서 툭 튀어나오고, 역시 그처럼 신속하게 사라진다(Van Zomeren, 2000). 시인이자 작가 로버트 그레이브스는 에세이 「크산티페를 위한 변명」에서 시적 직관을 이와 유사하게 묘사했다. 크산티페는 소크라테스의 아내였다. 플라톤은 그녀를 성질이 괴팍하고 우두머리 행세를 하는 비이성적인 사람으로 그렸다. 하지만 그레이브스는 그녀를 정서적이고 실천적인 사유가로 보며, 또한 소크라테스와 그의 서클의 과잉합리화에 대한 필수 해독제로 본다(Graves, 1991). 또한 하이데거는 상황 안으로 "내던져져 있음"이 어떻게 합리적으로 추리할 역량 사용 능력을 제한하는지를 묘사했다(Heidegger, 1962; Winograd and Flores, 1986). 그가 드는 사례 중 하나는 모임에 참여할 때 우리의 작용 위치다.[15] 우리의 상황은 쟁점에 대한 제한된 조망, 토론 방향에 영향을 주는 제한된 역량, 아무 말 하지 않는 것도 상황에 영향을 주는 행위라는 골치 아픈 문제 등으로 특징지어진다. 하이데거는 이 사례를 사용하여 어떻게 영원한 지금eternal now이라고 하는 이 순간에 우리가

• •
15. Terry Winograd and Fernando Flores, *Understanding Computers and Cognition*, Norwood, NJ: Ablex Publishing, 1986, 3장 3절. 이 사례는 하이데거가 직접 드는 사례가 아니라 하이데거의 내던져져 있음 개념을 설명하기 위해 이 책의 저자들이 드는 사례다.

경험, 습관, 패턴감각, 직감, 일정한 방향으로 움직이려는 충동 등에 기반하여 계속해서 즉흥연주를 하는지를 보여준다. 그리고 나서 우리는 합리적 추리의 신화를 사후에 합리화하고 신화를 지탱할 이야기들을 창조한다.

그렇지만 이는 문제를 낳을 수도 있는데, 왜냐하면 이론과 모형은 다만 현실을 묘사하기 위해 사용되는 게 아니라 우리의 현실 지각을 형성하기도 하기 때문이다(그것들은 우리의 "봄"을 바꾸어 놓는다). 그런 다음, 현실에 부합하도록 이론을 조작하는 대신 이론에 부합하도록 현실을 조작할 위험이 있다(그리스 신화에 나오는 프로크루스테스처럼. 이 여관 주인은 한 가지 크기의 침대가 있었는데, 키가 작은 불운한 여행객은 몸을 잡아 늘리고 키가 큰 손님의 경우는 튀어나온 부분을 잘라냈다). 사실 이것은 열린, 복잡한, 역동적인, 네트워크된 문제들이 통상 겪게 되는 운명이다. 그것들은 합리적 단순화에 종속되어 있으며, 조직이 이 복잡한 쟁점들을 있는 그대로 다룰 수 있는 지점까지 조직 스스로를 발전시키는 대신에 조직이 현재 다룰 수 있는 것에 제한되어 있고 적용되어 있다. 고속열차 연결의 사례연구는 네덜란드 정부처럼 정교한 조직조차도 문제의 본성을 받아들이는 대신 문제의 본성과 싸운다는 것을 보여준다. 어떤 의미에서는, 1장에서 언급한 증후군 중 첫 세 가지("외로운 전사", "세계를 얼려라", "자작 상자") 모두가 이러한 조직들의 행위 기저에 놓인 합리성에 대한 제한된 견해로부터, 그리고 열린, 복잡한, 역동적인, 네트워크된 문제에 직면하여 자신들의 실천을 재상상하지 못하는 조직들의 무능력으로부터 결과한다는 것을 보여줄 수 있다. 이러한 무능력은 넷째 증후군에 의해 야기된다. 즉 1장의 사례연구들에서 소개된 사람들과 조직들은 "합리적 우위"를 저버리는 것을 두려워했다. 그들은 이 합리적 우위 너머에는 유사流沙만 있을 뿐이고 그렇기에 위쪽에 머물러 있는 게 더 낫다고 상상한다. 하지만 열차 사례연구가 보여주듯 이는 소용이 없으며, 관례적 문제해결의 기저에 놓인 제한적 합리성 개념의 대안을 생각해낼 필요가 있다. 프레임 창조는 그처럼 다른 좀 더 유동적인 합리성의 요소들을 제공한다.

프레임 창조가 좀 더 유동적인 합리성의 창조를 통해 관례적 문제해결의 대안 요소들을 정말로 포함하고 있는지를 고찰하기 위해, 이제 합리적 행위 이론을 뒷받침하는 일곱 개의 중심 가정들을 프레임 창조 원리들과 간단히 대조하겠다. 합리적 행위 이론에서, (1) 합리적 사고는 문자적이다. 반면에 프레임 창조에서는 같은 말들이 상이한 사람에게 상이한 것을 의미하며, 그래서 은유는 창조적 단계들 다수에서 추동력이다. 그리고 합리적 행위에서 (2) 합리적 사고는 논리적이라고 간주된다. 우리는 프레임 창조 과정에 내적 논리가 있다는 것을 이미 보았다. 하지만 이 과정을 적용할 때 상이한 이해관계자들의 가정들이 그들 자신의 "합리성"의 기반을 형성한다는 것 또한 보았다. 문제 상황을 바라보기 위한 선험적으로 우세하거나 지배적인 논리는 없다 —— 프레임 창조 과정의 핵심은 주제 분석과 프레임 잡기를 통해 그러한 논리를 창조하는 것이다. 합리적 사고와 프레임 창조는 (3) 사고를 의식화한다는 목적에서는 대체로 일치한다. 하지만 처음부터 프레임 창조는 많은 이해관계자들이 자신의 관점, 가정, 선입견을 의식하지 못할 것이라는 사실을 받아들인다. 바로 이곳에서 프레임 창조는 영감과 성찰을 촉발하기 위해 사고와 가정들을 명시화하려고 노력한다. 합리적 행위 이론은 (4) 합리적 사고를 탈신체적인 것으로 보는 반면에, 프레임 창조의 핵심 과정 중 하나, 즉 주제들을 생산하는 현상학적 분석 과정은 감정이입 및 더 넓은 문제 각축장 안의 파티들의 체험을 이해하는 능력에 크게 기초하고 있다는 점에서 중요한 차이가 있다. 이렇게 하여 깊은 이해가 성취되며, 의미의 더 깊은 층들이 표면으로 나올 수 있게 된다. (5) 합리적 사고는 비감정적이다. 반면에 프레임 창조는 감정이입을 통해 관여하게 되고 안내를 받는다. 프레임 창조는 의미를 만들어내는 창조적인 국면들에서 개인적 경험을 이용한다. 또 다른 차이는 이렇다. 합리적 행위에서는 (6) 이론이 실천을 이끈다. 반면에 프레임 창조에서는 세계가 어떻게 작동하는지에 대한 모든 전제들이 중지되며, 장 안의 이해관계자들과 파티들의 실천이 어떤 "이론", 프레임 가설의 형성으로 이어지며, 그런 다음 그것은 비판적으로 검토된다. (7) 합리적 행위는 "닫힌 세계" 안에서 발생한다. 반면에 프레임 창조는 문제 소유자 너머로 그리고 이해관계자 내부집단 너머로 확장되며, 더 넓은 장 안의 다양한 원천들을 통해 정보를 얻을 수 있도록 활짝 열려 있다. 나중의 단계들에서 프레임 창조 과정에서 생성된 (제안된 주제, 사업 플랜 등의) 정보는 과정을 조타하는 지배적 힘이 된다.

우리는 프레임 창조 접근법과 관례적인 합리적 행위 이론의 차이가 엄청나다고 결론을 내릴 수 있다. 하지만 프레임 창조 접근법을 구성하는 신중한 연속적 단계들에는 비합리적이거나 무작위적인 것은 전혀 없다. 많은 측면에서 그것은 합리주의적 접근법 기저에 놓인 가치들을 공유한다. 프레임 창조는 관례적 문제해결만큼이나 명료성과 내적 일관성에 관심을 둔다. 즉 프레임 창조 접근법은 제안된 프레임들의 현실성과 타당성을 검증하기 위한 광범위한 견제와 균형을 포함하고 있다. 하지만 프레임 창조는(그리고 그것의 형제자매처럼 개발될 수 있는 여타 디자인 기반 접근법들은) 합리성에 대한 더 유창한 접근법을 창조하기 위한 첫 단계로 간주될 수도 있다. 합리적인 우위 너머로 유사流沙와 혼돈이 있을 수 있다. 하지만 그 지형을 횡단하는 데 도움을 줄 사려 깊고 논리적인 접근법이 개발될 수 있다. 그렇지만 이를 위해서 문제 해결자는 문제의 열린, 복잡한, 역동적인, 네트워크된 본성을 부인하는 대신 정말로 포용할 필요가 있다.

다르게 하기

6장에서 보았듯이, 프레임 창조 접근법의 독창성은 "보기"와 "생각하기" 너머로 확장되며, 조직 안에서 참신함을 성취하는 새로운 접근법, 즉 "프레임 혁신"을 촉발하기에 이른다. 프레임 창조 접근법이 어떤 방식으로 새로우며 혁신을 다루는 관례적 방식과 어느 정도로 다른지를 이해하기 위해, 우리는 우선 경영 과학의 영역, 특히 혁신 경영의 장을 조사해 보아야 한다.

혁신 경영의 핵심 역설은 이상적인 조직 이미지가 여전히 효율성이 군림하는 잘 돌아가는 기계 이미지라는 사실에 있다. 참신함을 창조해야 할 필요는 이 모형과 충돌한다. 참신함은 불가피하게 기존 과정들을 교란하고, "창조적 파괴"가 동반될 수 있으니까. 정례적 활동과 조직 내의 참신함과 변화에 대한 필요 사이에서 어떻게 균형을 찾는가? 이 질문에 답하기 위해 혁신 경영의 장은 혼성체가 되어야만 했다. 즉 그것은 정책 입안, 전략 정식화, 조직 구조, 경영 방식에서의 풍부한 주제 혼합을 디자인 이론의 요소들(특히, 창조적 문제해결[van der Lugt, 2001 참조]) 및 혁신 개념 그 자체의 근본적 분석들과 결합한다. 결합이 되었을 때, 이것들은 조직 내부 혁신을 생각하기 위한 맥락을 창조한다. 최근에 디자인은 전략적인 조직 내부 혁신의 잠재적 추동자로서 간주되기 시작했다(Verganti, 2009). 이러한 목표들을 추구하면서 혁신 경영의 장은 혁신을 자극하는 방법들을 개발해왔으며, 하지만 그러면서도 경영 과학이나 수많은 경영대학에서, 그리고 조직들 내부에서 그토록 지배적인 "계획과 통제" 패러다임과 강한 연결을 유지해왔다. 혁신 경영에서 대다수 사상가들은 혁신에 집중함으로써, 그리고 분석적 단계들 안에서 혁신을 캡슐 안에 따로 응집해 놓음encapsulating으로써, 안정성 대 역동성이라는 근본 역설을 우회하는 길을 발견했다. "창조적 국면"("아이디어 생성")의 참신성 성취는 이전 단계의 목표 및 기준 결정에 의해 제한되며, 이후 단계의 평가에 의해 제한된다. 창조적 단계들을 이처럼 합리주의적 과정 안에서 영리하게 따로 격리한 것은 아주 성공적이었다. 하지만 프레임 창조 접근법은 참신함 및 참신함을 조직 안에 삽입할 방법과 관련해 다른 관점을 제공하며, 그리하여 잠재적으로 상당히 다른 과정과 구조를 낳는다. 혁신의 장 안에 있는 열쇠 개념 몇 가지를 취해서 그 개념들이 혁신 경영과 프레임 혁신 안에서 정의되고 다루어지는 방식의 차이를 잠시 탐사하고(그림 7.3), 이를 통해 매우 상이한 이 두 접근법이 서로를 보완할 수 있는 지점을 발견하도록 하자.

참신함의 종류들

혁신 경영은 혁신적이고 흥미로운 해결책의 생성을 통해 참신함을 구하는 경향이 있다. 반면에 프레임 창조는 곧바로 문제에 초점을 맞추며, 문제 상황에 대한 새로운 접근법의 개발을 통해 참신함을 추구한다. 혁신 경영은 브레인스토밍 같은 기법들 속에 구현된 창조성의 생성적 측면을 강조하는 경향이 있으며, "창조 세션"을 이용하여 광범위한 연상들과 아이디어들을 창조한 후에 그것들을 묶음을 짓고 평가한다. 이 접근법은 문제정향의 탐사적인 조준된 창조성과는 뚜렷한 대조를 이룬다. 이러한 창조성은 전문가 디자이너들에게서 관찰할 수 있으며, 프레임 창조의 원리 중 하나가 되었다.

참신함의 원천들

혁신 경영 사고의 기저에 놓인 열쇠 역설 중 하나는 우리의 판단 기준이

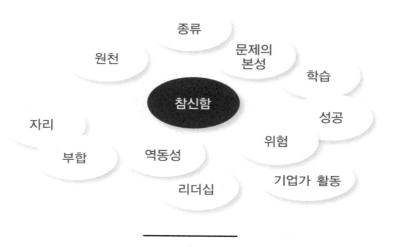

<그림 7.3>
조직들과의 관계에서 참신함의 측면들.

여전히 원래의 문제 프레임 잡기를 따라 설정되어 있는 상태로 참신함을 판단한다는 문제다. 프레임 창조는 해결책을 생성하기 전에 원래 문제 상황을 재고찰하는 데 초점을 맞춤으로써 이 역설을 피해간다. 혁신 경영에서는 참신한 해결책의 원천을 전형적으로 SWOT 분석 같은 방법을 통해 찾는다(강점, 약점, 기회, 위협 분석에서는, 조직의 결실 있는 미래 방향이 무엇인지 결정하기 위해, 조직 내부의 강점, 약점을 외부의 기회, 위협과 비교한다). 이러한 SWOT 분석은 조직과 조직의 맥락을 보여준다 —— 그리하여 참신함은 현 상태의 조직에 의해, 그리고 관련 맥락에 대한 조직의 원래 견해에 의해, 제한될 수 있을 것이다. 프레임 창조 관점에서 우리는 이 강점, 약점, 기회, 위협을 묘사하기 위해 사용되는 단어들이 특정 프레임의 일부라고, 그래서 그와 같은 분석이 행해지기 전에 검토될 필요가 있다고 주장할 것이다. 그렇게 하지 않으면 이 단어들의 사용은 예측하지 못한 방식으로 분석의 범위를 제한할 수 있다. 프레임 창조에서 참신함의 원천은 더 넓은 장의 탐사와 주제들의 창발에 있다.

조직 내부에서 참신함의 자리

위에서 묘사한 것처럼, 혁신 경영은 조직 내 혁신 역량을, 조직의 다른 과정들로부터 상대적으로 격리함으로써, 육성하고 보호하려는 경향이 있다. 프레임 창조에서 참신함은 바로 그 본성상 보편적인 주제들, 조직 전반에 걸쳐서—— 분배된 행위자 네트워크들 속에 —— 존재할 수도 있는 주제들로부터 온다.[16] 혁신 경영은, 창조성을 더 넓은 혁신 과정 중 특정한 짧은 국면들로 위임하기 때문에, 안정과 변화 사이의 근본 역설을 다루지 못한다. 혁신 경영은 격리된 특정 "창조 국면"을 창조함으로써 시간(과정) 차원에서 이 역설을 회피하며, 아니면 반혁신적인 조직 내부로부터의 모든 공격을 견뎌내는 가운데 새로운 아이디어를 끝까지 완성해야 하는 "생산 챔피언"에게 참신함의 책임을 위임함으로써 조직 차원에서 이 역설을 회피한다. 때로 그러한 회피는 물리적 성격을 갖기도 한다. 조직들이 "스컹크 웍스skunk works", 즉 조직의 정상적 규칙들이 적용되지 않는 별동의 혁신 이니셔티브를 만드는 경우.

열린, 복잡한, 역동적인, 네트워크된 문제들

열린, 복잡한, 역동적인, 네트워크된 문제들과 그 문제들로 인해 부각되는

••
16.   행위자 네트워크 개념은 브루노 라투르 외, 『인간 · 사물 · 동맹』, 홍성욱 엮음, 이음 (2010) 참조

조직의 증후군들은 혁신 경영 문헌에서 다양한 방식으로 다루어졌다. 다부문 혁신과 열린 혁신의 모형들과 방법들이 예시하듯이 말이다. 프레임 창조 접근법을 도입하고 있는 나의 이 책은, 튼튼하고 정합적인 디자인 실천들을 채택함으로써, 이 문제들을 다룰 대안적 방법을 제공했다. 프레임 창조는 새로운 해결책의 창조에 정통한 부문[17]으로부터 정교한 실천들을 수입한다. 이에 비해 몇몇 혁신 경영 방법들은 조직들의 삶에 있는 증후군들에 반응하는 듯하며, 지각된 문제를 보정한다(종종 과잉 보정한다). 예를 들어 그러한 방법들은 기업들의 전망이 너무 닫혀 있으며 "열린 혁신"을 생각할 필요가 있다고 제안한다(이는 문을 너무 활짝 열어서 곧장 혼돈으로 이어질 위험이 있다).

맥락

맥락의 역동적 본성을 다루기 위해서, 혁신 경영은 변화를 추적하고 분석하기 위한 정교한 방법들을 제안한다(시장조사, 동향 감시, 예측, 시나리오 방법 등등). 프레임 창조의 열쇠 특징 중 하나는 하루의 쉼 없는 변화들 너머를 바라보면서 주제들의 보편성과 안정성 위에 새로운 접근법을 기초짓고자 한다는 것이다. 결국, 둘 다 필요하다. 분명 이곳은 혁신 경영과 프레임 혁신이 서로를 보완할 수 있는 지점이다.

성공의 정의

혁신 경영은 성공의 정의를 일반 경영 문헌에서 차용하는 경향이 있다. 일반 경영 문헌에서는 (투자수익률 즉 ROI와 주주 가치 같은) 단기 압력이 지배적이다. 프레임 창조는 장기 관점을 취한다는 점에서 아주 근본적이다.

••
17. 즉, 디자인 부문.

빠르게 움직이는 쉼 없는 이 세계 안에서 이는 프레임 창조 접근법의 약점으로 지각될 수도 있을 것이다. 하지만 실제로 그것은 실세계의 좋은 경영 실천을 훨씬 더 가깝게 반영하고 있을지도 모른다. 아주 기분 좋은 한 연구에서, 하트(Hart, 1996)는 연구하고 본받을 "최선의 실천"을 선정하기 위해 마케팅에서 사용되는 지배적인 "성공" 척도가 마케팅 경영자들이 "성공적" 프로젝트로 간주하는 것과 일치하지 않음을 보여주었다. 마케팅 성공 척도는 투자수익률 같은 재무적 기준에 기초하고 있다. 반면에 경영자들은 그다지 수익성이 좋지 않았을 수는 있지만 미래의 재무적 성공의 기초가 될 학습 경험을 제공한 프로젝트에 훨씬 더 큰 관심을 두었다. 그들은 경영 과학자들이 최선의 실천으로 간주하면서 본받으라고 권유한 고수익 "황금알" 프로젝트들에 별 관심이 없었다.

위험

혁신 경영은 혁신의 본질적 부분인 위험을 회피하지 않으며, 위험을 무릅쓰는 혁신 리더들의 능력과 개인 속성을 찬미한다. 혁신 프로젝트의 높은 사망률은 이 "프로젝트 챔피언"을 동경하고 그 어떤 역경에도 굴하지 않는 혁신가를 찬미하는 — 그리고 그처럼 긴장감 고조된 여타의 전투 은유들을 찬미하는 — 문화를 낳을지도 모른다. 이와는 반대로 프레임 창조는 확실히 극적이지 않다. 새로움의 창조에 내재된 위험은 신중한 분석에 의해, 그리고 프레임 창조 과정을 이루는 창조적 탐사에 의해, 엄청나게 축소된다. 하지만 이 책에서 묘사된 대다수 사례들을 파트너 조직들은 근본적인 동시에 성공적이라고 보았다. 성찰해보면, 이렇게 말할 수 있을 것이다. 즉 대다수 혁신 경영 문헌에서 불가피하다고 간주되는 아이디어를 향한 쉼 없는 도약이 바로 혁신 과정 안으로 위험을 끌어들이는 장본인이다. 그리고 나서 그 위험은 혁신 리더십 영웅담의 일부로 수용된다.

이런 위험 중 어떤 것은 스스로 가한 불필요한 것일지도 모른다는 것을 고찰해볼 만도 하다. 내가 어떤 기업의 주식을 가지고 있다면, 불필요한 위험에 스스로를 노출시키는 회사보다는, 근본적 혁신을 성취하기 위해 프레임 창조 접근법을 사용하는 회사가 좀 더 편안할 것이다.

혁신 리더십

이는 혁신 경영의 장과 프레임 창조의 장의 "문화"에 대한 흥미로운 질문을 불러일으킨다. 알다시피 전문 직업 문화들은 우리가 사회적 집단 ("실천공동체"[18]) 안에서 문제를 해결하는 방식과 밀접하게 연결되어 있다. 미국 경영대학에 뿌리를 두고 있는 혁신 경영이 (종종 군사 은유를 통해 표현되는바) 근본적 혁신, 위험, 리더십 등을 강조하는 반면에, 프레임 창조는 좀 더 신중하다. 유럽 본토가 기원임을 보여주는 것일 수도 있는 특성. 프레임 창조 접근법의 깊이는 근본적 혁신을 여전히 성취하면서도 위험을 잘라낸다 —— 하지만 위험을 제거함으로써 고전적 의미에서 영웅이 될 기회 역시 배제한다. 프레임 창조는 가령 쟁점에 대한 인도나 중국의 접근법을 더 잘 받아들일 여지가 있다(부록 4 참조). 이러한 문화적 요인들은 또한 왜 프레임 창조 모델이 아주 광범위하게 적용 가능하면서도 공공 부문에서 그 첫 실험 플랫폼을 발견했는지를 설명할 수도 있다. 민간 부문 기업들은 프레임 창조의 잠재력을 깨닫고 그것의 가능성들을 포용하는 데 더 느렸다. 프레임 창조 접근법 배후에 놓인 문화가 그들에게 자연스럽게 다가오지 않는다는 것, 그들은 이러한 유형의 혁신을 다룰 과정이나 구조를 조직 내에 가지고 있지 않다는 것을 그 이유로 추측해볼

----

18. community of practice. 에티엔 웽거, 『실천공동체』, 손민호·배을규 옮김, 학지사, 2007, 참조.

수 있을 것이다. 하지만 백화점 상점 사례연구(사례 12) 같은 예들은
프레임 창조 접근법의 깊이가 상업 부문에서 헛되이 낭비되지 않는다는
걸 보여주었다.

기업가 활동

프레임 창조 접근법이 경영 과학과 조직 과학이라는 더 넓은 장의 사고와
맞닿는 분명한 접촉점은 기업가 활동이라는 영역에 놓여 있다. 이 장은
최근에, 위대한 기업가들의 성격 특성을 연구하는(그리고 이 혁신 리더들
을 "외로운 전사"로 미화하는) 데서 벗어나서, 과정에 대한 연구에 집중하
면서, 접근법이 좀 더 역동적이 되었다. 그래서 용어가 "기업가 정신entrepreneurship"이 아니라 "기업가 활동entrepreneuring"인 것이다(Steyaert, 2007).
초점이 이렇게 이동하면서, 논쟁은 본성 대 양육nature versus nurture(기업가정
신은 가르칠 수 있는가 아니면 선천적 개인 특성인가?)에 대한 논의에서
벗어났으며, 이들 기업가의 실천들에 대한 수많은 이론들과 관점들의
결실 있는 통합으로 나아갔다. 이 장 안에서 새로운 풍요로움이 귀결되었다.
발효effectuation 이론은 그러한 중심 모형을 내놓으려는 시도다. 그것은
디자인 추리를 다른 추리 양태들에 상대적으로 위치시키기 위해 3장에서
사용된 바로 그 동일한 논리 도식에 뿌리를 두고 있다. "발효"에 있어,
기업가적 사고의 중심적 추리 양태의 특징은 가능성과 위험이라는 쟁점을
최우선적으로 다루는 "그렇다고 하더라도even if ⋯⋯" 추리 패턴이다
(Sarasvathy, 2008). 이 이론적 기초는 이제 기업인들에 대한 연구들을
통해서 실세계 기업가 실천들과 결합된다. 이 연구들은 디자이너들을
연구한 방식과 동일한 방식으로 수행된다. 실험실 상황과 실생활 상황에서
개인들과 집단들에 대한 프로토콜 분석을 사용하면서(부록 1의 사례 참조).
발견된 사고 패턴들 또한 흥미롭게 유사하다. 현 상황에서, 이 풍요로운

자료 집합들에서 배운 교훈들은 기업가 활동 학자들이 허버트 사이먼의 이론을 고수하기 때문에 제약받고 있다. 그렇기에 기업가 활동을 합리적 문제해결이라는 다소 제한적인 렌즈를 통해 보게 된다. 해석과 프레임 잡기 같은 개념들은 여기 들어오지 않는다. 하지만 이 책에서 우리가 취한 방향을 고려했을 때, 어디서 연결이 이루어질 수 있는지 쉽게 볼 수 있다. 프레임 혁신은 열쇠 기업가 활동이다.

결론적으로, 혁신 경영에서 배울 수 있는 건 많다. 또한 이 혁신 경영의 장은 조직의 혁신 역량에 엄청나게 기여해왔다. 그것은 실천에서 매우 실질적인 많은 문제들을 부각시켰으며, 그 문제들을 성찰했으며, 아주 적절한 해결 방안들을 제안했다. 그렇지만 혁신 경영의 장은, 혁신을 모형화하면서도, 산업 경제에서 발전해온 "제조업" 유형의 조직에 적응되어 있다(Smulders, 2006). 그리고 앞서의 비판적 언급 중 다수는 이러한 적응에 동반하는 타협으로부터 생겨나는 어려움들에서 연원하는 것이다. 프레임 창조는 조직의 그러한 이미지에서 벗어나서 지식 경제로부터 영감을 취한다는 점에서 어떤 의미에서 더 근본적이다. 하지만 바로 그렇기에 프레임 창조는 종종 산업 경제 원리들을 따라 구조화된 조직들의 기존 과정들에는 쉽게 부합하지 않는다. 이는 그 자체로 해결될 수 없는 깊고도 근본적인 차이다. 하지만 이 지형을 횡단하기 위해서 몇몇 열쇠 프레임 창조 도구들과 실천들이 개발되었다. 그것들은 다음 장에서 소개될 것이다.

8장 프레임 혁신의 기예

해내기

프레임 창조는 매번 새로운 사고를 요구하는 상황적 과정situated process이다. 그렇기에 "조리법"은—즉 누구나 어떤 순간이든 거의 생각 없이 따를 수 있으며 좋은 결과로 이어질 행위 집합은—절대 없을 것이다(Suchman, 1987). 따라서 이 책은 그 다음으로 좋은 것을—즉 실천가로 하여금 근본적 혁신을 성취함에 있어 사려 깊고 유연해질 수 있도록 도와줄, 프레임 창조의 원리들과 실천들에 대한 깊은 이해를—제공하려고 한다. 굳이 말하자면, 이 책은 방법how-to 안내서라기보다는 DIY 매뉴얼이다. 이 마지막 장에서는 다양한 맥락에서 프레임 창조를 적용해온 그 오랜 시간에 걸쳐 학습된 열쇠 교훈 중 몇 가지를 살펴볼 것이고, 자기 길을 가는 독자들을 지원하기 위해 그들의 작업 방법 안에 프레임 창조 실천을 통합하여 독자적으로 프레임 혁신가가 될 수 있도록 이끌어줄 실천적 조언을 제공할 것이다. 하지만 우선, 9단계 프레임 창조 모형을 통해 묘사된 한 포괄적 사례연구를 통해, 실천 관점을 되돌이켜 보자. 이 과정의 결정적 계기들을 이용해서 이어지는 조언, 도구, 방법을 구체적으로 보여주려고 한다.

사례 19
마라톤:
공적 행사의 의미에 대하여

이 사례연구는 네덜란드 에인트호번 공과대학교의 한 프로젝트를 전한다. 대학 내 **범죄 예방 디자인** 이니셔티브는 에인트호번 시로부터 매년 가을 시에서 개최되는 마라톤과 관련해 몇 가지 쟁점을 조사해달라는 요청을 받았다. 이해관계자들과 장 안의 여타 파티들과 폭넓은 대화를 나눈 뒤 2시간 프레임 창조 워크숍이 열렸는데, 여기엔 한 명의 콘텐츠 전문가와 일곱 명의 디자이너가 참여했다.

1. 문제 상황의 고고학

에인트호번 마라톤은 1950년대 초부터 개최되었다. 경주자들에게 인기가 있으며, 빠른 코스 중 하나로 국제적으로 알려져 있다. 마라톤 날에는, 42킬로미터 풀코스 마라톤 주 경주 말고도 하프 마라톤, 10킬로미터 경주, 어린이 경주가 있다. 이 모두가 같은 경로의 일부분에서 개최된다. 하지만 마라톤은 에인트호번 거주자에게는 그다지 인기가 있지 않다. 수많은 도로 폐쇄, 교통 우회, 밀집 군중 관리가 마라톤 날이라는 걸 알려준다. 지역 주민들은 그날 하루 시에서 도망치는 경향이 있다. 남아 있는 주민들은 좌절감을 느끼고, 분통이 터진다. 많은 사람들이 불평을 하고, 지역 신문에는 마라톤 운영에서 발견된 잘못을 놓고 조직을 공격하는 격분한 기사들이 실린다. 시는 이미 (웹사이트, 신문 광고, 상담 전화를 이용해) 도로 폐쇄, 교통 우회와 관련해 소통 증진에 공을 들여왔다. 그리고 특정 문제 현장에서 상황을 통제하기 위해 더 많은 경찰이 배치되었다. 그렇지만 주로 도심의 출발–도착지에 군중들이 밀집해 모여들고, 그날 (특히 마라톤 경로를 가로질러야 할 경우) 도시를 돌아다니기는 힘들다. 사람들은 교통 상황이 무질서하고 불확실하다고 지각한다. 에인트호번 시는 이 쟁점을 가지고서 **범죄 예방 디자인** 이니셔티브를 찾았다. 시 당국은 이 쟁점을 교통 통제 문제로 정의한다.

2. 핵심 역설 정하기

얼마간의 논의 후, 디자인 팀은 교통 문제에서 한 걸음 뒤로 물러나야 한다고 결정했다. 시는 이미 그 문제를 해결하기 위해 수많은 이성적인 조치들을 취했으니까. 이 문제 상황을 다루기 어렵게 만드는 것은 교통 문제가 마라톤이 관리되고 지각되는 방식의 증상일 수도 있다는 사실이다.

에인트호번 시는 긍정적으로 알려지길 원하기 **때문에** 마라톤을 조직한다.

마라톤 때문에 거리는 폐쇄될 필요가 있다.

거리가 폐쇄되기 때문에 아인트호번 거주자들은 시에서 도망치는 경향이 있다.

이 추리 연쇄에서 반역설semiparadox이 생겨난다. 첫 진술과 셋째 진술은 그다지 잘 아울리지 않는다.

3. 맥락

다음으로, 문제 상황에 가까운 모든 이해관계자들을 포함해서 문제 맥락의 지도가 그려진다. 이 이해관계자 내부집단의 목표와 필요는 무엇인가? 그들의 실천은 무엇이고 그들의 "통화currency"는 무엇인가? 무엇보다도, 에인트호번 시는 일이 일어나는 진지한 문화적, 사회적 중심으로 알려지길 원한다. 마라톤은 알려질 수 있는, 에인트호번을 지도상에 올려놓을 수 있는 좋은 방법으로 간주된다. 동시에 시 의회는 지방세가 실제로 시에 이득이 되는 일에 잘 쓰이고 있다는 것을 에인트호번 납세자들에게 납득시킬 필요가 있다. 또 다른 열쇠 플레이어는 물리적 현실로서의 에인트호번 시 그 자체다. 에인트호번은, 주요 첨단기술 산업지구의 허브이기는 해도, 마라톤을 개최하기에는 상대적으로 작은 도시다. 마라톤 경로의 상당 부분은 마라톤 인파를 끌어 모으지 못하는 교외를 지난다. 국제 육상 경기 단체는 경주로를 규제하는 주요한 영향력을 갖는다. 주자들의 기록이 세계 랭킹에 포함되기 위해서는 출발 지점과 종료 지점이 같은 위치에 있어야 하고, 경주로의 경사도 규정이 있고, 기타 등등이다. 에인트호번 마라톤을 조직하는 재단은 이 규정들을 아주 잘 알고 있으며, 여러 해에 걸쳐 아주 빠른 경주로를 개발했다. 경찰은 최소한으로 관여하면서 행사가 별다른 사건 없이 안전하고 순조롭게 진행되기를 원한다. 중심부의 지역 사업체들은 분주한 날을 기대하고 있는데, 도심의 카페와 식당이 주된 수혜자가 될 것이다.

4. 장

현 문제 맥락 바깥에서, 하지만 더 넓은 문제 각축장 안에서, 프레임 창조 워크숍 참여자들은 에인트호번 사람들, 부모, 아이, 학교, 건강보험 회사, 교외의 가게 주인, 지역 시민 조직, 버스 회사, 국유철도, 다른 스포츠 행사 조직가, 시의 문화행사 조직가, 공과대학, 에인트호번 지역에 연구소가 있는 크고 작은 기업, (가을 시즌에 어느 마라톤을 뛸지 선택하는) 경주자, 경주자의 지지자, 구급차 서비스, 병원, 마라톤 스폰서, 개인 경주자 스폰서, 좋은 언론 보도로 이득을 볼 수도 있는 교외 그 자체, 시 외부의 자연 보호구역, 에인트호번이 위치한 동 브라반트 지역 등등을 조사했다.

워크숍 참여자들은 이 모든 집단들을 철저하게 논의했다. 논의는 점차 다음 두 가지에 초점을 맞추게 되었다. (1) 기업들 —— 기업들은 건강한 생활양식을 증진시킨다는 측면과 에인트호번을 일하기 좋은 곳으로 여길 수 있는 새로운 직원을 끌어들인다는 측면에서 이중의 관심을 갖는다. (2) 경주자의 가족들: 그들은 자신들의 경주자를 보고 싶어 하고, 괜찮은 지점에서 응원하고 싶어 한다.

5. 주제들

에인트호번 시에서 마라톤은 강렬한 인정 욕구를 충족시키는 데 도움을 준다. 다른 도시들과 경쟁심이 있으니까. 오래된 산업 도시 에인트호번은 일반적으로 활기차고 살기 흥미로운 장소로 지각되고 있지 않았다. 하지만 시 의회가 너무나도 예리하게 느끼고 있는 이 경쟁 감각을 일반인은 공유하고 있지 않다. 그들은 이 생기 넘치는 도시를 있는 그대로 정말 소중하게 여기며, 남들이 이를 모른다는 사실을 개의치 않는다. 바로 여기서 마찰이 생겨난다. 교통 불평은, 현실에 근거하고 있기는 하지만, 대중이 마라톤과 유리되어 있는 더 넓은 패턴의 증상이다. 그러는 동안, 더 넓은 각축장 안에는, 마라톤 행사를 시의 필요와 더 가깝게 하는 데 도움을 줄 구미가 당기는 초당파적 주제들이 있다. 노동력 부족이라는 기존의 시 관심사, 점점 더 다양해지는 인구 배합의 포용, 교외와 도심부의 관계 등등과 조화될 수 있는 주제들. 우리의 논의들에서 창발한 중심 주제는 이렇다: 마라톤은 에인트호번에 맞는 의복이어야 하며, 도시의 힘과 성격을 보여주어야 한다. 하지만 이는 마라톤 날을 조직하면서 더욱 더 많은 파티들을 포용해야만 성취할 수 있다.

6. 프레임들

이 주제는 (에인트호번 내 마라톤이 있는) 현 상태로부터 진정으로 그리고 유일무이하게 "에인트호번의 마라톤"이라고 부를 수 있는 새로운 행사를 창조하는 방향으로 나아가는 길 위에 우리를 올려놓는다.[19] 이 도시의 특성을 반영하고 세상에 알리는 그 방식 때문에, 다른 그 어떤 곳에서도 일어날 수 없는 행사. 다시 말해서, 우리는 시가 제공하는 것에서 자부심을 키울 기회를 본다. 불평에서 벗어나 초점을 전환함으로써 우리는 몇 가지 프레임의 창조로 나아갈 수 있게 된다. 이 문제적 상황을 다룰 한 가지 접근법은 에인트호번의 마라톤을 주민들에게 주는 것이다. 즉 (여왕 탄생 기념행사를 참고하여) 이웃들이 그날의 행사를 조직하도록 북돋우면서, 마라톤을 자체 추진 파티로 보는 것이다. 이 과정은 아래서부터 일어나야 하며, 지역 공동체 조직들은 과정 일부를 주최하는 영예를 얻기 위해 응모한다.

만약 마라톤이 마치 이웃 행사인 양 접근된다면, 그렇다면 …

또는 에인트호번 시는 마라톤 경주로를 경로상 적합한 지역들에서 주제화

--

19. 도스트는 여기서 "에인트호번 내 마라톤(a marathon in Eindhoven)"과 "에인트호번의 마라톤(the marathon *of* Eindhoven)"을 대조하고 있다.

된 구역("건강", "디자인", "첨단기술")으로 나눔으로써 프레임을 제공할 수도 있을 것이다. 이는 사실상 마라톤을 도시를 위한 진열장으로 보는 것이다. 공장 방문 같은 특별 행사는 군중이 도심에만 집중되지 않게 해줄 것이다.

만약 마라톤이 마치 도시를 위한 진열장인 양 접근된다면, 그렇다면 …

셋째 프레임은 모든 경주를 결합하지 않고 대신에 10킬로미터 경주와 어린이 경주를 주말들에 개최하여 마라톤 날의 복잡함과 긴장을 줄이는 것이다. 행사 기간을 늘리면 큰 경주에 대한 기대감이 더 많이 생겨날 것이고, 마라톤은 그 나라의 최고 스포츠 지역 중 한 곳의 건강과 웰빙 이니셔티브("휴먼 파워 페스티벌")의 한 요소로 간주될 것이다.

만약 마라톤이 마치 "건강한 도시" 시즌의 정점인 양 접근된다면, 그렇다면 …

완전히 다른 차원에서, 마라톤 경로의 투과성을 높이기 위해 첨단기술 해결책이 개발될 수도 있을 것이다. 가령, 전진하는 주자들을 지켜보는 관중들의 주의를 환기시키는 센서와 발광체. 모바일 기술은 구경꾼들에게 "그들의" 주자가 있는 경주로상 현 위치를 보여줄 수 있을 것이고, 다른 선수와 비교해 어떻게 달리고 있는지를 보여줄 수 있을 것이다. 세련된 첨단기술 해결책들은 에인트호번 마라톤 경험의 품질 보증 마크이며, 2011년 세계 최고의 "스마트 지역"이라고 명명된 곳에 적합한 접근법이다. 이 프레임은 마라톤 도전을 투명성을 창조하고 도시 내 마찰의 양을 제한하는 도전으로서 제시한다.

> 만약 마라톤 경주로의 투명성이 마치 공적 공간에서의 (사회적, 물리적)
> 마찰의 문제인 양 접근된다면, 그렇다면 …

다음을 주목하자. 이 모든 프레임 은유들은 그 자체로 분명하다. 하지만
그것들이 시사하는 "관계 패턴들"은 다르다. 해결 공간 안의 가능한 파트너
조직들은 다양한 역할들로 등장한다. 이 프레임들을 통해 창조되는 전반적
가치 역시 동일하지 않다.

7. 미래들

이 프레임들에 기반한 디자인 개념들과 행동 시나리오들을 개발하면서,
우리는 이 프레임 중 몇 가지를 결합할 방법을 찾기를 희망한다. 가능한
한 가장 폭넓은 사람들 집단의 필요들을 정합적 해결책 안으로 통합하기
위해서. 지면상 우리는 마라톤 프로젝트 과정에서 개발된 모든 시나리오들
을 검토할 수는 없다. 그러니 두 번째 프레임, "주제화된 마라톤"이라는
프레임을 예로 들어보자. 이 프레임을 추구하면서, 디자이너들은 지금까지
숨겨져 있던 한 가지 가능성을 재빨리 발견했다. 그들은 마라톤 주자들이
대부분 고등교육을 받은 사람이고, 고등교육 스펙트럼에서도 기술 쪽이
많다는 것을, 그리고 (여타 국가에서 오는 소수의 사람들을 제외하면)
네덜란드와 벨기에 전역에서 온다는 것을 발견했다. 이러한 프로필에
부합하는 취업자들이 지속적으로 필요한 첨단기술 회사들이 있는 지역에
서, 이 발견은 의미심장하다. 이 마라톤 주자들이 이 도시로 오게 되면,
그때 이들 중 다수는 가족을 데리고 오는데, 동 브라반트 지역이 살기
좋은 장소라는 것을 보여줄 큰 기회가 생긴다. 시는 이러한 매력을 아주

<그림 8.1>
에인트호번 마라톤: 도시 주제들과 그 주제들의 위치(에인트호번 기술대학 학생들의 제안에 기초).

정교하게 편성하여 전할 수 있을 것이다. 구글 스트리트 뷰에 주자들의 자료를 입력함으로써, 이 사람들이 현재 어떤 종류의 집에 살고 있는지를 볼 수 있을 것이다. 그런 다음 그 정보를 이용해서 마라톤 경로를 따라 행사를 조직할 수 있을 것이다. 이 행사들은 방문객들이 가장 좋아할 수 있는 에인트호번 생활양식의 가능성을 방문객들 눈에 띄게 할 것이다. 에인트호번 마라톤 홍보를 독일이나 여타 이웃 나라로 확대하여 국제적 채용을 활성화할 수도 있을 것이다. 지역 회사들에게는 마라톤에 관여하면서 마라톤 경로 중 일부에서 어떤 주제를 채택하여 그 도시가 내세울 만한 것을 적절히 보여주는 것이 매력적인 사업 제안이 될 수 있을 것이다. 사업을 포함시키게 되면 이제 마라톤 날 에인트호번의 더 많은 인구를 끌어들일 것이다. 이는 단지 탐구의 한 가지 경로일 뿐이다. 더 많은 것들이 있다. 네 가지 프레임이 우리를 멀리멀리 이끌고 갈 그 모든 방향들에도 결산란이 있다는 점에 부디 유념하자. 즉 교통 불평이라는 원래의 문제. 모든 해결책은 바로 그 점을 결국 다루어야만 한다. 주민 소외를 줄임으로써건, (<그림 8.1>의 주제화된 도시 구역에서처럼) 시간상으로나 공간상으로 마라톤 군중을 분산함으로써건, 아니면 좀 더 투과적인 경로를 창조함으로써건.

8. 변형

다음 단계는 (창조적) 연역 가운데 하나다. 주제화된 마라톤 경주로 아이디어를 가지고서 우리는 더 개발되어 실행될 필요가 있는 지원 구조들의 지도를 작성하고, 관련된 개인들과 조직들의 실천에서 요구될 변화들을 개괄한다. 이 사례에서, 하나의 특정 부문(첨단기술, 디자인, 건강, 등등)에 있는 회사들과 기관들은 채용 같은 민감한 영역에서 상호 협력이 요구될 것이다. 이는 모든 주제 부문들에서 실현 가능할 수도 가능하지 않을 수도 있으며, 대안적 시나리오를 개발할 필요가 있을지도 모른다. 시 공무원들은 촉진자/중재자 역할을 맡게 될 것이고, 이 새로운 기능을 위해 새로운 규정의 개발 요청을 받을 것이다. 프레임 창조 방법론은 이니셔티브를 위한 새로운 공간을 창조하지만, 연루된 사람들에게 프레임 혁신가가 되기 위해 실천을 탈바꿈해야 한다는 도전을 예외 없이 제기한다.

9. 통합

그렇지만, 이 실천들은, 일단 탈바꿈하고 나면, 흥미로운 새로운 탐사로 이어질 수 있다. 새롭게 발견된 기량, 지식, 질, 네트워크는 프레임 창조 프로젝트 이전에는 생각할 수 없었을 영역들에 적용될 수도 있다. 또한 프레임 창조 과정에서 얻은 더 깊은 주제 차원 통찰은 새로운 토론과 기회를 자극할 수 있다. 이 사례에서, 시 의회는 "우리는 우리 자신을 누구와 비교하고 싶은가? 우리는 어떻게 다른 사람들이 그런 비교를 하도록 용기를 북돋는가?" 같은 질문들을 숙고할 수도 있을 것이다. 시 공무원들은 새롭게 개발된 중개 실천과 네트워크들을 이용하여 시의 다른 쟁점들을 다룰 수 있다.

이 사례연구는 어떤 문제 상황이 어떻게 아주 평범한 브리프(교통 문제)에서 폭발하여 하루 동안 전 도시를 잠재적으로 탈바꿈시키는 사건으로 변하는지를 보여준다. 프레임 창조 과정에서 모든 게 잘 되면, 이와 같은 새로운 프레임(옛 문제 상황에 장갑처럼 들어맞지만 그것을 전적으로 변형하는 프레임)에 도달하는 것은 궁극의 "아하" 체험이 될 수 있다. 강한 프레임은 이해관계자들에게 납득시킬 필요가 없다. 그 자체로 전적으로 설득력이 있는 새롭고 포괄적인 현실 해석이 창발했다. 그리고 "물론" 연관된 해결책들이 가능한 한 곧 시행되어야 한다. 이처럼 강한 프레임의 창발은 프레임 창조의 전 과정이 건물 철거 영화처럼, 하지만 폭발이 거꾸로 돌아가는 영화처럼 보이게 할 수 있다. 아주 뒤범벅된 먼지 구름으로부터 건물이 솟아오르는데, 이때 모든 조각들이 자명한 방식으로 짜맞추어진다. 하지만 이는 이상적인 경우다.

　여러 해를 거치면서, 우리는 어떻게 프레임 창조 프로젝트가 흔들거리고 그다지 눈부시지 않은 결과를 낳을 수 있는지도 경험했다. 한 가지 그런 프로젝트는 도심의 아주 복잡한 공적 공간을 재개발하는 프로젝트였다. 문제는 도시계획의 문제로 제시되었으며, 그리하여 즉각 공간 쟁점으로 프레임이 잡혔다. 이로써 주제 단계를 거의 완전히 건너뛰었고, 곧바로 공간적 해결책의 생성으로 나아갔다. 기저에 놓인 주제들은, 암묵적이었기 때문에, 열쇠 이해관계자들의 현행 프레임에서 벗어나 조타를 할 수 있도록 전략적으로 선택되질 못했다. 이어지는 과정에서 해결책들은 점차 상당히 관례적인 결과들로 이끌려갔다. 이런 상황은 우리가 같이 일하고 있던 파트너 조직이 당면한 핵심 쟁점들과 별 관계가 없었고 영향력도 거의 없었다는 사실에 의해 악화되었다. 그 결과, 프로젝트의 범위는 점점 허물어졌으며, 문제 상황이 실제로 요구하는 대담한 새로운 접근법을 창조하기보다는 가장자리에서 참견하는 꼴이 되었다. 프로젝트 결과들이 아주 제한되어 있었고 더 이상의 큰 진전은 없었지만, 프레임을 다시 잡는 아이디어 몇몇은 실로 열쇠 이해관계자들의 생각을 상당히 바꾸어 놓았다 —— 그들이 나중에 그 프로젝트를 다시 집어 들어서 배운 교훈들에 기초해 그것을 다시 할 정도로. 하지만 전반적으로 프로젝트는 아주 실망스러웠다. 우리는 어리석었으며, 우리의 파트너 조직의 관점에 붙잡혀 있었고, 이전의 해결 초점 사고로 되돌아갔다. 우리는 그것의 한계로부터 실제로 결코 벗어나지 못했다.

이와 같은 사례들은 실로 수많은 적실한 질문을 제기한다. 첫 질문은 물론 프레임 창조 프로젝트를 언제 시작할 것인가다. 도대체 이 프로젝트를 받아들였어야 했는가? 어떤 상황에서 프레임 창조는 잘 작동하는가, 언제 그것은 문제적인가, 언제 그것은 거의 불가능한가?

"무르익음"

언제가 프레임 창조를 할 때고 하지 않을 때인가? 디자이너들은 이 질문에 대해 문제 상황의 "무르익음"이라는 용어를 가지고 말하는 경향이 있다. 경험을 통해 우리는 조직 내 열쇠 인물들이 당면한 쟁점을 실제로 문제로 느끼지 않을 때 상황은 무르익지 않은 것임을 알게 되었다. 문제가 있다는 것을 사람들에게 우선 납득시켜야만 할 때, 프레임 창조의 착수는 힘겨운 투쟁이 된다. 그들은 문제가 있다는 것을 적어도 직관적으로라도 느껴야만 한다. 그 느낌이 거의 지각될 수 없는 것이거나 분절되어 있지 않더라도 말이다. 조직이 이미 조직 자신의 접근법의 한계에 직면하고 있을 때(비록 그게 단지 불안이나 좌절의 느낌일지라도), 프레임 창조의 착수가 상대적으로 용이하다는 것을 앞서 보았다. 에인트호번 시가 그 좋은 예다. 그들은 이미 문제해결 역량이 소진되어 있었다. 하지만 문제는 해결되지 않았으며, 지역 매체로부터의 압력은 상황을 무시할 수 없게 만들었다. 그래서 분명 새로운 접근법이 필요한 상태였다. 그러고 나서 이제 우리는 올바른 사람들이 포함되게 할 필요가 있다. 우리는 조직의 바로 그 상층부를 겨냥한다. 단지 그들의 폭넓은 관점과 통제 범위 때문이 아니라, 그들이 자유롭게 생각하기 훨씬 더 쉽기 때문에. 중간 관리직 층에서 프레임 창조를 가지고 작업하는 것은 언제나 어려운 일인데, 왜냐하면 중간 관리의 역할과 과제는 조직 내의 관례적 문제해결 방식에 한정되기 때문이다. 그들은 현 책임을 넘어서는 다른 사고방식으로 떠밀려 들어가는 것을 받아들일 수가 없다. 좋은 소식은 이렇다. 지난 10년에 걸쳐 프레임 창조를 실험하면서, 우리는 프레임 창조 프로젝트들이 종종 신기하게도 강하고 견고하다는 것을 발견했다. 이 프로젝트들은 사람들의 분석적, 창조적 역량을 잠금 해제하는 데 도움을 주는 타고난 역량을 갖으며, 또한 그들의 폭넓은 삶 경험을 활용하여 새로운 프레임을 성취하는 타고난 역량을 갖는다. 프레임 창조에 관여하고 그처럼 열린 창조적 과정에 기여했다는 인정을 얻는 것은 믿기 힘들 정도로 동기부여가 되며 개인적 성장감과 성취감을 낳는다. 종종 프레임 창조 프로젝트는 자신의 직무 범위 훨씬 너머까지 가는 사람에게 개인적 의미를 띤다. 이는 고전적인 윈윈 상황이다. 협소한 합리성 개념들

너머로 나아가 구성원들 모두의 능력을 완전히 이용하는 실천들을 창조할 수 있는 조직은 그로 인해 더더욱 풍요로워질 것이다.

"결실 있음"

"무르익음"은 디자이너들이 문제 상황에 대해 말할 때 사용하는 용어다. 반면에 "결실 있음"은 해결 방향을 논의할 때 사용하는 용어다. 무르익음처럼, 이것도 설명이 좀 필요한 개념이다. 결실 있음은 어떤 프레임이 막다른 길로 끝나지 않고, 흥미롭고 실행 가능한 아이디어들이 있는 풍요로운 "해결 공간"으로 이어질 것이라는 감각이다. 전문가 디자이너들을 연구하면서, 우리는 그들이 결실 있음에 대한 순식간의 결정들을 내내 하고 있다는 것을 관찰할 수 있다. 그들은 이에 대한 특별한 감각을 가지고 있는 것 같다. 이러한 판단을 내리는 데는 물론 장 안에서의 폭넓은 경험이 필요하다. 미래를 들여다볼 수 있고 상황과 해결 방향을 미리 판단할 수 있다는 것은 거의 전문성에 대한 정의다. 이 과정들에서 순식간의 판단을 내릴 수 있는 전문가의 능력은 경험이 부족한 참여자들과 뚜렷이 대조된다. 그들은 한 해결 방향을 따르다가 그게 작동하지 않을 때 꼼짝 못 하게 되고, 길을 되돌아가 모든 걸 다시 시작해야만 할 것이다. 그리하여 그들은 수많은 프로젝트를 거치면서 결실 있음을 판단할 역량을 힘들게 쌓는다. 결실 있음을 판단할 마법의 능력을 성취할 지름길은 없다. 이 지점에서 우리는 프레임 창조 같은 방법이 할 수 있는 것의 한계에 이른다. 방법이란 단지 명시적 실천 패턴일 뿐이다. 이 경우, 진짜 전문가들이 작업하는 방식에 기초하고 있는 패턴. 전문가의 실천 패턴을 분명하게 밝힘으로써 우리는 장 안의 비전문가들 또한 좋은 결과에 이를 수 있도록 도와주려고 한다. 단계들 내지는 국면들의 어떤 숙고된 패턴을 통과하는 것은 그들로 하여금 어떤 함정들을 피해가도록 도울 수 있으며, 과정을 좀 더 관리 가능한 것으로 만들 수 있다 —— 하지만 이 유용한 일련의 단계들이 진정한 전문성을 대체할 수는 없다. 따라서 프레임 창조 방법론 안에는 ("무르익음"과 "결실 있음"이라는 고수준 개념들 부근에, 그리고 다음에 보겠지만, "올바른" 주제의 전략적 선택 부근에) 경험과 전문성이 정말로 차이를 만들어내는 두 지점이 있다. 우리 자신의 실천에 있어, 우리는 이 지점들에서 고수준 전문가들이 과정을 안내하는 일에 관여하도록 확실히 해둔다.

"올바른" 주제 선택하기

"올바른" 주제 선택하기는 프레임 창조 과정에서 어려운 단계이고 고도로 전략적인 단계. 주제들의 선택과 "가지고서 생각할" 개념들의 선정을 통해서, 우리는 그 주제들에 적절한 프레임을 생성하고 있는 중이다. 선택된 주제들이 너무 축자적이거나 기존 해결책 기저에 있는 주제와 프레임에 너무 가깝지 않아야 한다는 것이 비결이다. 또한 선택된 몇 가지 주제들이 모두 결합될 때, 그것들은 여전히 원래의 문제 브리프의 핵심적인 측면들 둘레에 집중되어 있어야 한다. 주제를 한쪽으로 치우치게 선택하면 문제 각축장의 한 부분을 지나치게 강조함으로써 프레임 창조 과정 전체를 진로에서 벗어나게 할 수 있다. 마라톤 사례에서, "인정", "적합성", "포용성"이라는 주제들은 더 깊고 근본적인 층위에서 문제 각축장 전체를 묘사하고 있다고 볼 수 있다. 실제로 —— 하나의 집합으로서 균형을 이루고서 문제 상황에 대한 진정으로 가치 있는 새로운 접근법의 개발을 함께 촉발한다는 점에서 —— "올바른" 주제들을 선정하는 데는 많은 창조적 사유와 상당수의 반복이 필요할 수도 있다. 이 반복들은 중요하면서 불가피하며, 용인되어야만 할 것이다. 주제들을 개발하고 이로부터 프레임들을 개발하는 단계들을 밟아 나아가는 것은 프레임 창조 접근법에서 핵심적이다. 과정의 그 어떤 다른 부분보다도 이것이 결과물의 질을 가장 크게 결정한다. 어떤 면에서, 이 단계들이 어렵다는 것은 놀랍지 않다. 기본적으로 프레임 창조는 전문가 디자이너들의 작업 방법으로부터 개발된 디자인기반 실천이다. 그들의 프레임 창조 접근법을 명시적이고 접근 가능한 것으로 만든다고 해서, 그 접근법을 더 쉬운 것으로 만든 것은 결코 아니다. 하지만 프레임 창조 모형의 힘은 경험이 부족한 팀이라고 해도 이 책에서 개괄된 과정들, 원리들, 실천들을 사려 깊게 적용함으로써 정말로 좋은 결과를 얻을 수 있다는 사실에 있다.

맥락에서 프레임으로

앞서 보았듯이, 프레임 창조 접근법에서 주제들은 폭넓은 문제 장 안에서 플레이어들 사이의 더 깊은 의미와 가치의 조응으로부터 창발한다. 그와 같은 주제들의 확인은 해석학적 현상학의 맥락 안에서 개발되어온 여과 과정을 통해 성취될 수 있다(3장 참조). 이 창발 과정을 진전시킬 상당히 신속하고 지저분한 방법이 <그림 8.2>에서 예시된다. (과정의 "맥락" 단계의) 핵심 이해관계자들과 "장" 안의 플레이어들의 목록을 큰 종이 왼쪽에 작성하여 행렬을 시작할 수 있다 — <그림 8.2>의 단계 (1)과 (2). 그런 다음 그들은 그들에게 중요한 것이 무엇인지를 — 그들의 필요, 가치, "통화"를 — 별개의 포스트잇에 적어야 한다(<그림 8.2>의 단계 (3)). 그 다음 단계로, 필요, 가치, 핵심 통화 개념을 적은 이 노트들은, 원래 연결되어 있는 장 안의 이해관계자나 파티와 무관하게, 정합적 집단들로 재배열되어 묶이게 된다(4). 이 묶음들에 라벨을 붙이거나 이름을 다는 과정에서, 가능한 주제들이 창발하는데(5), 그 주제들은 법칙적 관계망(nomological networks)의 중핵이 될 수 있다(6) — 법칙적 관계망이란 다양한 방식으로 중심 개념과 관계를 맺으며 이 연관들을 통해 함께 그 중심 개념을 정의하는

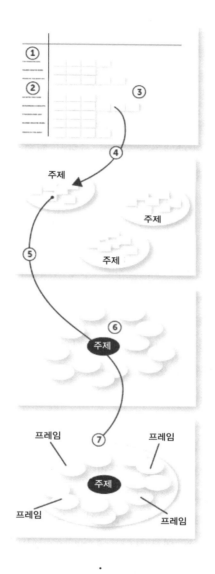

<그림 8.2>
프레임 창조 워크숍: 맥락에서 프레임으로 가는 단계적 접근법.

단어들의 구름이다(<그림 8.3>). 그런 다음, 이 법칙적 관계망에 대한 사려 깊은 탐구는 새로운 프레임들의 창발을 촉발한다(7).

주제의 힘

그러고 나서 이 주제들은 충분히 생각하면서 분석해야 한다. 이 단계는 까다롭다. 왜냐하면 주제들은 심리적, 사회적, 기술적 측면들을 포함하는 복잡한 구성물이고, 종종 이 측면들은 밀접하게 연결되어 있기 때문이다. 강력한 사회심리적 주제를 정식화하는 한 가지 방법은 인간 심리의 측면들을 고찰하는 것이다: 이 특수한 문제 상황에서 주제의 정서적, 인지적, 동기적, 물리적, 사회적, 맥락적 차원들 사이에 일관되고 강력한 관련성이 있는가? 예를 들어, 킹스 크로스 지역에 오는 일부 청소년 집단에게 그토록 강력한 역할을 하는 "정체성 형성"이라는 주제는 이런 방식으로 이해될 수 있을까? 젊은 남자들 집단 안에서 사회적 등급이라는 관념은 이 모든 심리사회적 측면들을 갖는다. 그 집단은 깊게 느껴지는 구성원들의 믿음과 가치에 —— "정상적"인 것으로 간주되는 것에 —— 묶여 있는 높은 압력의 사회 환경이다. 그것은 또한 아주 정서적인 영역이어서, 소속의 필요와 자신만의 성질을 가진 개인으로서 간주될 필요가 분노와 좌절의 감정을 동반하면서 쉽게 충돌할 수도 있다. 젊은 남자들의 개인적 인생 목표는, 신체 또한 커다랗고 불안스러운 물리적, 생물학적 변화를 통과하고 있는 순간에, 사회적으로 형성되고 있다. 킹스 크로스에서 밤 시간의 일부인 외부 요인들은 공격적이거나 지나치게 떠들썩한 행위를 손쉽게 촉발할 수 있다. 실제로는 이 외부 요인들에 의해 야기된다기보다는 이 주제가 그러한 젊은 남자들 집단 안에서 역할하는 방식에 의해 야기되는 행동들. 마찬가지로, 마라톤 사례에서, 적합성(시에 맞음)과 포용성(시를 포함함)이라는 주제는 흥미로운 방식으로 서로를 강화하며 주요 첨단기술 기업들

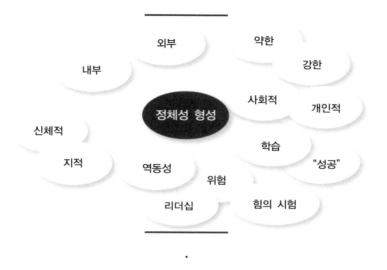

외부
약한
강한
내부
사회적
개인적
정체성 형성
신체적
학습
지적
역동성 위험 "성공"
리더십 힘의 시험

<그림 8.3>
정체성 형성을 위한 법칙적 관계망.

과 시민들 양자 모두를 어떤 해결책에서건 열쇠 플레이어로 부각시킴으로써 가능한 행위들을 함께 프레임 잡는다. 마찰이라는 사회기술적 주제는 열쇠 변수를 부각시키며, 완전히 다른 일군의 해결 방향들을 가리킨다.

주제에서 프레임으로

5장에서 우리는 이 주제 이해로부터 (프레임 창조 과정에서 보통은 가장 어려운 단계 중 하나로 간주되는) 가능한 프레임들의 창조로 나아가기 위해 법칙적 관계망이라는 도구를 사용할 수 있다는 걸 보았는데, 이 관계망은 중간 단계를 효과적으로 창조한다. 법칙적 관계망을 만들 때, 주제의 중심 개념(이 경우: "정체성 형성")을 중앙에 놓고, 그 둘레에는 이전 연구를 통해 그 개념과 관계가 있다는 걸 알게 된 개념들을 배치한다

(<그림 8.3>). (법칙적 관계망 개념은 사실 이 책에서 앞서 사용된 적이 있다. <그림 7.3>과 거기 수반된 텍스트는 참신함의 측면들을 해명하고 참신함과 조직 실천들의 관련성을 해명하는 법칙적 관계망을 형성한다.)

그 다음으로 우리는 주제와 가까운 용어들 중 몇 가지를 전략적으로 선택하며, 이 용어들과 연합된 행동 패턴들을 지도 그린다. 여기서 "전략적으로" 선택한다는 말은, 유관한 용어들을 선택하되 불분명하고 약간은 비스듬한 방식으로 유관한 용어들을 선택한다는 뜻이다. 원래의 문제 상황에 대한 새로운 접근법에 도달하기 위해 이는 핵심적이다(주제와 너무 가까운 선택은 십중팔구 기존 해결책으로 물러나는 걸 의미한다). 예를 들어, 킹스 크로스의 젊은 남자 집단의 경우, 집단 내 더 약한/더 어린 구성원의 사회적 위치를 들여다볼 수 있을 것이다. 그들은 극단적 행동을 통해 자신들의 지위를 과잉보상할 위험이 있다. 이와 관련하여 유용할 수도 있는 행동 패턴으로 우리는 부족사회들이 이 내부의 집단 갈등을 규제하거나 억제하기보다는 의례화하는 방식을 들여다볼 수 있을 것이다. 우리는 킹스 크로스 상황을 의례화된 갈등 상황으로 프레임 잡는 걸 제안할 수 있을 것이고 아마도 그 해결 방향으로 아주 다양한 도시 게임이나 스포츠를 생각해볼 수 있을 것이다. 집단의 다양한 구성원들이 자신의 특별한 신체적이거나 정신적인 기량을 다른 구성원들에게 전시하고 그로 인해 인정받을 수 있도록, 그리하여 더 약한 집단 구성원들에게 가해지는 사회적 자기주장 압력을 해소할 수 있도록 말이다. 젊은 남자들은 금요일이나 토요일 밤에 킹스 크로스 지역에 모여드는 유형들 중 하나일 뿐이며, 이것은 그들의 관계 및 행동 패턴을 바꿀 수 있는 한 가지 가능한 프레임일 뿐이다. 프레임 창조에서 우리는 이런 프레임들을 많이 창조하며, 그래서 우리는 그것들이 창조적으로 결합될 수 있는지를, 그리고 어떻게 그렇게 결합될 수 있는지를 본다. 프레임들이 가깝거나 어울리는 행동 패턴들을 낳고 중첩되는 해결 방향들을 낳는다면, 그 프레임들은 포괄적 해결을 위한 기여물로서 더 흥미로워진다. 그런 다음 돌 하나로 여러 마리 새를 잡는 유력한 개념이 창발할 수 있다. 이 경우 도시 게임 아이디어 중 몇몇은 또한 킹스 크로스에 오는 다른 유형의 젊은이들과도(가장 중요하게는, 여자아이들과도) 잘 통할 것이라고, 또는 (가족들이) 낮에도 할 수 있는 활동으로서 가치가 있을 것이라고 해보자. 그럴 경우 그것들은 더욱 더 추구해야 할 더 가치 있고 분별 있는 선택지로 등장할 것이다.

촉매들과 지휘자들

앞 장들에서 프레임 창조 접근법은 과정 모형을 통해서 그리고 프레임 창조의 원리들과 논리의 해명을 통해서 제시되었다. 다 모았을 때, 그것들은 프레임 창조 워크숍 세션을 위한 핵심 모형을 이룬다. 프레임 창조 프로젝트를 하기 위해서, 이 세션은 더 넓은 프로젝트 안에 삽입될 필요가 있다. 이 세션은 포괄적인 프레임 혁신 과정을 이루는 일련의 활동들에서 단지 한 단계일 뿐이다. **범죄 예방 디자인** 센터의 실천에서, 프레임 창조 프로젝트들은 7단계를 통해 전개된다(<그림 8.4>).

이 프로젝트들의 진앙epicenter은 프레임 창조 워크숍이다. 워크숍에서 디자이너들과 이해관계자들은 4장에서 소개된 9단계 과정 모형을 통과해 간다. 첫 두 단계[20]는 워크숍을 위한 준비로 볼 수 있다. 이어지는 네 단계에서는 워크숍 결과들을 탐사하고, 개발하고, 비판적으로 평가하고, 파트너 조직의 실행을 위해 준비해 놓는다. 프레임 창조 프로젝트에서 질quality을 달성하기 위해서, 우리는 이 일곱 국면 모두 좋은 결과를 성취할 필요가 있다.

· ·
20. "프레임 창조 9단계"가 아니라 "프레임 창조 프로젝트 7단계" 중 첫 두 단계.

DOC나 YD/ 같은 촉매 조직의 공식 목적은 파트너 조직 안에 프레임 혁신 역량을 키움으로써 자신은 (대부분) 소모품이 되는 것이다. 이는 복잡한 과제다. 왜냐하면 프레임 창조에서 상이한 단계들은 아주 상이한 실천들을 내포하는데, 이 실천들은 각기 특별한 능력과 기량에 기반하며, 또한 이러한 능력과 기량 배후에는 어떤 특정한 창조적 "사고방식mentality"이 자리 잡고 있기 때문이다. 일이 잘 이루어지려면 이 모든 상이한 활동들이 정합적 과정 속에서 함께 묶일 필요가 있다. 우리가 이 책에서 본 촉매 조직들은 자기만의 방식으로 이를 행하는 동시에 또한 시간이 흐르면서 스스로도 변화하고 있다. **젊은 디자이너들** 재단은 프로젝트초점(사례 5와 6)에서 통학문적transdisciplinary 교환을 위한 환경을 창조하고(사례 7) 그런 다음 주제기반 접근법을 취하는(사례 16) 쪽으로 변해왔다. **범죄 예방 디자인** 센터는, (시드니 공과대학과 에인트호번 공과대학이라는) 대학에 기반을 두고 있기 때문에, 전적으로 다른 위치에 있다. 이 위치는 작업 과정에 반영된다. DOC 프로젝트 모형 내에서(<그림 8.4> 참조), 핵심 직원들과 대학원생들은 프레임 창조 과정의 앞쪽 국면에(새로운 프레임들을 제안하는 데까지) 집중하는 반면에, 학부생들은 이 새로운 미래들을 수많은 상이한 방향으로 탐사한다. 경험상 알 수 있듯이, 프레임 잡기가 잘 되어 있으면, 학부생들이 생성하는 모든 해결책들은 흥미롭고도 유용할 것이다. 그런 다음 센터 직원들과 전문 직업적 협력자들은, 파트너 조직으로의 인계를 위해, 아이디어들이 전문 직업적 수준에 이르도록 한다. 이러한 작업방식에는 몇 가지 이득이 있다. 대학 편에서 이는 연구와 교육과 외부 세계 참여를 통합할 수 있는 좋은 방법이다. 반면에 프레임 창조 과정은 학생들의 선입견 없는 관찰을 통해 엄청난 도움을 얻는다. 세계를 신선한 눈으로 바라보는 젊은이들과 함께 작업하는 것은 **범죄 예방 디자인** 센터와 **젊은 디자이너들** 재단 양자 모두의 핵심 특징이다.

프레임 창조는, 참여 조직들이 작업하는 방식에 변화를 촉발하는 것과는 별도로, 또한 새로운 행위자 네트워크를 낳고 이 네트워크 안에서 조직의 새로운 역할을 창조할 수도 있다. 가령 마라톤 사례연구에서, 시 공무원들은 도시 안에서 네트워크 행위자라는 새로운 역할을 맡는다. 그리고 실로 이 작은 프로젝트의 여파로 행위자 네트워크들은 함께 모이게 되었다. 그리고 공동 작업들은 제안된 프레임들과 해결 방향들을 시행하는 첫 실험들로 이어졌다. 이를 그 이상으로 훨씬 더 멀리 끌고 갈 수 있다는 것이 킹스 크로스 사례연구에서 입증된다(사례 17을 볼 것). 그 결과는 "열린 시드니 —— 밤의 시드니를 위한 미래 방향들OPEN sydney —— Future Directions for Sydney at Night"이라 불린 확신에 찬 새로운 전략이다. 그것은 시드니 시가 어떻게 "세계적인, 연결된, 다양한, 매력적인, 반응적인" 도시가 되려고 추구하는지를 정리하여 제시하고 있다. 이러한 방식으로 과정을 시작함으로써, 하나의 조직으로서의 시드니 시는 완전히 새로운 방식으로 능동적인 행위자가 되었다. 시드니 시는 그 도시에서의 삶의 큐레이터 내지는, 어쩌면 더 나아가, 지휘자가 되었다. 그것은 단지 문제를 다시 프레임 잡았을 뿐만 아니라 도시 안의 새로운 행위자로 스스로를 재발명했다.

프레임 창조 포용하기

프레임 창조 능력의 조직 내 도입은 조직의 문제해결 전략 레퍼토리를 엄청 넓혀주고, 외부 세계에 대한 앎을 심화시킨다. 이를 성공적으로 수행할 때, 더 깊고 더 지속적인 무언가가 발생할 수 있다. 우리는 아직 프레임 창조 과정의 바로 그 마지막 단계, 즉 "통합"에 관심을 집중하지 않았다. 하지만 이 단계에서도 전적으로 새로운 유형의 조직이 탄생하는 작은 혁명이 발생할 수 있다. 이 변혁을 이해하기 위해서, 우리는 조직들을

연구

문제 상황을 다루는 데 요구되는 지식을 모으고
이해관계자들을 확인한다

∨

개시

열쇠 이해관계자들과 접촉하고
프로젝트가 형성된다

∨

프레임 창조

9단계 프레임 창조 워크숍 (4장)

∨

디자인 탐사와 사업 탐사

디자인 가능성들을 세부적으로 설계해보고 이 디자인 개념들과
아이디어들의 (사업) 가치를 탐사함으로써 프레임 제안들을 탐사한다

∨

행동으로 가는 길

실현에 필요한 활동들과 변형들을 세부적으로 설계하기

∨

인계

결과들이 실행을 위해 파트너 조직에게 인계된다

∨

평가

결과들, 과정, 기저에 놓인 방법/도구들이 평가된다

.

<그림 8.4>
DOC 프레임 창조 프로젝트의 국면들.

어떤 다른 방식으로, 우리가 이 책 내내 유지해왔던 문제해결 관점 너머에서 바라보아야 하며, 프레임 창조 그 자체를 조직을 위한 구조화 원리로 간주해야 한다.

> 오늘날의 문화에서, 개인들의 네트워크들은 집단이 개인을 조직하는 "대중 사회"와는 대조되는 사회적 조직을 위한 기반을 형성한다. 이 형태의 역사적 유일무이함을 놓고 이의를 제기할 수는 있다 — 네트워크는 언제나 있었다. 하지만 협력의 규모와 크기는 엄청나게 성장했다.(Van Dijk 1999. Boutellier 2013에서 재인용)[21]

이것은, 6장에서 제시된 관점들에 더하여, 조직에 대한 어떤 흥미로운 관점을 내놓는다. 문제(또는 기회), 인지된 책임, 지평 위의 가능한 "행동 경로"가 있을 때 행동으로 뛰어드는 중복되고 상호작용하는 프레임 혁신가들의 집합으로 조직을 바라보는 견해. 프레임 혁신 안에서 이 "행위자들(actors)"은 관례적 문제를 해결하는 정해진 조직 단위가 아니다. 그들은 행동이 필요하고 성취 가능할 때 함께 모이는 좀 더 느슨한 동맹이다.

방법 카드

시드니의 **범죄 예방 디자인** 센터는 프레임 창조 단계를 지원하기 위해 "방법 카드"를 개발했다. 방법 카드는 디자인 회사 아이디오[IDEO 2003]가 클라이언트에게 회사의 연구 신뢰성을 납득시키는 방법으로 디자인 담화 안에 처음 도입되었다. 아이디오는 52개 카드 세트를 창조했다. 한 면에는

· ·
21.   이 구절은 Hans Boutellier, *A Criminology of Moral Order*, Bristol: Bristol University Press, 2019, p. 22에 나온다. 도스트는 바우텔리의 『도덕 질서의 범죄학』(2019)을 『즉흥 연주 사회』(2013)와 혼동한 것 같다.

간단한 설명이 있다. 다른 면에는 회사가 사용하는 사용자 중심 디자인 방법과 도구를 설명해줄 이미지가 있다. 이 도구들을 카드 형태로 가지고 있는 것은 사용자 중심 디자인 프로젝트에서 아주 유용한 사내in-house 조력물이라는 게 입증되었다. 클라이언트와 한창 대화를 나누는 동안에도 다양한 카드를 가지고서 하나의 프로젝트를 짜 맞출 수 있다. 회사 안에서 카드는 디자이너나 디자인 팀이 무엇을 하고 있건 그들이 — 이런 유형의 가벼운 규율이 없을 경우 모호하고 무계획적인 뒤죽박죽으로 전락할 수 있는 활동들에 언제나 구조화된 접근법을 적용하면서 — 언제나 "방법 안에in a method" 있다는 것을 확실히 해준다. 카드는 또한 어떤 활동을 실행할 방법이 종종 다양하게 있다는 것을 강조하며, 개발 프로젝트의 핵심 부분들에 대한 삼각측량을 고취시킨다. IEDO 방법 카드는 누구나 구할 수 있도록 공개되어 있다. 그 카드들을 도매금으로 채택하여 연결함으로써 하나의 프로젝트를 짜 맞추고 싶은 유혹이 있기는 하지만, 카드들 자체는 — 특정 시기에 회사에서 이용 가능했던 실천들에 기반한 — 열린 결말의 비체계적인 세트라는 것을 알고 있어야 한다. 또한 카드에 적힌 아주 간단한 설명 자체는 조직 내의 많은 암묵적인 전문지식을 축약한 것이다. 방법 카드 개념에서 이득을 얻을 최선의 길은 너만의 세트를 창조하는 것이다. <그림 8.5>는 프레임 창조를 지원하는 어떤 특별한 방법 카드를 일별할 수 있게 해주는데, 이는 **범죄 예방 디자인** 센터에서 개발되어 사용되었다.

스스로 만든 방법 카드 세트의 큰 이점은 상황적(즉 조직 유관적)이라는 것, 그리고 공통 사례연구들의 가장 두드러진 측면들을 손쉽게 다시 참조할 수 있다는 것이다. 각각의 도구나 방법에는 그것의 실행을 뒷받침하기에 가장 적합한 사람의 상세 연락처를 곁들일 수 있다. 이는 실행에 있어 전문적 도움을 낳으며, 또한 소유와 책임의 감각을 낳는다. 부수적으로,

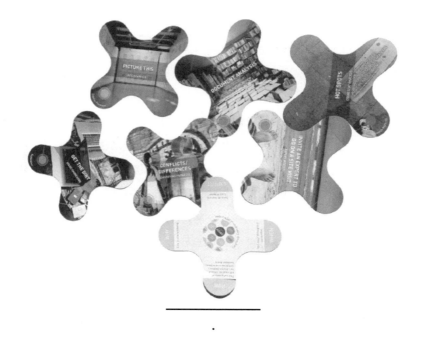

<그림 8.5>
DOC 방법 카드 샘플.

그와 같은 카드 세트의 창조 과정은 그 자체로 치료 효과를 갖는다. 즉 그 과정은 팀 구성원 각자에게 개인적 역량강화의 감각을 주며, 어떻게 상이한 개인들이 공유된 능력과 담화에 기여하는지를 조망하게 해준다. 방법 카드 제작은 앞서 언급한 프레임 혁신가 네트워크를 설립하는 데 도움을 준다. 카드에 제시된 도구들은 종종 새롭거나 독창적이지 않다. 도구들의 질은 기존 실천들을 반영할 것이고, 바라건대 사람들에게 그 도구들을 확장하려는 도전의식을 북돋을 것이다. 그와 같은 도구 세트의 창조를 위한 영감의 좋은 원천들은 디자인 사고 문헌에 풍부하게 있다.

예를 들어, Brown(2009)과 Martin(2009)을 볼 것. 디자이너들이 사용하는 공통적인 디자인 및 연구조사 도구들은 Laurel(2003)과 Kumar(2012)에서 볼 수 있다.

프레임 창조 방법 카드 세트가 열린 결말이듯, 이 책도 그렇다. 그런데 이 책은 이제 마무리를 시작할 필요가 있다. 프레임 창조는 복잡한 실천이다. 그리고 이 시점에 독자에게 전해주어야 할 것들이 아직도 무수히 많다. 여기엔 프레임 창조 퍼실리테이션 같은 주제들이 포함될 것이다. 프레임 창조를 사용하면서 살아 있는 맥락 안에서 대안적 경로와 해결책을 보여주는 파트너 조직의 개발 프로젝트를 "그림자처럼 뒤쫓는" 실천도 포함될 것이다. 혹은 프레임 혁신과 위기의 시간이라는 어려운 수수께끼를 탐사할 수도 있을 것이다. 종종 위기가 왔을 때 변화를 위한 상황이 무르익는데, 하지만 위기 상황에서 프레임 혁신은 너무 느리고 번거로운 것으로 지각될 수도 있다. 프레임 창조가 여전히 할 수 없는, 하지만 일단 프레임 창조 실천들이 좀 더 개발된 경우 할 수 있을지도 모르는, 많은 것들이 또한 있다. 따라서 부록 3은 프레임 창조와 프레임 혁신을 위한 개발 의제를 간략하게 개괄한다.

행동으로 가는 길

많은 조직들이 핵심 실천 중 하나로 프레임 혁신을 채택한다면 어떻게 될까? 이는 어떤 성격의 용감한 신세계[22]로 이어질까? 사회학적 용어로,

프레임 창조의 실천은 조직들이나 사람들이 이전 어느 때보다도 덜 위계적이고 더 유동적인 사회를 다룰 수 있도록 도울 것이다. 이는 즉흥 연주의 필요를 낳을 것이다. 실제로 바우텔리(2013)는 "즉흥 연주 사회"라는 문구를, 그 문구를 제목으로 삼은 책에서, 만들어냈다. 그는 이렇게 설명한다.

> 사회는 더 이상 제도들을 중심으로 형성되지 않는다. 오히려 제도들 그 자체가 충동적이고 파편화된 사회에서 사건들을 둘러싸고 펼쳐져야만 한다. … [사회는] 반향을 불러일으키면서 공동체 감각을 창조하는 모티브나 "주제"[를 둘러싸고 형성된다].[23]

하지만 (재즈 의미에서) 좋은 즉흥 연주는 언제나 분명한 방향 감각과 흐름 감각에 기반하고 있어야 한다. 이런 감각들은 프레임 창조 과정에서 쌓이는 통찰과 구조의 더 깊은 층들을 통해 제공될 수 있다. 프레임 창조를 어디서나 채택한다고 해보자. 그러면 각계각층에서 온 파티들은 자신들이 동일한 주제를 다루고 있다는 것과 비슷한 방향으로 나아가는 프레임을 창조하고 있다는 것을 발견하기에 이를 수도 있다. 이는 흥미로운 크로스오버, 공유된 실천, 공유된 프로젝트와 모험으로 이어질 수도 있다. 이 새로운 행위자들의 부상은 통부문적transdisciplinary 과정 안에서 "해석자"(Verganti, 2009)라고 묘사되어온 사람들에 의해 추동될 것이다. 주제들, 프레임들, 아이디어들이 교차수분하면서 사방팔방 퍼져나가는 공동체들 안에서 —— 문제나 필요의 직접적 필연성에 의해 추동되는 게 아니라, 어떤 주제나 프레임을 둘러싼 상호 맞물림을 통해 추동되면서 —— 함께 일하는

• •
23. Boutellier, *A Criminology of Moral Order*, p. 32. 도스트는 이 인용의 출처를 『즉흥 연주 사회』로 혼동하고 있다.

사람들로부터 새로운 유형의 네트워크가 생겨날 수도 있을 것이다.

　이 책을 시작하면서 나는 어떻게 개인들과 조직들이 우리 시대를 특징짓는 열린, 복잡한, 역동적인, 네트워크된 문제 상황을 다룰 수 있는지 질문을 던졌다(<그림 1.1>). 발전된 디자인 실천들에 대한 연구와 광범위한 실험을 통해, 프레임 창조 접근법이 한 가지 가능한 대답으로 창조되고 제안되었다. 흥미롭게도 프레임 창조에서는 문제 상황의 열린, 복잡한, 역동적인, 네트워크된 본성이 포용되며, 문제 상황을 해결하는 경로로 사용된다(<그림 4.1>과 <그림 5.1>). 더 넓은 문제 각축장의 분석을 통해 문제가 활짝 열리며, 가능한 이해관계자들의 더 큰 집단을 잠재적으로 포함시킴으로써 문제의 복잡성이 증대된다. 프레임 창조의 전 과정을 따라 발생하는 상호작용을 통해, 분석에서도 창조적 단계들에서도(<그림 5.2>), 문제 상황의 동력학을 고려하게 된다. 그로 인해 프레임들과 해결 방향들을 지지하는 변형 의제들이 탄생한다. 문제들의 네트워크된 본성은 이 폭넓은 접근법의 필수적인 부분인데, 왜냐하면 이 접근법이 단 하나의 "문제 소유자"와 단 하나의 해결 운전자만 보는 것에서 벗어나기 때문이다. 공통 주제들의 깊이와 연관성, 창조된 프레임들의 공유된 이해는 새로운 해결을 실현할 개인들과 조직들의 강건한 네트워크를 낳는다. 프레임 창조 실천들은 문제의 실존에 기여한 합리성들 사이에서 벌어지는 복잡한 문제 각축장 안에서 아주 자유롭게 창조적으로 움직인다. 이 제한적 합리성들(<그림 7.2>)을 피해가며 조타하면서, 하지만 무작위적 과정의 혼돈 또한 피해가면서, 프레임 창조 접근법은 문제 상황의 해결책 창조를 향한 중도middle way를 제공한다. 문제 상황의 갱신된 프레임 잡기를 통해, 원래 쟁점의 근본 원인을 겨냥한다. 어떤 의미에서, 이것은 문제해결 그 이상이다. 즉 그것은 문제의 완전한 해소다. 이상적인 프레임은 그 프레임을 낳은 문제 상황을 해소하고 제거해야 하며, 비트겐슈타인을 인용하자면, "새로운 것들을 하기 위해 정신을 풀어주어야' 한다. 흥미롭게도, 철학적 스펙트럼의 다른 쪽 끝에서, 인도 철학자 크리슈나무르티는 같은 것을 말했다. "오직 문제만 있을 뿐, 해답은 없다. 문제를 이해하는 과정에서 문제가 풀려버리니까."(Krishnamurti, 1995)[24]

  1장에서 이 책의 출발점이 되어주었던 사례연구, 즉 불가능하고 걱정스러운 고속열차 설계 과정에 대한 다음의 에필로그가 이 접근법의 힘을 아름답게 예시한다.

사례 1
다시 고속열차로:
끝이 좋으면 다 좋다

이제 고속열차 연결로 돌아가서, 프로젝트 끝에 있었던 매혹적인 반전을 전하면서, 이 고전적 드라마에서 교훈을 끌어내려 한다.

  프로젝트의 바로 그 마지막 설계 단계에서, 기본 궤도 결정을 의회가 받아 승인했을 때, 몇 가지 변동의 여지가 있었다. 선로의 정확한 위치는 아직 손볼 수 있었고, 양쪽으로 100에서 150미터 정도 자유가 있었다. 경사면 설치가 풍경에 미치는 영향을 개선하기 위한 일정한 예산이 설계된 철로의 매 구간마다 할당되어 있었다. 그 돈을 어떻게 하면 가장 잘 쓸 수 있는지를 결정하기 위해 그 영향을 받는 공동체들에서는 토론을 이끌어줄 컨설턴트가 고용되었다. 컨설턴트 중 한 명은 한 시골 지역을 다루고 있었다. 그는 불만이 큰 20명 정도의 농부와 그 가족이 모이는 워크숍을

••
24. 지두 크리슈나무르티, 『오늘을 살기 위하여』, 박윤정 옮김, 판미동, 2011, 10쪽.

이끄는 도전에 직면했다. 지역 공동체 회관에서 화이트보드 옆에 서 있는 약간 초조한 컨설턴트를 상상해보기 바란다. 분위기를 풀고 쟁점들을 균형 잡힌 눈으로 바라볼 수 있게 하려는 시도에서, 그는 모인 사람들에게 우선 고속열차의 좋은 점을 질문했다. 깊고도 긴 침묵이 뒤따랐다. 마침내 침묵을 깨고 경제에는 아마 좋을 거라는 의견이 마지못해 나왔고, 파리로 가고 싶은 저기 도시 사람들은 여행시간을 단축할 수 있어 좋을 거라는 성난 외침들이 튀어나왔다. 이 느린 출발 이후 다음 질문은 물론 고속열차의 나쁜 점이었다. 의견들이 빗발쳤으며, 이는 모두 적절히 기록되었다. 그러고 나서 지도가 하나 펼쳐졌다. 그 지도는 열차 선로가 놓여야 하는 넓은 구역을 보여주었다. 차근차근, 컨설턴트는 선로를 이곳이나 저곳에 설치하는 것의 결과들을 지도를 통해 짚어나갔다. 결정적으로, 토론은 열차 문제에 집중해 있던 것에서(1장 참조) 풀려났고, 선로를 따라 사는 사람들의 삶의 질에 대한 훨씬 더 넓은 토론으로 변해갔다. 과정을 올바로 프레임 잡기만 했어도 15년 전에 이런 대화를 할 수 있었을 것이다. 한 사람의 삶의 질에 기차가 부정적인 영향을 미치겠지만, 이를 다른 방법으로 보상할 수 있다. 땅에서 열심히 일하는 이 농업 공동체에서, 삶의 질을 지탱하는 가치들 중에는 때로 몇 세대 동안 가족 소유였던 땅의 근본적인 소유권 감각이 포함되어 있었다. 바로 이 실질적 문제들과 공유된 전망의 층위에서, 결실 있는 토론이 이루어질 수 있었다. 실질적 문제들은 대부분 타협을 통해 극복될 수 있었다. 보통은, 그저 불편 나누기를 통해서(그래, 터널 위치가 내게 그렇게 좋지는 않아. 하지만 내 이웃들이 그들 땅에 가느라고 그 말도 안 되는 운전을 할 필요는 없을 거야). 더 깊은 가치들을 건드리는 토론들은 특히 흥미로웠다. 대안이 되는 궤도 중 선택을 할 때 실제로 한 농장이나 다른 농장이 완전히 사라지게 되는 상황이 있었다. 농부 중 한 명이 다른 가족이 자기보다 훨씬 더 오래 거기 있었다고 말하고는 떠나는 쪽을 선택했을 때, 처음의 교착상태는 타개되었다. 고속열차 프로젝트에 수반되었던 그 모든 갈등과 불화가 있고 나서, 깊은 인간성 감각으로부터 이 도량 있는 제스처가 나왔다…. 잘못 진행되는 문제해결 과정이 사람들에게 불필요한 적대감을 불러일으킬 뿐 아니라 사람들을 방어적으로 만들어 아주 협소한 행동 패턴으로 밀어 넣는다는 것을 깨달을 수 있는 계기. 사람들이 더 이상 친절하고 정상적이고 이해심 있는 자기로 있을 수가 없는 것은, 자신들의 직접적인 이익을 위해 싸우도록 강요받는 위치로 내몰리기 때문이다. 그로 인해 그들은 그들이 가진 인간성의 본질적 부분으로부터 멀어지게 된다. 이 사례의 경우, 프로젝트 설계 단계의 그 오랜 시간 동안 말이다. 우리에게는 더 잘해야 할, 사람들이 자기 자신으로 있을 수 있도록 해주는 문제해결 방법을 고안해야 할 도덕적 의무가 있다.

프레임 창조를 접근법을 넘어 모형으로 개발하고, 궁극적으로는 활짝 핀 방법론으로 개발하는 일은 실로 과정 중에 있는 작업이다. 여러분에게 이 흥미진진한 모험에 합류하라고 권유하는 것보다 이 책을 결론짓는 더 좋은 방법은 없다. 이 영역에서 작업하는 공동체는 이미 존재하며, 이 책에서 설명된 기본 아이디어들을 진화시키기 위해 신속히 움직이고 있다(부록 3 참조). 사례연구들을 통해서 우리는 기본적인 프레임 창조 접근법이 결실을 낳을 수 있다는 것을 보았다. 프레임 창조 워크숍은 단 두 시간으로도 사람들이 생각하는 방식을 근본적으로 전환하는 능력이 정말 마법 같다. 이전에 아무것도 없었던 곳에서 새로운 의미 패턴들, 추리를 위한 구조들, 행동으로 나아가는 행로들이 나타난다. 이것은 문제가 흔적도 없이 사라지게 만들고 밝은 미래가 창발하도록 해주는 매력적이면서도 재미난 과정이다. 상이한 적용 영역들에서 프레임 창조의 완전한 잠재력과 의의를 이해하는 데 도움을 줄 더 많은 이런 프로젝트들이 실행되어야 한다.

이 책에 있는 모형들과 사례연구들을 통해 프레임 창조 접근법에 대한 감을 얻었으면 한다. 하지만 말로 성취할 수 있는 것에는 한계가 있다. 나는 여러분에게 프레임 혁신가가 되기를 권하며, 또한 이 통찰들, 모형들, 과정들, 방법들, 도구들을 여러분 자신의 환경 안으로 가져가길 권한다. 이는 중요하다. 다가올 시대에 우리는 거대한 도전들을 직면하고 있으니까. 갈수록 더 개인이나 조직은 열린, 복잡한, 역동적인, 네트워크된 문제 상황을 직면할 것이고, 이에 대처하기 위해 문제해결 능력을 조정해야만 할 것이다. 세계 안의 점증하는 불평등, 기후 변화, 자원 부족, 환경 손상 같은 전개들은 우리의 기존 프레임으로는 그저 해결될 수 없는 무수한 문제 상황을 낳을 것이다.

지혜는 다만 앎과 성찰에 대한 것만은 아니다. 지혜는 또한 실천에 대한 것이다. 지혜의 중핵에는 올바른 때 올바른 것을 할 능력이 있다. 프레임 혁신만이 개인과 조직이 직면하게 될 모든 도전에 대한 답인 건 아니다. 하지만 그 안에 지혜가 있다는 것을 독자들이 납득했으면 한다.

부록 1 작업 중의 전문가 디자이너

나의 동료 헨리 크리스티안스와 나는 한 디자인 과제를 놓고 작업 중인 개별 디자이너들을 연구했다. 실험 참가자들에게는 사고 패턴을 포착하고 분석할 수 있도록 소리 내어 생각하라고 요청했다(이 특수한 연구는 Dorst and Dijkhuis, 1995와 Dorst, 1997에서 보고되었다). 이 특수한 일련의 프로토콜 연구[25]는 열두 명의 경험 많은 디자이너를 대상으로 수행되었다. 디자인 도전 과제는 새로운 네덜란드 열차의 객실 쓰레기 시스템을 새로 개발하는 것이었다. 해결책을 디자인하는 데 필요한 모든 정보(가령, 프로젝트 배경, 관련 이해관계자들, 열차 크기, 기존 열차의 사용자 조사)는 디자이너들이 요청할 수 있는 정보 카드 형태로 제공되었다. 디자이너들에게는 이 과제와 씨름할 시간이 2.5시간 주어졌다. 이 부록에서는, 한 시간 경과 후 프로토콜에 진입하기로 한다. 그 한 시간 동안 전문가 디자이너는 정보를 살펴보았고, 자신의 열차 쓰레기 경험과 몇몇 비교할 만한 상황들

----

25. 주어진 과제를 해결하는 동안 소리 내어 생각하도록 하여 그 말을 전사해 놓은 기록, 즉 프로토콜을 연구하는 방법을 프로토콜 분석이라고 부른다. 1920년대에 심리학 연구 방법으로 처음 등장했으며, 70년대 이후 디자인 연구에도 도입되었다.

(항공기 쓰레기 수거)을 논의했다. 그러고 나서 갑자기 디자이너는 문제 상황을 구조화할 수도 있는 어떤 아이디어로 도약한다.

(시간: 60분) 갑자기 생각났다 … 쓰레기통을 따로따로 만들면 좋겠지? … 몇 가지 다른 쓰레기 유형이 있으니까 … 우린 마른 쓰레기가 있지 … 종이 쓰레기통이라고 해야겠다 … 기차에 신문지와 잡지를 많이 남겨두니까 … 네가[26] 신문과 잡지 같은 걸 넣을 쓰레기통 만드는 걸 나는 상상할 수가 있어 … 그 쓰레기통은 네가 커피 같은 걸 넣을 수 없게 만들어야 하지 … 그게 문제야 … 사람들은 지루하거든 … 열차에서는 그렇지 … 사람들은 하지 말아야 하는 일을 하려는 경향이 생기지 …

(시간: 61분) 하지만 좋긴 할 텐데 … 보자, 몇 가지가 지금 머리를 스치는군 … 첫째, 철도가 있다 … 철도는 환경 친화적 방식의 운송을 제공한다 … 지금도 이건 철도를 위한 논거로 이용되고 있지 … 이 아이디어를 쓰레기 수거로 확장하면 멋진 마케팅 수단이 될 거야 … 그러니까, 쓰레기로 말이지 … 열차 쓰레기 수거가 그 정체성에 도움이 된다는 것 … 친환경 철도 … 그렇다면, 열차는 종이를 많이 버리는데, 그게 주된 쓰레기 종류니까, 그런 열차 안에다가 … 우리는 신문을 넣을 수 있는 별도의 칸을 창조하는 방식으로 쓰레기통을 디자인할 수 있을 거야 …

(시간: 62분) 그래서 우리는 … 나머지 쓰레기 처리 과정과 어떻게 연결할지 난 모르겠어 … 하지만 이 종이를 나머지 쓰레기와 분리시킬 수 있다면 아주 좋겠지 … 환경 보존에 별 문제를 일으키지 않을

26. 여기서 "너"는 혼잣말에서 나와 대화하고 있는 나 자신이다.

252

쓰레기통이 생긴다는 뜻이니까 … 현재의 쓰레기통을 보면 … 악취가 나고 … 또 너무 작아 … 왜 너무 작으냐면, 주된 이유는 … 그러니까 신문 같은 것들로 꽉 차 있기 때문이지 … 그럴 만도 해 … 내가 기억하기로는, 신문이 40퍼센트니까 … 맞아, 전체 쓰레기 40퍼센트가 신문이야 … 거의 절반 … 그걸 미리 제거하면 아주 좋겠지 … 그건 마른 쓰레기야 … 쓰레기통을 더럽히지 않지 …

(시간: 63분) 물기가 있거나 뭐 그런 게 아니지 … 쓰레기통에 신문을 그냥 찔러 넣을 수 있는 간단한 칸을 만들 수 있다면 좋겠다 … 너는 쓰레기통을 그렇게 많이 사용하지 않아 … 쓰레기통 부피를 좀 줄일 필요가 있어 … 평균 적재량이 얼마였더라 … 70에서 85퍼센트 … 그중 40퍼센트가 신문 … 여하튼 한 가지 옵션이야 … 신문 쓰레기통을 만드는 거 … 다른 이점도 있어 … 너도 알지만, 신문과 잡지를 읽는 승객들이 몇 명 있잖아 … 따라서, 그걸 커피 컵이나 캔과 같은 통에 넣지 않으면 … 신문은 깨끗하겠지 … 그리고 다시 사용할 수 있겠지 …

(시간: 64분) 지금 그것들은 아침인데 테이블 위에 놓여 있어 … 다음 승객이 보라고 놓아둔 거지 … 떠돌이 쓰레기는 대부분 신문과 잡지일 것 같아 … 이 정보 카드로는 실제로 알 수가 없군 … 어디선가 들은 것 같은데 … 반 달렌 인터뷰에 그게 있는지 한 번 보자 … 그렇다면 신문은 아마 … 맞아, 신문은 또한 청소 도우미를 방해하지 … 그것들은 골칫거리야 … 짐칸에 있는 많은 떠돌이 쓰레기들 …

(시간: 65분) 짐칸에 뭐가 있더라 … 내가 아는 한, 기차는 … 하지만 지금 난 내 경험만 사용하고 있잖아 … 짐칸에 신문과 잡지가 있지 … 신문과 다른 쓰레기를 구분하는 걸로 시작하고 싶다 … 쓰레기 중 40퍼센트는 신문이라는 걸 적어놓자 … 그러니까, 또 다른 쓰레기

통은 크기가 더 작아도 되겠지 … 아무리 멋져도 … 그게 중요한 거야 … 내 생각에 그건 …

　(시간: 66분) 이제 그건 모든 사람이 불편하게 느끼는 높이에 있다 … 그래서 우리는 더 나은 위치를 찾을 수 있는지 살펴보아야 하지 … 위치 잡기 … 이를테면, 채우고 비우기 위한 … 쓰레기통을 가능한 한 벽에 맞붙이도록 해야만 할 것 같다. 열차들은, 어떤 사람들이 말한 것처럼 … 많은 사람은 아니지만 … 음, 그래도, 8퍼센트가 … 쓰레기통에 무릎을 부딪친다고 … 골칫거리지 … 그걸 피할 수 있으려면, 어떻게 해야 하냐면 … 쓰레기통을 벽에 평평하게 달라붙게 하면 좋겠지 … 그리고 반 달렌 씨도 말했지 … 쓰레기통을 벽에 통합하는 걸 정말 좋아한다고 했던 그의 언급이 이것과 관련이 있는 것 같다 …

　(시간: 67분) 너는 객실에서 가능한 한 많은 공간을 얻으려고 노력한다 … 그러니까 … 가능한 한 적게 튀어나와야 해 … 보자 … 그래, 그리고 다음으로는 악취가 있지 … 그리고 더러운 뚜껑 … 그 더러운 뚜껑은 거의 30퍼센트에 달했다 … 그래, 28 … 이를 위해 무언가를 찾아내야 한다 … 중요해 … 그리고, 더 많은 문제들이 있지 … 물론, 그것이 너무 작다는 것 …

　(시간: 68분) 나의 쓰레기 분리 역시 그렇지 … 신문 등등의 경우도 그렇고 크기가 포함되지 … 전체 크기 … 그렇다면 우리는 이제 네 가지로 요약을 했다 … 몸을 너무 많이 숙여야만 하는 청소부들 … 열차는 어둡고 … 너무 빨리 뒤집힌다 … 쓰레기통이 홱 뒤집히지 … 가끔은 …

　(시간: 69분) 쓰레기통 안의 액체가 튄다 … 뒤집히고 … 액체의 튐 … 그래, 난 이제 모든 걸 모아보고 있어 … 그리고, 신문이 있었지

… 좋아 … 종이 분리 수집 정도가 실현 가능한 전부일 거야 … 다른 분리는 너무 복잡할 거야 … 종이 쓰레기와 다른 쓰레기를 분리하는 데 철도회사가 관심이 있는지 넌 알고 있어? …

(시간: 70분) 그건 논의되지 않았지 … 그래 … 하지만 만약 내가 그 주제를 꺼내면, 철도 측으로부터 답을 얻을 수 있어? … 이런 식으로? … 실험자: 그 주제는 내일 내놓아도 돼 … 맞아 … 그렇다면 우리는 개념들을 제시하고 있지 … 다시 말해서, 우리는 이제 일해야만 하지 … 현재의 쓰레기통으로 돌아가 보자 … 그게 어디까지 칸 안으로 들어가는지 알아야 하니까 … 정확한 치수는 …

(시간: 71분) 아닌 것 같은데 …난 쓰레기통 드로잉을 하고 있어 … 그리고 치수를 넣고 있어 …현재로서, 제품의 전체 크기 … 여기 이렇게 좀 보이잖아 … 그리고 나는 3D 스케치를 만들고 있는 중 … 이게 높이고 … 구획 …그리고 뚜껑 …

흥미롭게도, 분리 쓰레기통이라는 해결책은 프로젝트 브리프와 다른 모든 정보에 대한 강렬한 분석을 통해서 하나의 통합적일 수 있는 프레임 아이디어로서 창발한다. 이런 종류의 아이디어를 디자인에서는 "주 발생기"[27]라고 불러왔다. 그것은 디자인 개념을 위한 중핵이라기보다는 디자인 아이디어들로 이어질 수 있는 시초 프레임으로 간주될 수 있다. 이를 출발점으로 삼으면서, 디자이너는 이 프레임으로 성취할 수 있는 가치를 되짚어보며, 이를 더 넓은 장의 다른 이해관계자들의 바람과 연결한다. 그들이 반대할 것인지 점검하면서, 왜 이것이 좋은 해결 방향인지 그 논거를 강화하고자 노력하면서, 성취될 수 있는 추가적 가치를 가지고

27. 이 책 90쪽의 각주9 참조.

프레임을 더 풍요롭게 만들고자 노력하면서 말이다. 이것은 발명과 성찰의 강렬한 과정이다. 디자이너는 문제의 해석과 핵심 해결 아이디어를 함께, 그 둘의 긴밀한 공진화 속에서, 신중하게 탐사하고 있다. 이러한 탐험을 낳은 역설은 브리프에 숨어 있었다:

철도회사는 쓰레기통 사용을 권장하려 하기 때문에, 쓰레기통은 승객 안락을 위해 쉽게 닿는 곳에 있어야 한다.

철도회사는 쓰레기통 사용을 권장하려 하기 때문에, 쓰레기통은 꽤 커야 한다.

그렇다면 역설은 이렇다.

쓰레기통은 승객들에게 쉽게 닿는 곳에 있고 꽤 크기 때문에, 승객 안락을 제한한다.

이는 제품 디자이너에게는 고전적인 문제다: 제품은 사용할 때는 거기 가까이 있을 필요가 있고, 사용하지 않을 때는 거기 없을 필요가 있다(접이식 침대, 공기 주입식 매트리스 등등을 생각해보라). 쓰레기통이 "사라져야" 할 이 필요로 인해서 다른 디자이너들은 쓰레기통의 창의적 배치들, (채워지면서 팽창하는) 신축성 있는 재료로 만들어진 쓰레기통, 쓰레기통을 활송 장치로 대체하기(그리하여 접근 기능과 보관 기능을 분리하기) 등을 제안했다. 이 특정 디자이너는 "쓰레기"를 이루고 있는 것이 무엇인가라는 아이디어에 초점을 맞춤으로서 사실상 질문을 열어놓는 쪽을 선택했으며, 신문 따로 넣기를 탐사한다. 이 분리 쓰레기통 아이디어를 가치 있게 만들어주는 그가 확인한 주제들로는 (승객으로서의, 그리고 철도 회사 이미지 일부로서의) 환경 친화성 감각이 있고, 너그러움의 감각이 있다(다른 승객의 사용을 위해 신문을 놓아두는 일은 공적 공간에서 할 수 있는 긍정적인 일이다). 이 에피소드에서 지배적인 프레임은 뉴스와 여타 쓰레기의 분리다. 이는 분명한 디자인 브리프의 생성으로 이어진다: 아담하지만 분리된 두 칸을 가진 쓰레기통을 창조하되, 한 칸은 신문만 넣게끔 디자인한다. 자신의 최초 디자인을 평가하다가, 그는 이 문제 상황에 두 번째 역설이 있음을 깨닫는다.

쓰레기통은 승객을 위해 쉽게 닿는 곳에 있기 **때문에**, 객실 전체에 분배된다.

쓰레기통은 객실 전체에 분배되기 **때문에**, 비우고 청소하기가 어렵다.

바로 여기서 승객의 필요와 청소부의 필요는 크게 어긋난다(다수 지점에서의 별도 수집은 청소부의 삶을 더 힘들게 만든다). 결국 이 문제 때문에 디자이너는 객차 끝에 커다란 단일 신문 선반을 창조하게 되는데, 승객들은 열차에서 내릴 때 그곳에 신문을 놓아둘 수 있다. 독립된 심사위원들은 열두 전문가 디자이너 중 이 특정 해결책에 최고 점수를 주었다. 그 디자이너가 디자인 과정을 거치면서 위아래를 뒤집고 앞뒤를 뒤집는 것처럼 보인다는 게 독자에게는 인상적이었을 것이다. 과정은 문제 정의에서 시작하지 않는다. 디자이너는 해결책에 이르는 구조화된 방법을 가진 것처럼 보이지 않는다. 그리고 그것은 또한 4장에서 소개된 깔끔한 선형적 9단계 프레임 창조 모형보다 훨씬 더 뒤죽박죽인 것처럼 보인다. 하지만 처음의 아이디어를 있는 그대로의 것으로 —— 즉 문제 상황의 가능한 해석을 안내하는

"주 발생기"로서 작동하는 프레임 아이디어로 —— 취한다면, 그리고 디자이너의 우여곡절을 면밀히 뒤따른다면, 그것은 아주 정합적인 이야기로 읽힌다. 이 분석을 통해 우리는 전문가 디자이너들이 프레임 창조 과정의 단계들을 거친다는 것을, 하지만 암암리에 유동적으로 거친다는 것을 발견한다. 프레임 창조의 요소들은 거기 있다. 프레임 창조 방법을 개발하면서, 우리는 이 단계들을 일직선으로 펼쳤고 논리적일 것 같은 순서로 배치를 했다. 하지만 이는 모형화의 목적을 위한 것이다. 현실에서 그 단계들은 서로 밀접하게 상호작용하면서 실행될 것이다. 프레임 창조자들은 과정 내내 창조적 단계들을 분석과 성찰을 가지고서 균형을 잡아야만 한다. (이 연구는 나중에 델프트 프로토콜 워크숍으로 이어졌다[Cross, Christiaans, and Dorst, 1996].)

부록 2 디자인은 "탐색"인가 "학습"인가?

연구자들이 디자인을 연구하고 이해하기 시작한 첫 패러다임은 1970년대 초 허버트 사이먼에 의해 도입되었다(Simon, 1973). 이 패러다임에서 디자인은 합리적 탐색 과정으로 간주된다. 디자인 문제는 "적정 만족을 주는"[28] 디자인 해결책을 탐색하는 과정에서 살펴야 하는 "문제 공간"을 정의한다. 디자인을 합리적 문제해결 과정으로 보는 것은 과학에 대한 실증주의적 견해를 채택하는 것, 자연과학을 디자인 과학을 위한 모형으로 취하는 것을 함축한다. 디자인에 대한 합리적 문제해결 접근법은 디자인 과정의 실천기반 위상 모형들과 인지심리학 영역에 유래하는 정보처리자로서의 디자이너 모형의 결합이다. 이 둘을 붙이는 접착제는 "인간적 문제해결" 이론이다. 이 분야에서 중심 패러다임은 이렇다: 문제해결은 "[문제 공간 안의] 가능성들의 거대한 미로를 통과하는 해결책 탐색"으로 묘사될 수 있는데, "성공적인 문제해결은 미로를 선택적으로 탐색하고 미로를 감당할 수 있는 크기로 축소하는 것을 내포한다."(Simon, 1969, p. 54)

• •
28. satisficing.

이 탐색 과정들은 체스 문제와 복면산 문제를 해결하는 피험자들의 프로토콜 분석을 통해 연구되었다. 그것들은 "문제 행동 그래프"를 통해 전시되어 분석될 수 있다(Newell and Simon, 1972). 디자인 방법론에서 사이먼의 열쇠 공헌은 동일한 실증주의적 틀구조로 생산적 디자인 사유를 포착할 수 있다고 진술한 것이었다. 문제 해결자들은 객관적이고 인식 가능한 현실 안에서 작동하는 "목적 추구적 정보처리 시스템"으로 간주된다. 사이먼은 그의 이론이 인간 지각의 과정들과 결과들을 고려에 넣지 않는다고 명시적으로 진술한다. 그의 이론은 이렇게 가정한다. "인간은, 행동하는 시스템으로 간주할 때, 꽤 단순하다. 시간이 경과하면서 나타나는 우리 행동의 명백한 복잡성은 대부분 우리 환경의 복잡성의 반영이다." (인간 같은) "적응 시스템"을 연구할 때, 우리는 종종, 시스템의 "내부 환경"에 대한 최소 가정들만을 가지고서, 시스템의 목표들 및 시스템의 외부 환경에 대한 지식으로부터 행동을 예측할 수 있다(Simon, 1969, p. 53).

나중에 한 논문에서 사이먼(Simon, 1973)은 합리적 문제해결 접근법을 디자인에 적용할 때 발생하는 몇 가지 어려움을 다루었다. 이때 그는 디자인 문제를 "잘못-구조화된 문제"로 정의한다. 잘못-구조화된 문제들은 "직접적 문제 공간" 안에서 다루어져야 한다. 직접적 문제 공간이란 전체 문제 공간 중 묘사하기에는 너무 넓고 잘못-구조화되었고 잘못-정의되었다고 여겨지는 부분을 말한다. 직접적 문제 공간은 (특정되지 않은) "알아차리고 불러내는 메커니즘"을 통해 접근되고 합쳐진다. 디자인 과정의 목표는 "충분히 좋은" 해결책에 도달하는 것이다. "우리는 일반적으로 적당한 만큼만 조사를 한 후에 적합한 대안을 발견할 수 있는 그러한 방식으로 대안을 찾음으로써 적정 만족을 제공한다."(Simon, 1973)[29] 『인공적인 것의 과학들』(1969)에서 사이먼은 디자인 문제들이 위계적으로 조직된다고 주장하며, 복잡한 구조를 디자인하는 방법은 그것을 하위문제들로 분해하여 그 하위문제들을 해결하고 이를 결합하여 새로운 종합적 해결에 이르는 실행 가능한 방법을 발견하는 것이라고 주장한다. 문제해결 이론에서, "좋은"(가장 능률적인) 추리 과정은 문제 공간을 통과하는 최단 탐색 경로를 포함하는 과정으로 정의된다.

15년 뒤 도널드 쇤은 근본적으로 다른 패러다임을 제안했다(Schön, 1983). 그는 디자인을 "성찰적 실천"을 내포하는 활동으로 묘사한다. 이 실용주의적, 구성주의적 이론은 특히 전문 직업적 실천에 대한 합리적 문제해결 접근법에서 쇤이 지각한 몇몇 약점들을 다루기 위해 만들어졌다. 쇤은 전문 직업의 디자인 요소가 과소평가되었고 인간 디자인 활동의 본성이 오해되었다고 믿는다. 쇤은 모든 문제 상황의 유일무이함을 강조한다. 그리고 디자이너의 핵심 기량을 개개의 문제에 어떻게 접근할 것인지를 결정할 수 있는 능력이라고 본다. 쇤은 이를 디자인 실천의 본질 내지는 "기예artistry"라고 부른다. 그는 그것이 합리적 문제해결 체제 안에서는 묘사될 수 없다는 것을 용납하기는 힘들다고 본다.

쇤에게, 디자이너의 기본 문제 중 하나는 "지적인 행위에 내재"하는 "일종의 앎"(Schön, 1983, p. 50)을 통해 어떻게 유일무이한 개개의 과제에 접근할지를 결정하는 것이다. 그는 이 암묵적 "행위-속-앎"을 학생들에게 묘사하고 전달하는 게 어렵다는 걸 인정한다. 그럼에도 불구하고 그는 가르칠 수 있고 고려해볼 수 있는 것은 행위-속-앎 습관 발달을 인도하는 명시적 성찰이라고 주장한다. 이를 그는 "행위-속-성찰"이라고 부른다. "상황과의 성찰적 대화" 속에서, 디자이너는 상황 속 유관 요인들을 **명명**하고, 문제를 프레임 잡고, 해결에 이르는 **조치**들을 만들고, 이 조치들을

29. 출처 표시가 정확하지 않다. 이 인용문은 Simon, 1969에 나온다.

평가하면서 작업한다. 프레임은 디자인 문제에 대한 디자이너의 견해 및 디자이너의 개인적 목표들에 부합하는 기저의 배경 이론에 기반하고 있다. 쇤은 이 이론을 실증주의적 합리적 문제해결 접근법과 대조하면서 이렇게 말한다. "사이먼은 자연과학과 디자인 실천의 간극을 디자인 과학으로 메워야 한다고 제안한다. 그렇지만 그의 과학은 이미 실천의 상황으로부터 추출된 잘 형성된 문제에만 적용될 수 있다."(p. 47)

성찰적 대화로서의 디자인이라는 묘사는 (과제를 정하고, 가능한 해결책들을 모두 하나의 프레임 잡기 행위 안에서 개괄하는) 디자이너의 구조화하는 역할에 집중한다. 이 프레임 잡기 행위의 힘이 과제 내 구조의 양을 결정한다. 프레임 잡기라는 중심 개념은 크리스 아지리스에 의해 조직영역 안으로 도입되었다. 아지리스는 프레임 잡기가 핵심적 역할을 하는 학습 주기들("단일 고리"와 "이중 고리")을 강조했다(Argyris, 1992). 이런 아이디어들은 "학습하는 조직"의 중요성을 강조하는 센게(Senge, 2006)와 여타 인물들의 작업에서 진보했다. 이 이론들이 조직 생활세계의 한 중요한 측면을 묘사하고 있다는 것을 많은 이들이 즉시 알아차린다. 하지만 이 이론들은 또한 조직을 운영하는 데 필요한 종류의 구조를 결여하고 있다고 비판받아왔다. 합리적 문제해결은 바로 그러한 종류의 구조를 제공하는 것처럼 보인다. 합리적 문제해결 방법은 목표 정의에서 시작하며, 광범위한 설계 기구를 만들고, 이 선구상된 목표를 가장 효율적인 방식으로 성취하기 위해 방법들을 통제한다. 이 방법은 분명하게 통제될 수 있고 객관적으로 측정될 수 있는 구조화된 작업 과정을 감안한다.

사이먼과 쇤이 확립한 두 패러다임은 세계를 바라보는 두 가지 근본적으로 상이한 방식의 대표다―― 실증주의와 구성주의. 그리고 그렇기에 그것들은 과학과 철학을 가로지르는 깊은 분열의 상호 맞은편에 있다. 둘 모두가 디자인 실천을 이해함에 있어 한 역할을 한다(Dorst, 1997).

부록 3 더 많은 연구가 필요하다

프레임 창조를, 핵심 과정 모형을 위한 개념 증명[30] 수준을 넘어, 조직
안에서 적용될 수 있는 진정한 디자인기반 방법론으로 개발하는 것은
벅찬 과제다. 방법론은 학계 토론의 세계와 실세계 실천 사이에 놓여
있기 때문이다. 따라서 그것은 내적 정합성, 통합성과 더불어 (제안된
적용 영역에 대한) 외적 타당성까지 모두 아우르는 기준들에 입각해 평가되
어야 한다. 동시에 그것은 또한 실용적이어야 한다. "실용성practicality"이
의미하는 것은 이렇다: 방법론이 실행 가능하고 실천의 제약들 내에서
작용해야 하며, 상대적으로 쉽게 적용 되어야 하며, 유효하고(약속하는
바를 하고) 효과적이어야(이를 적시에 자원 낭비 없는 방식으로 내놓아야)
한다. 그것은 이론적 수준에서 내적으로 일관적이어야(내적 모순들로부터
자유로워야) 할 뿐 아니라 실세계에서 부조리나 도덕적으로 수용될 수
없는 결과를 낳지 않아야 한다. 방법론이 실천에서 채택되기 위해서는,
그 방법론이 동시대 도전들과 관련해 유용한 것으로, 이 도전들에 접근할

••
30.　proof of concept.

263

타당한 방법으로 지각되는 게 중요하다. 반면에 학계의 기준은 방법론이 학계 논의와 관련해 참신함을 가져야 한다는 걸 요구한다. 즉 그것은 연구의 장 안에서 논의를 촉진해야 하고, 새롭고 결실 있는 연구의 진입로를 열어야 한다. 학계 기준에 부응하기 위해서 방법론은 명시적이고 분명한 가정, 목표, 범위를 가져야만 하며, 방법론이 연구의 장에 제공하는 기여의 본성과 범위가 신중하게 분절되어야만 한다. 디자인 연구 같은 성숙한 학계의 장에서, 우리는 방법론이 이론적 근거와 경험적 근거 둘 다 갖출 것을 기대한다. 우리는 프레임 창조 방법론 개발 프로그램을 학계와 실천 사이에 정확히 위치시킴으로써, 그리고 도중에 학술적, 방법론적, 실세계적 혁신들을 생성하는 단계들을 밟아 쌓아 올림으로써, 이 가공할 균형잡기 행위를 성취하려고 노력한다.

모든 학술 논문의 말미에서 저자는 독자에게 "더 많은 연구(와 지원금)가 필요하다"는 것을 납득시키려고 노력한다. 이 경우 필요한 게 맞다. 프레임 창조와 관련해 우리는 많은 것을 배웠다. 하지만 발견해야 할 게 훨씬 더 많다. 그리고 지금까지 프레임 창조 접근법이 노출한 몇 가지 한계를 다룰 필요가 있다. (1) 프레임 창조 방법론의 적용은 이 "디자인" 문제해결 유형과 다른 문제해결 유형들 간의 연결의 성격과 관련해 근본적인 물음들을 제기한다. (2) 현재의 프레임 창조 접근법은 단 두 개의 디자인 영역(건축과 산업디자인)의 전문가 행동 관찰에 기반하고 있다. 다른 디자인 전문 직업들의 실천에 대한 연구는 다른 프레임 창조 실천 및 방법의 발견으로 이어질 수도 있다. (3) 프레임 창조가 다룰 수 있는 문제들의 범위와 다양성을 탐사할 필요가 있다. (4) 프레임 창조 방법론 개발의 목표가 조직 내 프레임 창조 역량 쌓기(와 진정한 프레임 혁신 달성)에 있다면, 우리는 대학의 경영, 조직연구, 기업가정신 분야들로 들어가는 다리를 창조할 필요가 있다.

이 네 가지 비판적 질문은 철학적 분석, 경험적 연구, 방법론 개발, 비판적 실험, 통부문적 삽입을 개괄하는데, 이것들은 프레임 창조 모형을 최대 잠재력까지 개발하고 더 폭넓은 프레임 혁신 담화를 증진하기 위해 필요하다.

부록 4 영감

프레임 창조의 영감을 주는 자질 중 하나는 이렇다. 즉 그처럼 열린 접근법은 조직 내 개인들의 인간성의 너비를 사용한다(8장 참조). 프레임 창조가 이러한 역량을 갖는 것은 그것의 심층 구조가 세계에 대한 인간적 접근법들의 레퍼토리에 대한 이해를 기반으로 삼기 때문이다.

다양한 철학자들이 각 문화의 "위대한 책들"과 인류학적 연구들과 문학을 조사함으로써 문화의 차이에 접근하려고 시도해왔다. 그렇게 하여 기저에 놓인 문화의 운전자들을 더 깊게 이해하기 위해서 말이다. 여기서 우리는 헨리 반 프라그(1916–1988)의 작업에 기초하여 뮐더(Mulder, 1997)가 제시한 틀을 사용할 것이다. 반 프라그는 일반적으로 문화들이 "문화 코드"라 불리는 근본적으로 상이한 다섯 개의 가치 시스템으로 분류된다는 결론을 내린다. (1) 샤먼, (2) 인도/티벳 (3) 중국/일본, (4) 계시 종교, (5) 서양의 과학적 사고. 이 유형학의 다섯 문화 코드 각각은 전적으로 상이한 가치 집합을 나타내며, 세계와 세계 내 인간 실존에 의미를 부여하는 상이한 방향, 상이한 방식을 나타낸다(Ford, 2007). 우리는 세계를 이해하는 이러한 방식들과 연결된 진리 주장들을 여기서 다루지는 않을 것이다.

<그림 12.1>
인간, 더 높은 것, 세계.

우리는 다만 그것들을 각 문화의 사람들의 삶을 이끄는 경향이 있는 은유(Lakoff, 1987)를 위한 기반으로 취할 것이다.

반 프라그는 이 다섯 가지 상이한 문화 코드에서 인간, 더 높은 것, 세계 사이의 열쇠 관계들의 "세팅"을 개관하기 위해 단순한 그림을 사용한다(<그림 12.1> 참조). 일반적으로, 인간과 더 높은 것의 관계는 "믿음"이고, 더 높은 것과 세계의 관계는 "창조"고, 인간과 세계의 관계는 "문화"다.

그렇지만, 샤먼 전통(1)은 서양 사상가들에게 익숙한 이 인간, 세계, 더 높은 것 사이에 단단한 구분을 짓지 않는다. 삶은 하나의 전체 안에서 항상적 창조의 상태로 발생한다(호주 토착 문화들의 "노래길"[31] 개념 참조). 인간과 세계 사이의 거리가 아주 작기 때문에, 소크라테스적 질문을 위한 여지가 전혀 없다. 소크라테스적 질문은 구분들에 기초한다(Ford, 2007). 인도/티벳 전통(2)은 인간과 세계를 의식의 층위에 따라 배치한다. 이때 인생의 목표는 더 분명한 의식에 이르고 궁극적으로는 세계와 조화를 이루는 완전한 연결에 이르는 것이다. 중국/일본 전통(3) 역시 세계와의

31.   songlines. 노래길 설명은 위키백과를 참조할 것.

조화를 추구한다. 하지만 다른 방식으로. 이 전통은 세계를 (음양처럼) 반대되는 힘들의 역동적 작용으로 본다. 이때 **균형**에 이르는 것이 열쇠 목표다. 계시 종교(4)인 이슬람교, 기독교, 유대교는 더 높은 것과의 연결을 (기도를 통해) 직접 말을 걸 수 있는 유일신과의 연결로 본다. 이런 사고방식에서, 인간은 신과 분리된다. 신 및 세계와의 관계는 **거래** 관계다. 이 관계에서 기도와 도덕적으로 좋은 행동은 신의 사랑과 천국의 자리를 통해 보답을 받는다. 서양의 과학적 사고(5)에서, 더 높은 것의 존재는 개인적 선호의 문제로 간주되며, 인간은 세계와 분리되어 있다. 세계는 이성의 적용을 통한, 이해와 진리의 획득을 위한, 객관적 연구의 주제다. 이는 세계와 인간 실존에 대한 **기계론적** 견해다. 통제에 대한 압도적인 강조는, 기계론적 세계관과 결합되어, 자연 세계에 대한, 그리고 실로 동료 인간에 대한, 착취 관계로 쉽게 이어진다.

이 상이한 문화 코드가 실천에서 작용하는 방식을 보여주기 위해, 의료 직업을 예로 들 수 있을 것이다. 질병과 죽음이라는 쟁점은 보편적인 인간 관심사며, 모든 문화는 그것들을 다룰 방법을 개발해왔다. 상이한 코드들은 질병을 다루는 대단히 상이한 방법을 가질 뿐 아니라, 의사가 무엇인지에 대해서도 대단히 상이한 개념을 갖는다. 샤먼들의 작업, 인도의 의술, 중국의 의술, 서양의 의료 실천의 역할과 방법은 정말 더는 다를 수 없을 정도로 다르다.

프레임 창조 접근법의 개방성은 서양적 사유의 한계 너머로 확장된다. 어떤 면에서 프레임 창조는 당황스러울 정도로 복잡한 문제 상황의 해결책을 창조하기 위해 인간적으로 동원할 수 있는 모든 사고 패턴을 사용하라고 요청한다. 상이한 "문화 코드들"이 제공할 수 있는 것은 많다. 그 방법에 있어서도 그렇고, 또한 지배적 문화 코드 안에서는 묘사할 수 없었던 현상에 말을 선사할 수 있는 그 능력에 있어서도 그러한데, 지배적 문화 코드란 계시 종교와 서양의 과학적 사유의 결합을 말한다.

균형에 관심을 두는 일본의 문화 코드는 우리에게 일본 미학의 섬세한 감수성을 선사한 동시에 1645년 쓰인 무사시의 전략서(Musashi, 1974)의 냉정한 균형을 선사했다. 프레임 창조 실천을 위해서는 렌쿠聯句라 불리는 형식의 일본 시가 특히 유관한데, 왜냐하면 이 시는 아주 특별한 종류의 프레임 다시 잡기를 도입하기 때문이다. 렌쿠에서는 시인들의 집단이 번갈아 가면서 시구를 포개어 쓴다. 차례가 된 시인은 앞선 시구 마지막 두세 행을 빼내고 그곳에 두세 행을 덧붙인다. 원래 행들의 의미가 다시 프레임 잡히는 방식으로 말이다. 이 과정을 이끄는 것은 렌쿠 명인인데, 그는 새로운 프레임의 본성에 엄격한 규칙을 부과한다. 가령, 주제를 뒤바꿀 때 "리듬"이나 "에너지"는 그대로일 것. 이미지 범위를 확장할 때, 형식적 측면을 이용할 것. 마쓰오 바쇼(1644-1694)는 여태껏 살았던 가장 위대한 렌쿠 명인으로 간주된다(Ueda, 1982). 그리하여 렌쿠라는 고대 예술은 프레임 잡기와 프레임 다시 잡기를 위한, 즉 핵심 디자인 능력이라고 간주되는 장난스러운 관점 변화를 위한, 섬세한 어휘를 선사한다. 이 접근법이 중요한 이유는 서양에서는 프레임 잡기와 프레임 다시 잡기가 종종 "창조적"인 것으로── 단지 "무작위적인" 과정으로── 취급되기 때문이다. 그러면서 실질적으로는, 이 인상적인 사유의 도약들을 이성 너머에 있는 것으로, 따라서 불가해한 것으로 묵살한다. 렌쿠 명인의 언어를 세심하게 연구해보면, 이 핵심 디자인 기량을 훨씬 더 깊은 수준에서 이해할 수 있다.

힌두 철학에서, 세계에 대한 더 깊은 이해는 일련의 의미 층위들로 연결되는 것을 통해 성취된다. 내게 있어 이는 강력한 개인적 영감이다. 그것은 드루 요가Dru yoga 전통에 있는 나의 요가 연습과 연결되어 있다. 어쩌다 보니, 불가피하게도, 이 책은 디자인 및 디자인과 세계의 관계에 대한 다층위 모형들을 포함한다. 프레임 창조 실천과의 직접적 연결은 인도의 코샤 개념에서 발견할 수 있다. 코샤는 행위 속에서의 잠재적 관여의 다섯 가지 층위를 묘사한다. 이는 인간으로서의 우리가 어떻게 세계와 관계를 맺고 세계 안에서 행위하는지를 보여주는 지도로 사용될 수 있다. 첫째는 육체적 층인데, 이는 우리의 행위, 육체적 현실, 그리고 이 사실들에 대한 우리의 의식에 관계한다. (2) 둘째 층은 에너지와 흐름이라는 개념을 다루며, 또한 우리가 우리의 에너지(행위를 취한 추동력)를 지휘하는 곳을 다룬다. (3) 셋째 층은 우리가 어떻게 세계와 관계하는지를 묘사하며, 감정들과 관련이 있다. (4) 넷째 층은 지적인 이해, 사고, 확신의 층이다. (5) 다섯째 층은 더 넓은 세계와의 연결이 깊게 느껴지는 층이며, 평화와 평온의 감각으로서 경험된다. 흥미롭게도 이 다섯째 층은 그 자체 목표로 간주되지 않는다. 힌두 전통에서, 지혜는 이 다섯 층 모두가 고도로 발달한 것으로 정의된다. 프레임 창조 접근법은 이러한 의미에서도 완전해 지려고 노력한다. 단계를 밟아가면서, 행위, 추동력, 감정, 분별하는 사고, 더 넓은 학습을 고려하면서.

참고문헌

Argyris, C. 1992. *On Organizational Learning*. Oxford, UK: Blackwell.

Argyris, C. 2000. *Flawed Advice and the Management Trap*. Oxford, UK: Oxford University Press.

Bourdieu, P., et al. 1999. *The Weight of the World: Social Suffering in Contemporary Society*. Cambridge, UK: Polity Press. / 피에르 부르디외 외, 『세계의 비참 1/2/3』, 김주경 옮김, 동문선, 2000, 2002.

Boutellier, H. 2013. *The Improvising Society: Social Order in a World without Boundaries*. The Hague: Eleven.

Bower, J. D., E. Crabtree, and W. Keogh. 1996. Rhetorics and Realities in New Product Development. In *Hidden versus Open Rules in Product Development*, ed. J. Thölke, G. Loosschilder, and F. Smulders. Delft: TU Delft Faculty of Industrial Design Engineering.

Brown, T. 2009. *Change by Design*. New York: HarperCollins. / 팀 브라운, 『디자인에 집중하라』, 고성연 옮김, 김영사, 2019.

Bucciarelli, L.L. 1994. *Designing Engineers*. Cambridge, MA: MIT Press.

Carlopio, J. 2010. *Strategy by Design*. New York: Palgrave Macmillan.

Coles, A. 2012. *The Transdisciplinary Studio*. Berlin: Sternberg Press.

Cross, N. 2004. Expertise in Design: An Overview. *Design Studies* 25 (5): pp. 427–441.

Cross, N. 2007. *Designerly Ways of Knowing*. Basel: Birkhäuser.

Cross, N. 1990. The Nature and Nurture of the Design Ability. *Design Studies* 11 (3): pp. 127–140.

Cross, N. 1996. *Method in Their Madness: Published Inaugural Lecture as Professor of Design Methodology*. Delft: Delft University Press.

Cross, N., H. Christiaans, and K. Dorst, eds. 1996. *Analysing Design Activity*. Chichester, UK: Wiley.

Deming, W. Edwards. 1993. *The New Economics for Industry, Government, Education*. Cambridge, MA: MIT Press. / W. 에드워드 데밍, 『경쟁으로부터의 탈출』, 김봉균 옮김, 한국표준협회컨설팅, 2004.

Dickson, T. 2006. *Dansk Design*. Millers Point, Australia: Murdoch Books.

Van Dijk, J. 1999. *The Network Society*. London: Sage.

Dorst, K. 1997. *Describing Design: A Comparison of Paradigms*. Published PhD thesis, TU Delft, The Netherlands.

Dorst, K. 2002a. Hester van Eeghen: The Bag Is the Person(Hester van Eeghen–De tas is de mens). *Items*(May/June): pp. 64–71.

Dorst, K. 2002b. Orgacom: Art as a Reflection of Company Culture(Orgacom. Kunst als spiegel van bedrijfscultuur). *Items*(January): pp. 42–47.

Dorst, K. 2006. Design Problems and Design Paradoxes. *Design Issues* 22 (3): pp. 4–17.

Dorst, K. 2008. Design Research: A Revolution–Waiting–to–Happen. *Design Studies* 29 (1): pp. 4–11.

Dorst, K. 2011. The Core of "Design Thinking" and Its Application. *Design Studies* 32 (6): pp. 521–532.

Dorst, K. 2013a. *Academic Design*. Eindhoven: Eindhoven University of

Technology.

Dorst, K. 2013b. Shaping the Design Research Revolution. Proceedings of the 19th International Conference on Engineering Design (ICED13), Seoul, Korea.

Dorst, K., and N. Cross. 2001. Creativity in the Design Process: Co–evolution of Problem–Solution. *Design Studies* 22 (5): pp. 425–437.

Dorst, K., and J. Dijkhuis. 1995. Comparing Paradigms for Describing Design Activity. *Design Studies* 16 (2): pp. 261–274.

Dorst, K., and D. Tomkin. 2011. Themes as Bridges between Problem and Solution. In *Diversity and Unity*, proceedings of IASDR2011, ed. N. Roozenburg, L.–L. Chen, and P. J. Stappers. Delft: Delft University of Technology.

Dreyfus, H. L. 1992. *What Computers Still Can't Do*. Cambridge, MA: MIT Press.

Dreyfus, H. L. 2002. Intelligence without Representation: Merleau–Ponty's Critique of Mental Representation. *Phenomenology and the Cognitive Sciences* 1: pp. 367–383.

Van Eeghen, H., and J. Gannij. 2009. *Bag and Shoe Design: Hester van Eeghen*. Amsterdam: BIS Publishers.

Ford, D. 2007. *The Search for Meaning*. Berkeley: University of California Press.

Foucault, M. 2002 [1969]. *The Archaeology of Knowledge*. London: Routledge. / 미셸 푸코, 『지식의 고고학』, 이정우 옮김, 민음사, 2000.

Fukasawa, N. 2007. *Naoto Fukasawa*. New York: Phaidon.

Gamman, L. 2012. *Gone Shopping: The Story of Shirley Pitts, Queen of Thieves*. London: Bloomsbury Reader.

Gamman, L., A. Thorpe, E. Liparova, and M. Malpass. 2012. Hey Babe,

Take a Walk on the Dark Side: Or, Why Role–Playing Is a Suitable Tool to Design against Crime and Aid Designers to Think Thief. *Design and Culture* 4 (2): pp. 171–193.

Gardner, H. 1983. *Frames of Mind: The Theory of Multiple Intelligences*. London: Heinemann. / 하워드 가드너, 『지능이란 무엇인가』, 김동일 옮김, 사회평론, 2016.

Gardner, H. 2006. *Changing Minds*. Boston: Harvard Business School Press. / 하워드 가드너, 『각성의 순간』, 김한영 옮김, 사회평론, 2018.

Graves, R. 1991. The Case for Xanthippe. In *The Oxford Book of Essays*, ed. J. Gross, pp. 472–479. London: Oxford University Press.

Grenfell, M., ed. 2012. *Bourdieu: Key Concepts*. Stocksfield, UK: Acumen.

de Gruijter, M., E. Smits van Waesberge, and H. Boutellier. 2010. *Een vreemde in eigen land(A stranger in your own country)*. Amsterdam: Askant.

Hanley, L. 2007. *Estates: An Intimate History*. London: Granta.

Hargardon, A., and R. I. Sutton. 2000. Building an Innovation Factory. *Harvard Business Review*(May–June): pp. 157–166.

Harkema, C. 2012. *Revealing Unawareness in Usability–Related Decision Making*. Published PhD thesis, TU Eindhoven, The Netherlands.

Hart, S. 1996. New Product Success: Measurement, Methodology, Models, and Myths. In *Hidden versus Open Rules in Product Development*, ed. J. Thölke, G. Loosschilder, and F. Smulders. Delft: TU Delft Faculty of Industrial Design Engineering.

Hatchuel, A. 2002. Towards Design Theory and Expandable Rationality: The Unfinished Program of Herbert Simon. *Journal of Management and Governance* 5 (3): pp. 260–273.

Heat–Moon, W. L. 1999. *PrairyErth: A Deep Map*. Boston: Houghton Mifflin.

Heidegger, M. 1962. *Being and Time.* New York: Harper and Row. / 마르틴 하이데거, 『존재와 시간』, 이기상 옮김, 까치, 1998.

Hekkert, P., and M. B. van Dijk. 2011. *Vision in Design: A Guidebook for Innovators.* Amsterdam: BIS Publishers.

Heskett, J. 1985. *Industrial Design.* London: Thames and Hudson.

Hirshberg, J. 1998. *The Creative Priority.* New York: Harper Business.

Hofstadter, D. 1979. *Gödel, Escher, Bach: An Eternal Golden Braid.* London: Penguin. / 더글러스 호프스태터, 『괴델, 에셔, 바흐: 영원한 황금 노끈』, 박여성 · 안병서 옮김, 까치, 2017.

Hofstede, G. 1997. *Cultures and Organizations: Software of the Mind* New York: McGraw-Hill. / 기어트 홉스테드 외, 『세계의 문화와 조직』, 나은영 · 차재호 옮김, 학지사, 2014.

Hofstede, G. 2001. *Culture's Consequences: Comparing Values, Behaviors, Institutions, and Organizations across Nations.* Thousand Oaks, CA: Sage Publications.

Houkes, W. N., P. E. Vermaas, K. Dorst, and M. J. de Vries. 2002. Design and Use as Plans: An Action-Theoretical Account. *Design Studies* 23 (3): pp. 303-320.

IDEO. 2003. *Method Cards: 51 Ways to Inspire Design.* Palo Alto, CA: IDEO.

Jacobsen, M. H., ed. 2009. *Encountering the Everyday: An Introduction to the Sociologies of the Unnoticed.* New York: Palgrave Macmillan.

Krishnamurti, J. 1995. *The Book of Life.* New York: Harper One. / 지두 크리슈나무르티, 『오늘을 살기 위하여』, 박윤정 옮김, 판미동, 2011.

Kroes, P., M. Franssen, and L. Bucciarelli. 2009. Rationality in Design. In *Philosophy of Technology and Engineering Science*, ed. A. W. M. Meijers. Amsterdam: Elsevier.

Kuhn, T. S. 1962. *The Structure of Scientific Revolutions*. Chicago: University of Chicago Press. / 토머스 쿤, 『과학혁명의 구조』, 김명자 · 홍성욱 옮김, 까치, 2013.

Kumar, V. 2012. *101 Design Methods: A Structured Approach for Driving Innovation in Your Organization*. Chichester, UK: Wiley. / 비제이 쿠마, 『혁신 모델의 탄생』, 오동우 외 옮김, 틔움출판, 2014.

Lakoff, G. 1987. *Women, Fire, and Dangerous Things: What Categories Reveal about the Mind*. Chicago: University of Chicago Press.

Lakoff, G., and M. Johnson. 1980. *Metaphors We Live By*. Chicago: University of Chicago Press. / 조지 레이코프 · 마크 존슨, 『삶으로서의 은유』, 노양진 · 나익주 옮김, 박이정, 2006.

Lakoff, G., and M. Johnson. 1999. *Philosophy in the Flesh: The Embodied Mind and Its Challenge to Western Thought*. New York: Basic Books. / 조지 레이코프 · 마크 존슨, 『몸의 철학』, 임지룡 · 노양진 옮김, 박이정, 2002.

Latour, B. 1987. *Science in Action*. Cambridge, MA: Harvard University Press. / 브뤼노 라투르, 『젊은 과학의 전선』, 황희숙 옮김, 아카넷, 2016.

Laurel, B., ed. 2003. *Design Research: Methods and Perspectives*. Cambridge, MA: MIT Press.

Lawson, B. 1994. *Design in Mind*. Oxford, UK: Butterworth—Heinemann.

Lawson, B., and K. Dorst. 2009. *Design Expertise* . Oxford, UK: Architectural Press.

Lawson, H. 2001. *Closure: A Story of Everything*. London: Routledge.

Leadbeater, C. 2001. *Living on Thin Air: The New Economy with a New Blueprint for the Twenty-first Century*. London: Penguin.

Lefebvre, H. 2008. *Critique of Everyday Life*. Vol. 2. New York: Verso.

Le Roy Ladurie, E. 1979. *Carnival in Romans.* New York: George Braziller.

van der Lugt, R. 2001. *Sketching in Design Idea Generation Meetings.* Published PhD thesis, TU Delft, The Netherlands.

Maher, M. L., J. Poon, and S. Boulanger. 1996. Formalising Design Exploration as Co–evolution: A Combined Gene Approach. In *Advances in Formal Design Methods for CAD*, ed. J. S. Gero and F. Sudweeks. London: Chapman and Hall.

van Manen, M. 1990. *Researching Lived Experience.* Ontario, Canada: Althouse Press.

Martin, R. 2009. *The Design of Business.* Cambridge, MA: Harvard Business Press. Morgan, G. 1986. Images of Organization . Thousand Oaks, CA: Sage Publications. / 로저 마틴, 『디자인 씽킹 바이블』, 현호영 옮김, 유엑스리뷰, 2018.

Mulder, B. 1997. *Unpublished Lecture Notes on Cultural Codes.* Utrecht, The Netherlands: Lectures for the Parapsychology Institute.

Musashi, M. 1974. *A Book of Five Rings.* Woodstock, NY: Overlook Press. / 미야모토 무사시, 『미야모토 무사시의 오륜서』, 안수경 옮김, 사과나무, 2016.

Newell, A., and H. A. Simon. 1972. *Human Problem Solving.* Englewood Cliffs, NJ: Prentice–Hall.

Norman, D. 2010. Why Design Education Must Change. *Core77*, November 26,
http://www.core77.com/blog/columns/why_design_educa-tion_must_change_17993.asp.

Pappers, D., J. Kolkman, P. Suyling, and J. Engel, eds. 1999. *YD+I — Young Designers and Industry 99, Minds over Matter — 31 Designers Work with 9 Companies.* Amsterdam: Sandberg Institute and the Netherlands

Design Institute.

Paton, B., and K. Dorst. 2011. Briefing and Reframing: A Situated Practice. *Design Studies* 32 (6): pp. 573-587.

Plattner, H., C. Meinel, and U. Weinberg. 2009. *Design Thinking —Innovation lernen —Ideenwelten öffnen*. Munich: Mi—Wirtschaftsbuch, Finanzbuch Verlag GmbH.

Priemus, H. 2009. Besluitvorming over megaprojecten(Decision making in mega—projects). In *Rijdende treinen en gepasseerde stations*, ed. J. de Vries and P. Bordewijk. Amsterdam: Van Gennep.

Roozenburg, N. F. M., and J. Eekels. 1995. *Product Design: Fundamentals and Methods*. Chichester, UK: Wiley.

Sarasvathy, S. 2008. *Effectuation: Elements of Entrepreneurial Expertise*. Cheltenham, UK: Elgar.

Schön, D. A. 1983. *The Reflective Practitioner: How Professionals Think in Action*. London: Temple Smith. / 도널드 쇤, 『전문가의 조건』, 배을규 옮김, 박영스토리, 2018.

Schön, D. A. 1987. *Educating the Reflective Practitioner*. San Francisco: Wiley.

Senge, P. M. 2006. *The Fifth Discipline: The Art and Practice of the Learning Organization*. New York: Random House. / 피터 센게, 『학습하는 조직』, 강혜정 옮김, 에이지21, 2014.

Simon, H. A. 1969. *The Sciences of the Artificial*. Cambridge, MA: MIT Press. 2nd ed. 1982. / 허버트 A. 사이먼, 『인공과학의 이해』, 한국체계과학회 옮김, 신유, 1999.

Simon, H. A. 1973. The Structure of Ill—Structured Problems. *Artificial Intelligence* 4: pp. 181-201. Rpt. in *Developments in Design Methodology*, ed. N. G. Cross. Chichester, UK: Wiley, 1984.

Smulders, F. E. H. M. 2006. *Get Synchronized: Bridging the Gap between Design and Volume Production*. Published PhD thesis, TU Delft, The Netherlands.

Stacey, R., D. Griffin, and P. Shaw, eds. 2000. *Complexity and Management: Fad or Radical Challenge to Systems Thinking?* London: Routledge.

Stacey, R., D. Griffin, and P. Shaw, eds. 2006. *Complexity and the Experience of Managing in Public Sector Organizations*. New York: Routledge.

Steyaert, C. 2007. Entrepreneuring as a Conceptual Attractor? A Review of Process Theories in Twenty Years of Entrepreneurship Studies. *Entrepreneurship and Regional Development* 19(November).

Suchman, L. A. 1987. *Plans and Situated Actions*. Cambridge, UK: Cambridge University Press.

Sutton, R. I., and A. Hargardon. 1996. Brainstorming Groups in Context: Effectiveness in a Product Design Firm. *Administrative Science Quarterly* 41: pp. 685–718.

Sutton, R. I., and T. A. Kelley. 1997. Creativity Doesn't Require Isolation: Why Product Designers Bring Visitors "Backstage." *California Management Review* 40 (1): pp. 75–91.

Suyling, P., D. Krabbendam, and K. Dorst, eds. 2005. *More Than Eight Design Ideas for the Integrated Living of Mentally Handicapped People in Society*. The Hague: Ministry of Health, Wellbeing, and Sports.

Tanizaki, J. 1977. *In Praise of Shadows*. New Haven, CT: Leete's Island Books.

Thorpe, A., and L. Gamman. 2011. Design with Society: Why Socially Responsive Design Is Good Enough. *CoDesign* 7 (3–4): pp. 217–230.

Tzonis, A. 1992. Huts, Ships, and Bottle Racks: Design by Analogy for Architects and/ or Machines. In *Research in Design Thinking*, ed. N.

Cross, K. Dorst, and N. Roozenburg. Delft: Delft University Press.

Ueda, M. 1982. *The Master Haiku Poet Matsuo Bashō*. Tokyo: Kodansha International.

Valkenburg, R. 2000. *The Reflective Practice in Product Design Teams*. Published PhD thesis, TU Delft, The Netherlands.

Valkenburg, R., and K. Dorst. 1998. The Reflective Practice of Design Teams. *Design Studies* 19 (3): pp. 249–271.

Verganti, R. 2009. *Design–Driven Innovation*. Boston: Harvard Business School Press.

de Vries, J., and P. Bordewijk. 2009. *Rijdende treinen en gepasseerde stations* [열차는 역을 떠났다]. Amsterdam: Van Gennep.

van de Wetering, J. W. 1999. *The Empty Mirror: Experiences in a Japanese Zen Monastery*. New York: Thomas Dunne Books.

Whitbeck, C. 1998. Ethics in Engineering Practice and Research . Cambridge, UK: Cambridge University Press.

Winograd, T., and F. Flores. 1986. *Understanding Computers and Cognition*. Norwood, NJ: Ablex Publishing.

Wittgenstein, L. 1963. *Philosophical Investigations*. Oxford, UK: Blackwell. / 루트비히 비트겐슈타인, 『철학적 탐구』, 이영철 옮김, 책세상, 2019.

Zeldin, T. 1994. *An Intimate History of Humanity*. New York: HarperCollins. / 시어도어 젤딘, 『인간의 내밀한 역사』, 김태우 옮김, 강, 2005.

Van Zomeren, K. 2000. *Ruim duizend dagen werk*. Amsterdam: De Arbeiderspers.

옮긴이 후기

이 책은 실천가의 야망을 위해 프레임 창조 접근법과 프레임 혁신을 소개한다. 프레임 창조 접근법은 문제 상황을 해결하는 디자인 고유의 방법이며, 복잡한 문제를 잘게 잘라 해결하는 관례적 접근법과 대조를 이룬다. 프레임 창조 접근법을 해낼 수 있는 조직은 경직된 조직에서 유연한 조직으로 변모할 수 있는데, 그것이 프레임 혁신이다. 프레임 혁신은 조직의 근본적 변화 없이도 가능한 혁신 경영과 대조를 이룬다. 따라서 이 책은 새로운 문제해결 방법과 새로운 조직론을 담고 있다. 도무지 해결될 수 있을 것 같지 않은 문제를 해결하고 싶은 사람, 경직된 조직 문화를 정말 바꾸고 싶은 사람은 이 책에서 단지 영감만이 아니라 매우 구체적인 방법을 얻을 것이다. 풍부한 사례연구와 함께.

이미 한국에서도 디자인 실천은 어느덧 사회적 실천의 새로운 모델로 부상하고 있다. 그런 가운데 사회 도처에서 "디자인"이라는 낱말이 들려온다. "디자인 씽킹", "사회적 디자인", "커뮤니티 디자인" 등등. 저변에서 확실히 실천의 문법이 근본적으로 바뀌고 있으며, 디자인 기반 실천가들이 속속 등장하고 있다. 그래서 이제 어쩌면 투쟁이 아니라 디자인으로 세상을 바꿀 수 있겠다는 생각이 들기도 한다. 전쟁의 반대는 권태로운 평화가 아니라 디자인 모험일지도 모르겠다는 생각이. 키스 도스트의 『프레임 혁신』은 이 새로운 실천을 가장 체계적으로 소개하고 있는 책이다.[32]

평생 인문학을 공부하던 내가 디자인 책을 번역하게 된 데는 이유가 있다. 첫째, 나는 인문학이 더 이상 문제를 해결할 수 없으며, 오히려 문제의 일부라는 것을 절감하게 되었다. 문제를 제기하는 것만으로도 문제를 해결할 수 있었던 좋았던 옛 시절이 있었다. 오늘날 비평가나 언론의 그다지 좋지 못한 평판이 알려주듯 이제 문제를 제기하는 것으로는 멀리 갈 수 없다. 오늘날은 문제를 다시 볼 줄 아는 창의적인 문제해결 역량이 필요한 때다. 둘째, 나는 오늘날 그와 같은 역량이 디자인 영역에서 꽃을 피우고 있다는 것을 알게 되었다. 그리고 디자이너들이 이제 전통적인 디자인 영역에서 벗어나 디자인 접근법을 통해 사회적 문제를 다루고 있다는 것을 보게 되었다. 처음에 그것은 "디자인 씽킹"으로 알려졌지만, 이 책이 잘 보여주듯 그것의 본질은 프레임 창조 접근법이다. 셋째, 나는 이 디자인 접근법의 한가운데 놀랍게도 인문학적 성찰이 놓여 있다는 것을 알게 되었다(가령 이 책에서 소개되고 있는 프레임 창조 9단계 모형의 중앙에 배치된 주제 탐사와 프레임 창조는 각각 "철학적"이고 "문학적"인 작업들이다). 나는 이곳이 어쩌면 인문학의 새로운 자리일지도 모르겠다는 생각을 하게 되었다.[33]

..

32. 사회적 디자인 실천과 관련해서 이미 한국에 소개된 좋은 책으로는 야마자키 료의 『커뮤니티 디자인』과 에치오 만치니의 『모두가 디자인하는 시대』를 꼽을 수 있을 것이다. 『프레임 혁신』의 가장 큰 차별점은 이 실천을 정교한 모형을 통해 제시한다는 것이다.

33. 덧붙이자면, 9단계 모형의 전반부 작업인 "고고학, 역설, 맥락, 장"은 인류학적이고 심리학적이고 사회학적인 작업으로 볼 수 있다. 2018년 출간된 이정주, 이승호의 『새로운 디자인 도구』는 이 전반부 작업을 이해하기 위한 최적의 책이다.

인문학을 여전히 사랑하지만 인문학이 소수 애호가들의 폐쇄적 취미로 전락한 사정을 점점 더 실감하면서 살아가고 있던 어느 날, 한 디자이너가 내게 손을 내밀었다. 그는 디자인의 잠재력을 잘 알고 있었지만 그것의 실현을 위해서는 철학이 필요하다고 생각하고 있었다. 그렇게 윤여경 디자이너와 친구가 되고 나서, 나는 디자인을 본격적으로 공부하기 시작했다. 새로운 분야를 공부하는 게 내게 그렇게 어려운 일은 아니었다. 늘 그래 왔으니까. 하지만 새로운 분야에서 지금까지 전혀 보지 못했던 광물을 발견한 것은 이번이 처음이다. 세상을 오염시키거나 파괴하지 않으면서 세상에 활력을 제공할 천연 에너지원.

나는 이 책이 나를 디자인의 세계로 이끌어준 친구 윤여경에게로 가게 되어 있는 선물이면 좋겠다. 또한 삶을 가능한 한 정확한 방법으로 진지하고 즐겁게 다룰 줄 아는 디자인학교의 벗들에게도. 어두운 시대에 새로운 사람의 탄생에서 한 가닥 빛을 보았던 한나 아렌트는 "왜 아무도 없지를 않고 누군가가 있지?"라는 희망 섞인 질문을 던졌다. 왜 아무도 없지를 않고 누군가가 있는지 그 이유는 아직 모르겠지만, 정말 없지를 않고 있다는 것을 그들은 깨닫게 해주었다.

2020년 5월 1일

찾아보기

프레임 혁신

초판 1쇄 발행 | 2020년 6월 26일

지은이 키스 도스트 | 옮긴이 이성민 | 펴낸이 조기조
펴낸곳 도서출판 b | 등록 2003년 2월 24일 제2006-000054호
주소 08772 서울특별시 관악구 난곡로 288 남진빌딩 302호 | 전화 02-6293-7070(대)
팩시밀리 02-6293-8080 | 홈페이지 b-book.co.kr / 이메일 bbooks@naver.com

ISBN 979-11-89898-28-1 13320
값 16,000원